法律职业礼仪

FALV ZHIYE LIYI

杨建学　主编

法律出版社
LAW PRESS·CHINA

编　委　会

主　编　杨建学

副主编　卢荣荣　李　庆　杨永华　廖爱清

撰稿人　(以编写内容先后为序)

杨建学　陈　英　吕品田　罗　璨　张　维

卢荣荣　李　庆　杨永华　吴志伟　廖爱清

张　平

前　言

这是我国第一部关于法律职业礼仪的书籍，也是我们以法律职业需求为导向，构建法律职业能力特色课程体系的努力之一。

我国法学专业教育的课程体系设计长期以部门法知识为中心，缺乏回应法律职业需求的法律专业知识综合运用课程及法律实战技能课程，也较少关注法科学生法律职业伦理、道德和形象的培育和养成，以致法学教育和法律职业脱节，难以全面提供法律职业所需的知识体系和素养技能。法学教育的改革需从法律人才的职业能力和职业技能提升出发，注重法科学生的全面发展，优化人才培养的知识、能力和素质结构，提高法律人才培养效果与社会法律人才需求的契合度。

高素质的复合型、应用型法学人才培养亟须法律职业情景下法律职业素养的养成和法律知识综合应用能力的演练。但从全国范围来看，与主要法律职业相对应的审判、检察、律师等相关课程鲜有学校开设，更毋论围绕法律职业建立专门的课程体系、教学团队与科研平台。《中共中央关于全面推进依法治国若干重大问题的决定》强调法治队伍的职业化建设和法治人才职业素养的培养，高等法学院校必须以成就学生的职业生涯为中心，注重加强法科人才的“职业成熟度教育”，以法律职业需求为导向建设传统核心专业课程以外的特色课程。

《法律职业礼仪》正是西南政法大学应用法学院于2007年探索开设，旨在培育法科学生法律职业形象和法律职业素养的特色课程之一。2014年，《法律职业礼仪》正式成为西南政法大学所有法学本科专业学生的选修课程，并启动同名教材的编撰工作。2016年，《法律职业礼仪》一书编撰完成。该书秉持“规范、系统、简明、实用”的目标，以图文并茂的方式对从事法律职业应当遵循的形象礼仪、社交礼仪和办公礼仪等做出简明介绍，并以法官、检察官、律师这三类常见法律职业为重点，详尽阐述了不同法律职业的礼仪发展、特征、功能与各个工作环节的礼仪要求。我们相信，本书是训练、培养法科学生法律职业形象和法律职业素养的重要教材,能为《法律职业礼仪》课程的发展与推广提供支撑。但本书可能也存在这样或那样的缺陷、不足甚至错误。对此,我们真诚希望读者对本书的各种缺点给予批评和指正。同时,我们也将在课程教学与相关研究的发展中,不断对本书予以完善、修订。

在本书出版之际,我们真诚感谢所有为《法律职业礼仪》课程教学和教材编写提供调研支持、参考资料的法院、检察院、律师事务所等法律实务部门,以及关注并推动法律职业能力特色课程体系建设的各界人士与新闻媒体。

杨建学

二〇一六年六月于重庆

目　录

第一章　法律职业礼仪概述

第一节　法律职业礼仪的内涵与功能

一、礼仪的内涵与功能

(一)礼仪的内涵

子曰:“不知命,无以为君子也。不知礼,无以立也。不知言,无以知人也。”[1]两千多年以前的孔子就把礼看成治国安邦的基础。荀子也曾讲过:人无礼则不生,事无礼则不成,国无礼则不宁。“中国有礼仪之大,故称夏;有服章之美,谓之华。”[2]源远流长的历史文化孕育了中华民族厚重的伦理文化遗产,律己敬人的礼仪规范成为了中华民族的传统美德和精神财富,也成就了中国礼仪之邦的美誉。在我国,礼仪作为社会秩序规则的一部分而受到历代贤良的广泛重视和提倡。大凡对生命、团体成长、国家发展和社会进步有意义的标志事件,均会采取各种“礼仪”加以纪念或对外宣示。

在西方,“礼仪”一词最早见于法语的“Etiquette”,原意是“法庭上的通行证”。当“Etiquette”一词进入英文后,就逐渐具备了现代“礼仪”的含义,意为“人际交往的通行证”,即人们在社会的各种具体交往中为了表示互相尊重而体现在语言、仪态、风度等方面约定俗成的、共同认可的规范和程序。我国东汉许慎的《说文解字》对“礼”字的解释是实践约定的事情,用来给神灵看,以求得赐福。“礼”字是会意字,与古代祭祀神灵的仪式有关。我国《北齐书·皇甫和传》写道:“及长,深沉有雅量,尤明礼仪。”

我们认为:礼仪包括礼节与仪式,是人们在社会生活实践中约定俗成并共

---

〔1〕 出自《论语》。在《论语》的最后一章谈及如何塑造君子的理想人格、培养治国安邦的人才,要求君子须“知命”“知礼”“知言”,即“不懂得天命,就不能做君子;不知道礼仪,就不能立身处世;不善于分辨别人的话语,就不能真正了解他”。

〔2〕 (唐)孔颖达:《春秋左传正义》卷五六,北京大学出版社 1999 年版,第 1587 页。

同遵守的社会行为标准和规范,是人们在人际交往中表示律己敬人的各种方式和过程。具体而言,礼仪是在历史传统、风俗习惯、宗教信仰、时代潮流等因素的影响下,人们在社会交往中所形成的以建立和谐关系为目的并为人们所认同并遵守的行为准则或规范的总和。礼仪的内涵与时代发展密切相关,现代社会的礼仪拥有广泛的含义,涉及穿着、交往、沟通、情商等方面的内容,其内容包括行礼仪式、礼节仪式、风俗规定的仪式、行为规范、交往程序、礼宾次序、道德规范等。

中国古代礼仪形成于"三皇五帝"时代,到尧舜时期已经有了成文的礼仪制度,这就是古代的"五礼"之说,[1]即中国古代礼仪内容一般划分为吉礼、凶礼、军礼、宾礼、嘉礼五类,称为"五礼"。[2] 吉礼是指有关祭祀的典礼,列五礼之首。古人认为祭祀关系到国家安危、百姓平安,故将其列为首要的"国家大事"。《周礼·春官》说:"凡国之大事,制其礼仪。"古人对天地鬼神、土谷社稷、先祖宗庙的祭祀均需遵循吉礼。凶礼是有关丧葬的礼仪,也包括对天灾人祸的哀吊等。军礼是有关军事活动的典礼,包括校阅、出师、献捷、田猎等活动时的礼仪。在当时,帝王无论出征、巡幸、狩猎,还是营建城邑,但凡动用军队,必祭告于神。宾礼一般指诸侯对天子的朝觐,各诸侯国之间的聘问和会盟时的种种礼节,如周朝天子专门用来接待天下诸侯的"九宾之礼"。[3] 嘉礼是古代礼仪内容中最为庞杂的一种礼仪,它涉及王位承袭、宴请宾朋、日常生活等多方面的内容,又可分为冠礼、婚礼、射礼、宴礼、立储等。

中国古代的礼仪内容十分繁杂。《礼记·中庸》说:"礼经三百,威仪三千。"各种礼制、礼仪内涵都有详尽明确的规定。其中,三礼——《周礼》《仪礼》《礼记》对古代华夏民族的礼法、礼义做了最权威的记载和解释,是中国古

---

〔1〕 刘青、邓代玉编著:《中国礼仪文化》,时事出版社2009年版,第3页。

〔2〕 郭沫若在《十批判书》中指出:"礼之起,起于祀神,其后扩展而为人,更其后而为吉、凶、军、宾、嘉等多种仪制。"

〔3〕 "九宾之礼"是周朝天子专门用来接待天下诸侯的重典。周朝有八百个诸侯国,周天子按其亲疏,分别赐给各诸侯王不同的爵位,爵位分公、侯、伯、子、男五等,各诸侯国内的官职又分为三等:卿、大夫、士,诸侯国国君则自称为"孤"。这"公、侯、伯、子、男、孤、卿、大夫、士"合起来称为"九仪"或称"九宾"。周天子朝会"九宾"时所用的礼节,就叫"九宾之礼"。九位礼仪官员,迎接宾客时则高声呼唤,上下相传,声势威严。按古礼,"九宾之礼"只有周天子才能用,但到了战国时代,周朝衰微,诸侯称霸,"九宾之礼"也为诸侯所用,演变为诸侯国接见外来使节的一种最高外交礼节了。

代礼仪及其理论的详备大成。《周礼》是儒家经典，世传为周公旦所著。[1] 该书记载了先秦时期社会政治、经济、文化、风俗、礼法诸制，东汉时被立为官学，成为经典礼仪仪轨。《仪礼》是一部记录战国以前贵族生活中有关冠、婚、丧、祭、乡、射、朝、聘等礼仪制度的专书。其成书年代，一般认为是在东周时期，但作者是谁已无从查考。《礼记》的编纂者[2]是西汉礼学家戴圣，他把战国末期至汉初儒家有关礼仪的一些著作共四十九篇编辑成《礼记》一书，同《周礼》《仪礼》两部礼书共列儒家十三经中，合称“三礼”。

总之，古代礼仪涉及的范围十分广泛，几乎渗透于古代社会各个方面，其形式和种类也异常繁多琐细。但在本书中，我们抛开了古代中国对“礼仪”的类别规定，从当今礼仪的内涵出发，对其进行了新的分类。

礼仪作为人、自然、社会之间相处和交往的“规矩”，体现了人类对自然、生命和社会活动的尊重。受社会、地域、国家、风俗、宗教信仰、时代的影响，不同国家、不同地域、不同地区有不同的礼仪。人们对于礼仪的内涵有不同理解，但无论哪一种观点，均是基于礼仪的功能、本源等视角而对礼仪内涵的表达。

1. 礼仪是一种道德修养

孟子说：“仁者爱人，有礼者敬人，爱人者，人恒爱之；敬人者，人恒敬之。”[3]礼仪是律己、敬人的一种行为规范，是表现对他人尊重和理解的过程与手段。礼仪自古以来都是作为对人进行德育教育、人格完善的重要手段，是个人的内在修养的必然外化。礼仪与道德的关系密不可分。亚里士多德说，礼是一种善。礼仪本身是一种既具有内在道德要求又具有外在表现形式的言行规范，而谦恭的态度、文明的语言、得体的举止等方面表现出来的正是个体良好的内在文化修养、道德品质、精神气质和思想境界等。没有内在的修养，外在的形式就失去了根基，没有厚重的隐性的职场素养，就无法展示出美好的显性的职场形象。

2. 礼仪是一种风俗习惯

有一种观点认为，礼仪起源于风俗习惯。人是不能离开社会和群体的，人

---

[1] 世传周公制礼，是为《周礼》。但多数历史学者考察后认为，《周礼》更可能成书于东周战国时期，具体作者无迹可考。

[2] 《礼记》是我国古代重要的典章制度书籍，是关于秦汉以前各种礼仪论著的选本。其编纂者为西汉礼学家戴德和他的侄子戴圣。戴德、戴圣各自辑录有一个选本，被后人分别称为《大戴礼记》和《小戴礼记》。戴德选编的八十五篇本叫《大戴礼记》，戴圣选编的四十九篇本叫《小戴礼记》，东汉著名学者郑玄为《小戴礼记》作了很好的注解，形成我们现在看到的《礼记》。

[3] 《孟子·离娄下》。

与人在长期的交往活动中,渐渐地产生了一些约定俗成的习惯,久而久之这些习惯成为了人与人交际的规范,当这些交往习惯以文字的形式被记录并同时被人们自觉地遵守后,就逐渐成为了人们交际交往的固定礼仪。遵守礼仪,不仅使人们的社会交往活动变得有序、有章可循,同时也能使人与人在交往中更具有亲和力。1922年《西方礼仪集萃》一书问世,开篇中这样写道:表面上礼仪有无数的清规戒律,但其根本目的在于使世界成为一个充满生活乐趣的地方,使人变得平易近人。

3. 礼仪与宗教信仰密切关联[1]

任何宗教都会创设人类敬畏、信服并顶礼膜拜的神灵。人作为宗教信仰和宗教实践的主体,亦制定出若干宗教礼仪[2],以表达对神灵的崇敬并将其作为人与神灵沟通的桥梁。为此,有人认为,礼仪本身源于宗教、鬼神信仰,礼仪就是一种宗教信仰。日本学者宇野圆空先生认为:"礼仪是被制度化和戒律化了的身心的宗教行动。"乔治·汤姆森在《希腊悲剧诗人与雅典》一书中指出:"在原始社会中,所有事物都是神圣的,没有什么东西是与宗教无关的,所有的活动——吃、喝、耕作、战斗都有它们适当的程序,就连这些程序也被规定为是神圣的。"原始宗教礼仪与原始人的生产、生活、艺术等的关系十分密切,对宗教部落来说,礼仪是一种把部落成员集结起来进行集体行动和社交的重要方式,原始社会所有巫术、图腾、萨满等宗教活动都要通过一定的仪式予以呈现。

(二)礼仪的特征

古今中外,从个人到国家,礼仪无时不在。礼仪在古代中国具有博大精深的内涵,渗透到政治及社会生活的各个方面,而且是多层次的渗透,既表现为

---

[1] 一些人认为:宗教信仰是形成礼仪的重要根源,礼仪本身就是一种宗教信仰活动。这是少数人对礼仪内涵的理解。我们认为,宗教信仰是人类社会发展到一定阶段产生的文化现象,属于意识形态的范畴,礼仪是作为宗教活动支撑的行为规范,但非宗教信仰活动本身,基于适用场合而分离出来的"宗教礼仪"是礼仪之一种。

[2] 宗教礼仪是人类为了适应超自然领域的一种象征性的宗教信仰,它不同于人与人、团体与团体、国家与国家交往中的礼节。宗教礼仪有三种:一是物象礼仪,即向神佛供献各类供物,几乎所有宗教都有这样的礼仪。二是示象礼仪。这是较高层次的宗教礼仪,指在表达对神佛的崇拜、敬畏和祈祷等感情时,将一些宗教礼仪规范化、符号化、象征化,以增加宗教礼仪的崇高性和神圣性。世界上各大宗教礼仪多为这类礼仪,它是宗教生活的重要组成部分。三是意象礼仪。它是超越了一般形式的礼仪,是最高层次的宗教礼仪,它是一种心灵的礼仪,是信教者发自内心深处的对宗教的理性认可。参见广西礼仪文化交流协会:《宗教礼仪》,载广西礼仪协会网,http://www.gxe.cn/show.aspx? typid=94&id=1258,访问时间:2015年12月10日。

外在的礼节，又表现为内在的道德和精神。[1] 伴随人类社会的进步，礼仪的形式、内容、作用也会不断发展，但礼仪始终是社会文明和社会秩序的基础，始终是维系人类和谐生活的人的行为指南。作为引导、规范人与自然、人与社会、人与国家、人与团体以及人与人之间关系的行为准则，礼仪具有以下特征：

1. 规范性

礼仪是人类在社会生活过程中约定俗成、共同认可、普遍遵守的行为准则，其存在本身具有很强的普遍性，任何一个生活在礼仪习俗和规范环境中的现实的个体，都会自觉或不自觉地受到多领域多形式的礼仪规范的约束。礼仪所具有的广泛认同的社会价值取向，使礼仪的内容渗透到政治、经济、文化及人们生活等各个领域，表现在人际交往的各个环节。荀子说："国无礼则不正。礼之所以正国也，譬之，犹衡之于轻重也，犹绳墨之于曲直也，犹规矩之于方圆也，既错之而人莫之能诬也。"[2] 礼仪的规范性就是指礼仪对社会具体行为所具有的约束性，无论是国庆庆典、公司开业、国际交流，还是人们从出生到死亡的各个成长环节，以及人们日常生活中的社交过程等，均须遵守相应的礼仪规范。

2. 自律性

礼仪是社会生活中具有普遍约束力的习惯和规则，但此"约束力"一般不具有强制性。礼仪规范实施主要依靠人们的自觉遵守，礼仪规范的具体运用也是基于人们对其行为的自我约束，即使人们行为违反约定俗成的礼仪规范，通常也不会受到法律制裁。当然，礼仪的自律性仅指礼仪规范不具有强制约束力，不表示礼仪规范可以任意违反、践踏，"失礼""失仪"行为不仅有损形象，而且无法获得社会尊重。同时，某些适用领域特殊的礼仪规范，也会被赋予相应强制约束力，如古代宫廷礼仪、现代法律职业礼仪等。

3. 传承性

礼仪文化是一个国家、民族文化的重要组成部分，也是一个国家、民族的主要精神支柱。礼仪规范是在风俗和传统变化中形成、发展的行为规范，礼仪文化的发展是一个吐故纳新、剔除糟粕、继承精华的动态过程，礼仪规范也会伴随着人类历史的不断进步而得到丰富和发展。去粗取精是现代礼仪对古代礼仪继承和发展的一个基本原则，一些反映民族传统美德、倡导个人修养素质

---

[1] 刘青、邓代玉编著：《中国礼仪文化》，时事出版社 2009 年版，第 12 页。

[2] 古人将礼仪视为规范一切的标准，将礼比喻为治国的衡、绳墨、尺寸。

的礼仪文化不会受岁月的流逝、历史的更迭而改变。“言语之美，穆穆皇皇”（《荀子》）；“步从容，立端正，缓揭帘，勿有声”；“衣贵洁，不贵华，冠必正，纽必结”（《弟子规》）；等等。关于个人形象的我国传统优良礼仪同样适用于当代中国。[1]

4. 差异性

不同的背景、环境产生不同的礼仪文化，不同的礼仪文化决定着不同的礼仪形式和内容。俗话说“十里不同风，百里不同俗”，礼仪作为一种约定俗成的行为规范，必然要受到时间、地点等条件的约束，甚至有时同一礼仪会因时间、地点或对象的变化而有所不同。[2] 礼仪差异性是指因地域、民族、时间、身份的不同，礼仪规范的内容和表现形式也有所差异。如荀子所讲：“礼者，贵贱有等，长幼有差，贫富轻重皆有称者。”不同国家、不同地区、不同民族，因礼仪文化和风俗习惯的差异，会呈现出同一领域、场合而各不相同的礼仪规范；同一个国家、地区、民族的礼仪规范会因时代变迁和时间的变化而时刻发生着变化。另外，礼仪规范也会因身份等级的不同而施以不同的礼仪，如古代等级制的礼仪制度和现代社交场合中的各种等级意识和要求。

（三）礼仪与礼貌、礼节、形象、时尚、风俗习惯

礼仪与礼貌、礼节、形象、时尚、风俗习惯各不相同，但又紧密联系。

1. 礼仪与礼貌、礼节

礼貌是人们在交往过程中应该具备的相互表示友好和尊重的行为气度，它往往体现一个时代的道德标准以及个人的文化层次和文明修养。礼貌侧重于表现个人的道德品质和素养，通常分为礼貌行为和礼貌语言。礼节是人们在社会交往过程中表示出的尊重、祝颂、致意、问候、哀悼等惯用规则和形式，它是礼貌在社会交往中的具体体现。礼仪是人际交往中以一定的约定俗成的程序、方式来表达的律己敬人的完整行为，是以礼貌、礼节等表现形式为基础的行为规范。礼仪、礼貌、礼节，虽然三者各有其自身的特殊含义和要求，但三者都是社会交往过程中表示相互尊重、友好的行为规范，都是现代文明行为的基本要求。

2. 礼仪与形象

形象是个人、团体的外在视觉效果，是外界对个人、团体的印象和评价。

---

〔1〕 王珊主编：《中华礼仪教程》，中国劳动社会保障出版社2012年版，第5页。

〔2〕 刘青、邓代玉编著：《中国礼仪文化》，时事出版社2009年版，第12页。

形象本质上是个人或团体仪表仪容、言谈举止、待人接物等礼仪规范的外在表现。美国管理学家汤姆·彼得斯认为：建立个人品牌，是21世纪工作的生存法则。这里所称“个人品牌”是指个人形象中的个人职业形象。职业形象是职场人士在职业场合中的外在形象，它是由个人的言谈举止、待人接物所传递给别人的信息组成，是个人在职业生涯发展中成功与否的决定性因素。[1] 形象是衡量一个人道德水准高低和有无教养的尺度，也是衡量一个团体实力强弱、有无诚信和行事风格的手段，也是一个社会、一个民族、一个国家文明程度的重要标志。

3. 礼仪与时尚

时尚是部分个体在一定时期对社会某项事物一时的崇尚，是一个时期的流行风气、社会环境，具有暂时性或局部性等特征。时尚引领潮流，是流行文化的表现。与时尚的流行特征不同，礼仪是一种人际交往的“规矩”，往往成为一个团体、民族或国家的文化信仰符号，具有历史传统性和普遍约束性。

4. 礼仪与风俗习惯

风俗习惯是特定历史条件下形成的，特定社会文化区域内历代人们共同遵守的行为模式或规范，主要包括民族风俗、节日习俗、传统礼仪等。礼仪本身就是人们在长期社会生活实践中约定俗成的社会行为规范，受风俗习惯、宗教信仰等因素的影响较大，甚至某些领域的礼仪规范直接源于一个民族的风俗习惯和宗教信仰。

（四）礼仪的功能

从礼仪的起源可以看出，礼仪是在人们的社会活动中，为了维护稳定的秩序，保持交际的和谐而应运产生的。一直到今天，礼仪依然体现着这种本质特点与独特的功能。从个人的角度来看，礼仪有助于提高人们的自身修养，促进人们的社会交往，改善人们的人际关系，净化社会风气。从行业或团体的角度来说，礼仪是行业文化、团队精神的重要内容，是行业或团队形象的主要附着点，可以塑造单位形象，提高顾客满意度和美誉度，并最终达到提升单位的经济效益和社会效益的目的。[2] 礼仪的具体功能有：

1. 道德示范功能

礼仪具有“教义”的作用，它不仅是一个把信仰观念表达于外的动作或符

---

[1] 王珊主编：《中华礼仪教程》，中国劳动社会保障出版社2012年版，第24页。

[2] 《社交礼仪的重要性》，载中国礼仪网，http://www.welcome.org.cn/shejiaoliyi/2009-12-27/shejiaoliyi.html，访问时间：2015年12月10日。

号体系，而是集合了各种方法来周期性地创造和再创造信仰本身。[1] 道德是礼仪的灵魂，礼仪是道德品质形成的载体，是社会文明程度、道德风尚和生活习俗的反映，在生活中占有重要位置。从国家和民族的角度讲，礼仪是一个国家、一个民族的社会风貌、道德水准、文明程度、文化特色、公民素质的重要标志。通过礼仪，可以显示与强化人与人之间认同与凝聚的意识，使之成为民族、团体、行业的共同心理和传统习惯。无论是国家、行业、团体甚至个体，均需通过多种行为规范向外传递和宣示公正、秩序、和谐、诚信、律己、敬人等美好信息。

2. 人际协调功能

人是最为复杂的个体，因性别、性格、年龄、文化及成长背景等多种因素的差异，难免在思想、行为方面出现分歧或产生冲突。礼仪是社会交往的"通用语言"，对于构建和谐人际关系具有重要作用。[2] 作为人与人交往的表现律己敬人的程序、方式，礼仪因维系和发展人际关系的需要而产生，并随人际关系和其他社会关系的变化而变化；作为人际关系的调节器和润滑剂，礼仪既可以拉近人与人之间的距离、增进人与人之间的感情，建立良好的人际关系，也可以化解并消除人与人之间的矛盾、分歧和误会，形成和谐的心理氛围。

3. 心灵净化功能

"道之以政，齐之以刑，民免而无耻；道之以德，齐之以礼，有耻且格。"[3] 礼仪本身就是社会的道德指引和人格完善的基本方式。从个人的角度来说，礼仪是一个人思想觉悟、道德修养、精神面貌和文化教养的综合反映。通过一个人在社会生活中对礼仪运用的程度，可以察知其教养的高低、文明的程度和道德的水准。没有内在的修养，外在的形式就失去了根基。各种庄重而有意义的仪式不仅体现对人、民族、国家和社会的尊重和敬畏，人们也可以由此获得相应的价值认同和心理平衡，从而净化人的心灵并产生从善、向上的精神力量。

4. 纠纷解决功能

礼仪是律己、敬人的行为规范，是表现对他人尊重、理解或宽容的过程和

---

〔1〕 广西礼仪文化交流协会：《宗教礼仪—功能》，载广西礼仪协会网，http://www.gxe.cn/show.aspx? typid=94&id=1259，访问时间：2015 年 12 月 10 日。

〔2〕 刘青、邓代玉编著：《中国礼仪文化》，时事出版社 2009 年版，第 12 页。

〔3〕 出自《论语》，意思是国家治理仅仅靠政令禁止、刑罚惩治，人们会想法规避却无廉耻之心，如果以道德来引导、用礼仪来规范人们的行为，人们就会因为廉耻之心而自觉遵守法律规范。

手段，礼仪在中国文化中起着“准法律”的作用，其本质特征也决定它具有化解矛盾和纠纷解决的功能。例如，古代人们通过宗教仪式进行神明（獬豸）裁判解决纠纷；在我国少数民族聚集区，民族习惯或礼仪甚至可以在刑事审判时运用，“少数民族自治地方的司法机关，在处理一些刑法中规定为犯罪而习惯法不为罪的情况时，参照少数民族的具体风俗习惯进行司法变通，对相关犯罪不进行法律处理或进行从宽处理的措施”。[1] 现代社会中，礼仪作为人们在社会生活中处理人际关系，用来对他人表达友谊和好感的符号，很多情况下也是修复人际关系和调适人际纠纷的有效途径。

二、法律职业礼仪的内涵与功能

（一）法律职业礼仪的内涵

现代社会的职业礼仪是职业素养的显性内容，它是个体社会成员在社会活动中需要遵守的行为规范，是个人素质和道德修养在职场的表现。法律职业是现代社会分工体系中的一个特殊的专业领域，它是指具有专门的法律伦理、法律知识、法律技能，从事审判、检察、律师、公证、仲裁等法律事务的岗位人员所构成的共同体。广义的法律职业除上述以获得法律职业资格为前提的职业外，还包括其他无需法律职业资格，但在政府、机关、企事业单位中从事法律事务的职业岗位。

关于法律职业礼仪的内涵，学者众说纷纭，没有形成共识。由于法律职业直接关乎国家法律制度的实施和保障，关乎国家政权的社会形象与正当性，其职业礼仪应该体现职业特点，突出职业的政治属性、法律属性和行业属性，强调保持职业的严肃性、规范性。我们认为：法律职业礼仪是法律职业人员在法律职业活动中应当遵守的职业行为标准和规范。它是法律职业人员在为社会提供法律服务过程中需要具备的职场综合素质，是法律职业人员个体素质和职业修养在执业过程中的表现，是法律精神对法律职业人员内在要求的外在表现形象，是法律职业人员内强素质外塑形象的重要方法和手段。

法律职业礼仪以司法礼仪为核心，主要体现为法官职业礼仪、检察官职业礼仪以及律师职业礼仪等，体现着公平、公正、公开，反映着法律职业人员的职业善恶感与是非感，需要在内容和形式方面赋予其厚重的庄严感。古代法国

---

〔1〕 白洁、陈奕宇：《少数民族习惯法与刑法之间的博弈研究》，载《贵州民族研究》2013 年第4期。

为了保证法庭中活动的秩序,将印有法庭纪律的通告证发给进入法庭的每个人,作为遵守的规矩和行为准则。故礼仪在西方有"法庭上的通行证"之说。在我国古代,司法与行政合一,司法活动中的司法礼仪往往也是行政礼仪,而法律职业礼仪往往也主要侧重于关注司法人员形象和案件裁判程序。司法人员的形象常常是居高临下、盛气凌人、庄严威武,而法律职业礼仪也与封建礼教密切关联,突出等级性和长官意志。随着现代法治进步,我国现代司法已经成为一项独立活动。伴随法律职业人员素质的提高,法律职业礼仪也更多呈现现代文明要素。中国作为礼仪之邦,有几千年的古老文明和礼仪传承。在现代社会中,礼仪作为一种文化遗产和文明象征,亦成为普遍的行为准则、规范。司法礼仪虽然是通过外化的语言、服饰、仪容和举止表现出来,但它必须有内在的法律文化做基础。[1] 司法活动作为一种特殊的社会活动,其职业的特殊性必然要求有符合现代司法规律的礼仪准则,法律职业人员除了要遵守普通公民普遍遵守的礼仪规范外,还应当遵守因其特殊职业身份需求的职业礼仪即法律职业礼仪。中国古代衙门使用的"惊堂木"、现代中国庭审现场使用的国徽、法槌以及英美法系国家法官头戴假发、身穿法袍、手持法槌等,均为法律职业礼仪的表现形式。

法律职业较其他职业相比有十分鲜明的个性,法律职业具有专业性、精英性和职业伦理性。法律职业伦理维系着整个法律职业共同体,它不同于大众伦理或公共道德。法律职业者都要遵守正直、忠诚、廉洁等道德要求,从而使其行为受到约束,使法律的公正得以保证。而法律职业礼仪是职场礼仪的重要组成部分,是法律职业主体在从事法律职业活动中应当遵循的重要行为规范,是考量一国法治发展水平和司法文明程度的重要表征。所以,法律职业礼仪较之于一般礼仪也具有相应的特殊性。其特殊性主要体现在三个方面:一是内容、程式特殊,通常由法律法规规定;二是适用范围特殊,限于以司法活动为中心的法律职业活动;三是适用对象特殊,主要限于参与司法活动的法律职业人员。

(二)法律职业礼仪与基本礼仪

1.基本礼仪的内涵及种类

礼仪可以根据不同标准进行分类,按照礼仪的适用范围一般分为政务礼

---

〔1〕 李晓鸣:《当代中国司法礼仪制度研究》,载《兰州大学学报》(社会科学版)2012年第2期。

仪、商务礼仪、服务礼仪、社交礼仪四类。其中,政务礼仪是指国家公务员在行使国家权力和管理职能过程中,用以维护行政主体形象和个人形象所必须遵循的礼仪规范;商务礼仪是指在商务活动中对交往对象表示尊重与友好的待人接物的礼仪规范;服务礼仪是指服务行业的从业人员应当遵守的礼仪规范;社交礼仪是指在人际交往、社会交往和国际交往活动中,用于表示尊重、亲善和友好的首选行为规范和惯用形式。

本书所称基本礼仪是指个人或者团体在相互交往中,为表示相互尊重、敬意而约定俗成并共同遵循的行为规范和交往程序。它涵盖各种大型、正规场合隆重举行的仪式和人们在社交活动中的礼貌礼节,包括个人形象礼仪(仪表礼仪、仪态礼仪)、办公行为礼仪、社交礼仪(会面礼仪、交谈礼仪、位次礼仪、电话礼仪、接待礼仪、用餐礼仪)、涉外礼仪等。基本礼仪是法律职业礼仪的基础,法律职业礼仪是上述政务礼仪的组成部分,是法律职业活动的特殊礼仪要求。

2. 法律职业礼仪与基本礼仪的关系

基本礼仪是法律职业礼仪的本源和基础,法律职业礼仪是司法活动对法律职业所要求的特殊的"基本礼仪",是法定化的职业礼仪。法律职业礼仪与基本礼仪在内容和形式上存在部分的交叉、重叠,如关于个人形象、办公行为、人际交往等方面的大部分基本礼仪规范同样适用于法律职业相关活动。

与基本礼仪不同,法律职业礼仪因为法律职业的特殊性而被赋予了维护公平正义、彰显法律权威、提升政权形象的多重功能和内涵,从而决定了法律职业礼仪规范相较于基本礼仪规范无论在形式上或者内容上都更严格、更明确、更具体、更严谨。

（三）法律职业礼仪的功能

法律职业的思维是一种程序性思维,法律职业活动与规则、仪式一向有不解之缘。自古及今,世界范围内司法领域一直根深蒂固地保留着其庄重仪式。司法活动特别注重仪式,与司法的产生和本质有关。如古代人们处理疑难案件往往诉诸神的力量出现了神明裁判,司法与宗教仪式密切结合。此外,许多行为的效力也有赖于仪式。法律职业礼仪除具有一般礼仪的功能外,更应该突出法律职业的职业特点。

1. 展示法律权威

法律的生命在于应用,法律的权威在于实施。在法律职业人员实施法律过程中,仅仅有法律职业人员的公正、廉洁、执著来维护法律权威或许远远不够。为了树立司法公正形象、维护法律权威、培育公众法律信仰，还需法律职业活动外在展示符号、程式即法律职业礼仪的庄重和规范。从一定意义上讲，法律职业礼仪“规矩”的设计，既是法律职业活动的本质要求，更是实现司法公正、提升司法公信力和维护法律权威的客观使命。

2. 维护公平正义

法律职业是一项维护社会公平和基本正义的极其神圣和最为崇高的职业，是一种以法律为信仰的有着共同职业精神追求的职业。司法是社会公平正义的最后一道防线，司法程序的功能不仅在于可以借由其实现当事人双方所追求的实体公正，定分止争，还在于其本身所蕴含的公平、公正等价值。[1] 现代法律职业礼仪规范通常由行业主管部门或行业协会制定施行并具有较强的执行效力，从其产生开始就赋予了捍卫公平正义的天然职能，与相对宽松的一般商务礼仪或职场礼仪的效力位次有明显的区别。严肃、庄重的法律职业礼仪规范本质上即法律职业活动内容的重要组成部分。

3. 强化职业责任

法律职业当然地蕴含着一种社会责任与伦理义务。法律职业的从业人员除了要具备一般人才的基本素质外，还要有一种与众不同的职业品质和职业责任。“法律职业像在过去一样，必须在调整法律以适应新情况过程中起领先作用。法律和法院在国家中的职能，很大程度上是理智和道德功能在个人身上的延伸。”[2] 法律职业礼仪规范的程式、内容要求既可以辅助法律实施、外塑公正司法形象，也可以强化法律职业人员的职业责任感和使命感。

第二节　法律职业礼仪的内容和特征

一、法律职业礼仪的内容

法律职业礼仪作为一种法律职业程式性的要求，是法律职业活动不可或缺的组成部分，也是现代法治文明的重要表征，直接影响和关系着司法机关及法律职业人员的工作质量。为了体现法律的权威和司法活动的职业特性，必须保证司法活动在庄重、严肃的过程中进行。作为法律职业活动的重要组成

〔1〕 李玉萍：《发挥庭审功能，确保司法公正》，载《人民法院报》2013年11月4日。

〔2〕 [美]罗伯特·N.威尔金：《法律职业的精神》，王俊峰译，北京大学出版社2013年版，第145页。

部分，法律职业礼仪正是保障法律职业活动公正进行的程式性规范，彰显着法律职业形象和司法机关的权威。

从我国的法律职业活动看，法律职业礼仪的内容通常由《法官法》《公务员行为规范》《法官职业道德基本准则》《法官行为规范》《人民法院法庭规则》《人民法院文明用语基本规范》《检察官法》《检察官职业道德基本准则》《检察官职业行为基本规范（试行）》《律师法》《律师职业道德基本准则》《律师执业行为规范》等规范性文件进行了全面规定，形成了严谨且完整的法律职业礼仪规范体系。

（一）法律职业形象礼仪

法律职业形象礼仪是指司法机关、法庭现场和法律职业人员的外在形象展示，包括司法机关及其庭审现场的形象设计、法律职业人员的着装、举止等仪表风度。法律职业形象礼仪关乎国家政权形象，关乎法律的权威，关乎法律职业人员的个人素质和职业气质，各个国家或行业部门均会随时代发展变化进行相应的规范，如我国法官、检察官着装和庭审现场设计的演变等。

法律职业形象礼仪可以分为司法机关形象礼仪和法律职业人员形象礼仪，法律职业人员形象礼仪根据法律职业的分工不同又可以分为法官的形象礼仪、检察官的形象礼仪、律师的形象礼仪等。从包括我国在内的世界各国来看，法官和检察官的形象礼仪均有较明确、具体、严格的"规矩"，而法律职业活动中的律师形象礼仪虽也有行业规范，但实践中相对宽松。

（二）法律职业公务礼仪

本书所称法律职业公务礼仪主要指司法机关及其工作人员在履行职务过程中应该遵循的礼仪规范，包括审判礼仪、公诉礼仪、执行礼仪、司法调研礼仪、信访接待礼仪、突发事件的处理、司法保密等内容。我国已通过相关法律、司法解释与法律职业部门的内部规范性文件等对其作出具体规定。

（三）其他法律职业礼仪

其他法律职业礼仪是指在法律职业活动中，为树立法律权威，保障法律职业活动的公正，除法律职业形象礼仪、公务礼仪之外，司法机关及相关法律职业人员需要注意和遵循的"规矩"，包括国徽、法徽、检徽、法槌、警徽的使用，司法机关建筑物、办公环境的设计，以及法律职业人员的办公礼仪、汇报礼仪、会议交谈礼仪、公文信函基本礼仪、制作法律文书礼仪等。其中，法律职业人员的办公礼仪、汇报礼仪、会议交谈礼仪、公文信函基本礼仪等与政务礼仪、商务礼仪、社交礼仪等相关内容没有明显的区别，要求基本一致。

二、法律职业礼仪的特征

法律职业人员的言行举止影响法律适用的法律效果、社会效果和政治效果。如有学者指出："法官庭审时的话语对当事人的心理、对司法公正都会产生影响，只有规范法官庭审话语，让法官在庭审过程中保持中立，灵活运用语言，对庭审的进程进行有效的掌控，才能提升当事人对法官的信任度，促进司法公正。"[1]法律职业人员特殊的职业秉性注定其言行最受社会关注，也注定并意味着法律职业活动会有更高和更严的礼仪要求。与基本礼仪或者其他职业礼仪相比，法律职业礼仪具有法定性、系统性、严肃性、对象性等特征。

（一）法律职业礼仪具有法定性

法律职业礼仪规范大多源于国家法律、行业主管部门法规和行业协会的自律规范，如我国法官、检察官和律师等法律职业人员的入职宣誓，法官和检察官的职场着装，庭审现场布局、国徽和法槌的使用，法官文明用语，法院庭审、执行、接待信访、处理突发事件，检察官执法、诉讼以及律师参与庭审等过程中的礼仪规范均由法律、司法解释等规范性文件确定。

（二）法律职业礼仪具有系统性

法律职业的特殊功能决定了法律职业礼仪在司法活动中的重要地位，决定了法律职业礼仪规范会关注司法活动主体及相关法律职业从业人员在法律职务活动中的每一个环节和每一个细节。我国现有法律职业礼仪规范不仅对司法机关及参与司法活动的法律职业人员的外在形象的塑造做出要求，更是就司法活动流程中的各个环节做出了系统、全面且具可操作性的规定，使法律职业礼仪规范系统涵盖司法活动的全过程。

（三）法律职业礼仪具有严肃性

严肃、庄重和权威是法律必须具有的一个特点，也是法律职业及其礼仪规范当然具有的特征。法律职业礼仪之所以成为职业礼仪中的最严要求和最高境界，是司法活动及其相关法律职业人员所肩负的维护社会和谐、公平正义和法律权威的神圣责任的必然要求。我国的相关法律职业礼仪规范不仅全面、系统规范司法活动流程中各个环节的法律职业行为，还对司法机关及参与司法活动的法律职业人员的业内言行举止、待人接物等行为进行严格规范，同时还对相关法律职业人员的业外行为进行严格约束。例如，法官应杜绝与法官

---

〔1〕 张清：《法官庭审话语的实证研究》，中国人民大学出版社2013年版，第192页。

形象不相称的、可能影响公正履行职责的不良嗜好和行为；对与案件有利害关系的机关、企事业单位、律师事务所、中介机构等邀请的座谈、研讨活动应当谢绝；在写作、授课过程中，应当避免对具体案件和有关当事人进行评论，不披露或者使用在工作中获得的国家秘密、商业秘密、个人隐私及其他非公开信息；参加社交活动要自觉维护法官形象等。

（四）法律职业礼仪具有对象性

法律职业礼仪主要是司法机关、法律服务机构及参与司法活动的法律职业人员在执业过程中的行为规范。虽然法律职业礼仪规范也约束相关法律职业人员的业外言行，但法律职业礼仪规范对象通常是特定时空条件下的司法机关及参与司法活动的法律职业人员，而以普通公众身份生活或参与社交活动的“法律职业人员”只需自觉接受个人形象礼仪、社交礼仪等规范的约束。当然，因职业的特殊性，社会公众会对法律职业人员的日常言行给予高于普通社会个体的“形象”要求。

第二章 基本礼仪

第一节 个人形象礼仪

个人形象礼仪是指个人仪表仪容、服饰穿着、言谈举止、待人接物等方面的具体规范。它是社会个体的生活行为规范与待人处事的基本准则，是个人道德品质、文化修养等精神内涵的外在表现。它不仅是衡量一个人道德水准高低和有无教养的尺度，也是衡量一个社会、一个国家文明程度的重要标志。个人形象礼仪主要包括仪表礼仪和仪态礼仪。

个人形象礼仪主要包括仪表礼仪和仪态礼仪。广义的仪表是指个人的外部轮廓、容貌、表情、举止、服饰等所形成的总体印象。狭义的仪表仅指个人静态的外观形象，包括个人的外部轮廓、容貌和服饰。个人的表情、举止作为动态的外观形象，则属于仪态的范畴。本书主要探讨个人静态和动态形象应当遵守的礼仪规范。

一、仪表礼仪

仪表礼仪是个人静态的外观形象应当遵循的礼仪标准。仪表是个人素养品位的外在体现，是个人给予他人的第一印象，通常会影响甚至决定他人对个体的判断与反馈。

小实验：美国行为学家迈克尔·阿盖尔做过一个关于个人形象的实验——同一人以不同的仪表装扮出现在同一地点，以测试人们的判断与反馈。当他身穿西装以绅士的面孔出现时，无论是向他问路还是向他打听事情的陌生人都彬彬有礼，显得颇有教养；而当他装扮成流浪者模样时，向他对火或借钱的人则以无业游民居多。实验证明，仪表是判断个人内在修养、品质进而决定采取何种交往方式的重要因素。端正的仪表体现个人良好的素养、品位与格调，是对自己、他人以及周围环境的尊重。

（一）头发

个人仪表中，头发通常是他人首先关注的部分。因此，头发应勤于梳洗，保持自然光泽、洁净整齐、无异味、无头屑，肩、背无落发。

发型反映个人的修养和品位，应与性别、年龄、身材甚至服装等相适宜。总体上，职业人士的发型应选择整齐、简单、明快、较少修饰的风格，不宜夸张、另类。

具体而言，男士可根据脸型、年龄、偏好等选择中分式、侧分式、短平式、后背式发型，但头发不宜过长，不应盖过耳部或触及后衣领，通常也不提倡男士烫发或染发。女士发型可选择性较多，但职业女性的发型宜高雅、干练、大方，一般两侧头发不应过多遮住脸部，刘海不宜过低以致遮住眼睛。在正式的社交或工作场合，长发女士应选择盘发或束发，不能披头散发，不宜烫染夸张的发型、发色。职业女士的发饰宜简约低调，不宜插戴色彩艳丽、造型夸张、图案复杂的头饰。

（二）面容

面容是个人心理活动甚至基本素养集中展现的“舞台”。因此，个人应保持洁净清爽的面容，克服面部不良习惯性动作并遵循适宜的化妆礼仪。

1. 保持面部清洁

（1）每日须洗脸，使面部整体干净清爽，无油污、无汗渍、无泪痕、无不洁之物。

（2）注意五官的清洁：及时清除眼部分泌物；及时清除耳孔中的分泌物，修剪过长的耳毛；应注意保持鼻腔清洁，不要让异物堵塞鼻孔，或是让鼻涕流淌，鼻毛过长时应及时修剪；应保持牙齿洁白，口气清新，应酬之前忌食烟、酒、葱、蒜、韭菜等气味刺鼻的食品。

2. 克服面部的不良习惯性动作

在社交场合，不宜随处吸鼻子、擤鼻涕，更不可在他人面前挖鼻孔、掏耳朵。此外，诸如咳嗽、清嗓、哈欠、喷嚏、吐痰等不雅举止也不宜在社交场合出现。如因生理原因在公众场合不慎弄出异响，宜尽快道歉。

3. 面部可适当修饰化妆

职场男士若无特殊宗教信仰或民族习惯，不宜蓄须，应剃净胡须、刮齐鬓角；如感到自己的眉形或眉毛不雅观，也可适当修饰，但不提倡纹眉，更不要剔去所有眉毛，刻意标新立异；职场女士可适当化妆，但以淡妆为宜，且应避免使用气味浓烈的化妆品。

(三)服饰

服饰礼仪是人们在交往过程中为了相互表示尊重与友好,达到交往的和谐而体现在服饰上的一种行为规范。莎士比亚曾经说过:“一个人平日的穿着打扮,就是其个人教养最为形象的写照。”服饰不仅体现礼仪主体的修养和品位,在社会交往中还体现礼仪主体对交往对象和交际活动的尊重与重视程度。在国际交往中,服饰更反映着一个国家或民族的文化特色、精神风貌和总体形象。

服饰打扮根据个人偏好可谓五彩纷呈、形式多样,但都应遵循整洁、和谐、得体等基本原则。整洁原则要求服饰整齐干净,是着装打扮最基本的原则。穿着整洁才能体现积极向上的风貌,并展现出对交往方的尊重和对社交活动的重视。当然,整洁并不意味着时髦和高档,而是要求保持服饰的干净合体、整齐有致。和谐原则要求个人着装应与自身体型、年龄、肤色等相协调,以扬长避短,展现良好的形象气质。得体原则强调服饰应与个人性别、职业、文化素养等因素相契合,并适应不同场合的具体要求,如办公场合宜庄重保守,社交场合可时尚个性,休闲场合宜舒适自然等。整体上,质地优良、款式得体、色彩适宜的服饰更能展现自身美好、独特的气质,切忌忽略自身因素与社交需求,盲目跟风。此外,服饰礼仪还需遵循以下具体原则或要求。

1. 着装 TOP 原则

着装 TOP 原则即服饰要与时间(Time)、目的(Objective)、地点(Place)相协调。

(1)时间

穿着打扮必须考虑到什么季节,以及特定的时间。比如,上班时间的衣着不能太过休闲,休闲时间的穿着可以不那么正式。如果上班时穿居家服,则显得不够庄重,而在外出游玩时穿正装,又显得不够轻松。

(2)目的

穿着打扮还必须考虑目的,如参加婚礼或者宴会,可以穿着色彩明亮的服装;参加葬礼则应穿着深色、灰色等庄重的服饰。

(3)地点

穿着打扮也必须考虑要去的目的地和场合,不同的场合需要不同的着装。一般来说,公务、办公场合要求穿着正统、端庄、规范,着装以制服、西装、套裙或者长袖衬衫配以长裤、长裙为宜,而各式各样的时装、便装,尤其是标新立异的前卫服装则一律不适宜。在社交场合如聚会、宴会、舞会或者音乐会等,穿着要求时尚、典雅、有个性,着装以时装、礼服、民族服装以及个人制作的服装为主要选择。在休闲场合,如居家、健身、旅游等场合,以家居装、运动装、牛仔装为宜,尽量不要选择制服、套裙、礼服等适用于正式场合的服装。

2. 职场人士着装要求

职场男士一般着西装正装,且需遵循:三色原则,即着西装时,全身上下的衣着,应保持在三种色彩之内;三一定律,即着西装套装时,身上的鞋子、腰带、公文包应为同一颜色;基本色彩,即基于办公或正式社交的要求,一般选择庄重保守的藏蓝色、黑色、茶色或灰色等基本色彩。

职场女士也宜着正装,需注意:五不原则,即不穿皮裙(尤其是黑皮裙)、不光腿、不穿戳破的裤子和袜子,不混搭鞋袜、不能三截腿;六忌原则,即忌过于杂乱、鲜艳、暴露(包括胸部、肩部、背部、腰部、脚趾、脚跟的暴露)、透视、短小和紧身。

3. 西装的穿着规范

(1)讲究规格

西装有两件套、三件套之分,在正式场合应穿同质、同色的深色毛料套装。两件套西装在正式场合不能脱下外衣。按习俗,西装里面不能加毛背心或毛衣。在我国,至多也只能加一件"V"字领羊毛衣,否则显得十分臃肿,以致破坏西装的线条美。

(2)穿好衬衫

与西装配套的衬衫,领子要硬实、挺括,不要翻在西装外,不能有污垢、油渍。衬衫下摆要放在裤腰里,系好领扣和袖口。衬衫衣袖要稍长于西装衣袖,通常要伸出1~2厘米,领子要高出西装领子0.5~1厘米,以显示衣着的层次。

(3)系好领带,戴好领带夹

西装脖领间的"V"字区最为显眼,领带应处于这个部位的中心,领带的领结要饱满,与衬衫的领口吻合要紧凑,领带的长度以系好后下端正好触及腰上皮带扣上端处为最佳标准。领带夹一般夹在衬衫第四与第五粒扣子之间为宜。西装系好纽扣后,不能使领带夹外露。

(4)用好衣袋

西装上衣两侧的口袋只作装饰用,一般不放物品,否则会使西装上衣变形。西装上衣左胸部的衣袋只可放装饰手帕。部分物品如票夹、钢笔、名片盒等可放在上衣内侧的衣袋里,裤袋也不可装物品,以求臀围合适,裤型美观。

(5)扣好纽扣

西装款式不同,穿着方法也有差异:双排扣西装,扣子要全扣上;单排两粒扣，只扣上边一粒或都不扣；单排三粒，只扣中间一粒或都不扣；单排一粒，扣不扣均可；穿三件套西装，要扣好马甲上所有的扣子，外套的扣子不扣。

（6）穿好皮鞋

穿西服一定要穿皮鞋，而且裤子宜盖住半个皮鞋鞋面。皮鞋应配上合适的袜子，一般宜穿深色袜，切忌穿白色或半透明的尼龙、涤纶丝袜。切忌西装搭配旅游鞋、轻便鞋、布鞋或露脚趾的凉鞋。

男士西装穿着示范[1]

4. 女装的穿着规范

女士衣着的选择范围较广，职业女性也是如此，既可穿着最能展现女性魅力的裙装、西装套裙，亦可自由选择西装、夹克衫、衬衫、长裤等。

但职场女士的着装也应遵循三一原则等基本要求，不但要干净、整洁、简约、合身，而且要注意在不同的场合服装所发挥的不同作用。例如，参加宴会，要注意自己的衣着同宴会场所的色彩相和谐，而且要考虑与自己男伴的衣着相得益彰；参加婚礼时，不要穿同新娘礼服同色的服装，不要因为穿着不当引起别人的非议；参加丧礼时，则宜穿黑色或颜色低调柔和的衣裙等。

---

〔1〕 本章示例图片均由西南政法大学应用法学院、中国仲裁学院提供（标注其他出处者除外）。本书已依法获得其使用、改编、出版之授权。

女士着装示范

5. 配饰的佩戴规范

配饰是一种沉默的语言，既向他人暗示了某种含义，又显示了佩戴者的嗜好和修养。搭配得体的配饰具有画龙点睛的作用，可让佩戴者光彩照人、气质出众；佩戴错误的饰品则会画蛇添足，甚至影响个人的形象与品位。因此，个人在交际场合中，应对配饰予以必要的关注。

总体而言，使用配饰须坚持以下几条礼仪规范：第一，应当遵从有关传统和习惯，在社交场合中不能靠配饰标新立异；第二，正式场合可以不戴配饰，但切忌佩戴粗制滥造的饰品；第三，佩戴饰品要注意场合，配饰宜适用于正式的交际应酬中，办公时宜不戴或少戴饰品；第四，佩戴首饰须考虑性别差异，女士可选择佩戴的饰品范围较广，男士饰品则要求简练，基本上仅有戒指和领带夹，且场合越正规，男士的配饰应当越少；第五，配饰须与佩戴者的年龄、形体、服装相协调，且注意在公务场合不宜佩戴过多，一般而言，胸部以上的饰物不可超过三样，以免给人招摇、不稳重的印象。此外，佩戴饰品还有一些特殊的禁忌，如女士参加丧礼时，只允许佩戴结婚戒指和珍珠项链。

二、仪态礼仪

仪态是仪表不可分割的重要组成部分，是个人表情、举止的动态的外观形象。它与仪表共同构成礼仪主体的个人形象，包括面部表情和站、坐、行、蹲等举止。

(一)表情

1. 目光(眼神)

目光是面部表情的核心。眼睛是人类面部的感觉器官之一,最能有效地传递信息和表情达意。在人际交往时,目光是一种无声、含蓄的语言。俗话说,“眼睛是心灵之窗”,一个人的目光可以折射其真实的内心世界。

在社交活动中,眼神的应用要符合一定的礼仪规范:冷漠的、呆滞的、疲倦的、轻视的、左顾右盼的眼光都是没有修养和不礼貌的;切不可盯人太久或反复上下打量,更不可以对人挤眉弄眼或用白眼、斜眼看人;要用柔和友善的目光正视对方的眼睛,同时内心要充溢着爱慕、友善或敬意;如果想中断谈话,可以有意识地将目光稍微转向他处;当你被介绍与人认识时,眼睛要看着对方的脸部,但不能上下打量对方;有求于对方或者等待对方回答时,眼睛略朝下看,以示谦恭和恳请;进入上级的办公室时,不要把目光落在桌面的文件上;走进陌生人的居室,也不要东张西望;和长辈说话时,最好走近他,用尊敬的目光直视他;上台讲话时,要先用目光环顾四周,以示对到会人的尊重。

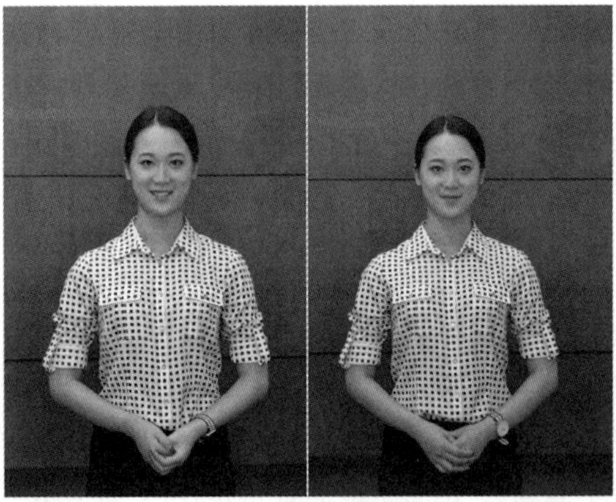

笑容示范

2. 笑容

笑是眼、眉、嘴和颜面的动作集合,是生动的、多变的感情表达语。笑有微笑、大笑、冷笑、嘲笑等许多种,不同的笑表达了不同的感情。在人的各种笑颜中,微笑是最常见、用途最广、损失最小而效益最大的表情语言。微笑是含蓄不露齿,嘴角的两端略微提起的发自内心的愉悦表情。在社交场合,切不可故作笑颜,满脸堆笑。否则,不仅发笑者面部表情不自然,面部肌肉会发酸发硬,也会令别人敬而远之,甚至产生唯恐躲避不及之感。

(二)举止

美国学者雷·L. 伯德惠斯戴尔 1963 年在《情绪研究的身势学水平》一书

中首先提到了身势学(kinesics)的概念,他认为人体的大部分动作就像组成词语的字母和音素一样,是意思表达的组成部分,并估计两个人的互动中约有65%的社会含义通过身体姿势等非语言方式传递。由此可见,举止在人际交往中至关重要,所谓“此时无声胜有声”,其信息负载量与真实性远远大于有声语言。站、坐、行等体姿作为举止语言的重要组成部分,也负载了相当多的社交信息,它们不仅体现了个体对交往对象和社交事宜的重视程度,更体现个体自身的精神风貌和内在修养。古人主张个体姿态要“站如松,坐如钟,行如风”,即对个人举止与姿态礼仪的基本要求。

1. 站姿

站姿是我们在正式或非正式场合中最基本的举止之一。优美、典雅的站姿能够反映出一个人的静态美,衬托出美好的气质与风度,并反映出个人的自信和坚定。站姿的基本要点是挺直、均衡、灵活。

标准站姿示范

良好的站姿应做到:

(1)平肩,正颈,下颌微向后收,两眼平视,精神饱满,面带微笑;

(2)直立,挺胸,收腹,略微收臀;

(3)两臂自然下垂,手指自然弯曲,两手也可以在体前交叉(一般是右手放在左手上),肘部略向外张,男性在必要时可单手或双手置于背后;

(4)双腿要直,膝盖放松,大腿稍收紧上提,身体重心落于前脚掌;

(5)男士站立时,双脚可微微张开,但不能超过肩宽;

(6)女士站立时,脚应呈“V”型,膝和脚后跟应靠近,身体重心应尽量提高;

(7)站累时,脚可向后撤半步,但上体仍然保持正直。

女士标准站姿示范

男士标准站姿示范

应避免的站姿：

(1)身体抖动或晃动，会给人以漫不经心或没有教养的印象；

(2)双手插入衣袋或裤袋中，此举不严肃，显得拘谨、小气，实在有必要时，只可单手插入前裤袋；

(3)双臂交叉抱于胸前，有时会有消极、防御甚至抗议之嫌；

(4)双手及单手叉腰，这种站姿往往含有进犯之意；

(5)两腿交叉站立，会给人以不严肃的印象；

(6)驼背、鸡胸、突腰、溜肩、端肩、O型腿、X型腿等。

2. 坐姿

坐姿文雅、端庄，不仅给人以沉着、稳重、冷静的感觉，也是展现个人气质与风范的重要形式。

良好的坐姿应做到：

(1)人体重心垂直向下，腰部挺直，上身正直；

(2)双膝应并拢或微微分开，并视情况向一侧倾斜，女士入座后，双脚须靠拢，脚跟须靠近；

(3)双脚并齐，手自然放在双膝上或椅子扶手上；

(4)男士可交叠双腿，但女士一般不宜架腿。

坐姿之外，入座的动作也很重要。入座时，应款款走到座位前：如果是从椅子后面靠近椅子，应从椅子的左边走到座位前，背向椅子，右脚稍向后撤，使腿肚贴到椅子边，上体正直，轻稳坐下。女士入座时，应整理一下裙边，将裙子后片向前拢一下，以显得端庄娴雅。

女士标准坐姿示范

男士标准坐姿示范

应避免的坐姿：

（1）把脚藏在座椅下或勾住椅腿，此举显得小气，欠大方；

（2）双腿分开，伸得老远，此举极不雅观；

（3）“4”字形叠腿，并用双手扣腿，晃脚尖等，这会显得傲慢无礼、目中无人；

（4）猛起猛坐，弄得座椅乱响；

（5）上体不直，左右晃动，显得欠缺教养。

3. 走姿

走姿是站姿的延续动作，是在站姿的基础上展示人的动态美的极好方式。无论是在日常生活中，还是在公共场合中，走路都是“有目共睹”的肢体语言，往往能表现一个人的风度、风采和韵味。走路的基本要点是从容、平稳、直线。

一般而言，女士步履应轻捷优雅、步伐适中、不快不慢，展现出温柔、矫健的阴柔之美；男士步履应雄健有力、不慌不忙，展现雄姿英发、英武刚健的阳刚之美。

良好的走姿应做到：

（1）步伐稳健，步履自然，要有节奏感；

（2）身体重心稍稍向前；

（3）上体正直，抬头，下巴与地面平行，两眼平视前方，精神饱满，面带微笑；

(4)两手前后自然协调摆动,手臂与身体的夹角一般在 10 ~ 15 度;

(5)跨步均匀,两脚之间相距约一只脚到一只半脚的距离;

(6)迈步时,脚尖可微微分开,但脚尖、脚跟应与前进方向近乎一条直线;

(7)走路要用腰力,因此,腰要适当收紧;

(8)上下楼梯时,上体要直,脚步要轻,要平稳,一般不要手扶栏杆。

走姿示范

应避免的走姿:

(1)身体乱晃乱摆,这会给人轻佻、浮夸、缺少教养的印象;

(2)双手反背于身后,给人以傲慢、呆板的感觉;

(3)双手插入裤袋,让人觉得拘谨、小气;

(4)步子太大或太小,太大不雅观,太小不大方;

(5)低头看脚尖或抬起下巴走路,前者显得心事重重、萎靡不振,后者显得目中无人;

(6)拖脚走、跳着走、八字脚、勾肩搭背、搂搂抱抱等,会显得消沉、轻浮或不雅;

(7)摇头晃脑,晃臂扭腰,或左顾右盼,瞻前顾后,此举会显得心术不正,易被误解;

(8)行走时与其他人相距过近,与他人发生身体碰撞。

4. 蹲姿

蹲姿是人在处于静态时的一种特殊体位。在日常工作、生活中,出于整理工作环境、给予客人帮助、提供必要服务、捡拾地面物品或自我整理装扮的需要,都可能采用蹲姿。较之于其他姿态,蹲姿不当会十分不雅。因此,蹲姿不宜随意,而应符合常见的姿势,讲究必要的规则。

常见蹲姿包括以下几类:

(1)高低式

高低式蹲姿的基本特点是双膝一高一低,主要要求在下蹲时,左脚在前,右脚稍后;左脚应完全着地,小腿基本上垂直于地面;右脚脚掌着地,脚跟提起;右膝低于左膝,右膝内侧可以靠在左小腿内侧,形成左膝高右膝低的姿态;臀部向下,基本上以右腿支撑身体,女性双腿应靠近,男性双腿可以适度分开。一般情况下,高低式蹲姿会被广大的服务人员采用。男性服务人员在工作时选用这一方式,往往更为方便些。

(2)交叉式

交叉式蹲姿,通常适用于女士,特别是穿短裙的女士。优点在于造型优美典雅。基本特征是:蹲下后双腿交叉在一起,即在下蹲时,右脚在前,左脚在后,右小腿垂直于地面,全脚着地;右腿在上,左腿在下,两者交叉重叠;左膝由后下方伸向右侧,左脚脚跟抬起,并且脚掌着地;两腿前后靠近,合力支撑身体;上身略向前倾,而臀部朝下。

(3)半蹲式

半蹲式蹲姿,一般是在行走时临时采用。它的正式程度不及前两种蹲姿,但在需要应急时也可采用。基本特征是:身体半立半蹲。主要要求:下蹲时,上身稍许弯下,但不要和下肢构成直角或锐角;臀部务必向下,而不是撅起;双膝略微弯曲,角度一般为钝角,身体的重心应放在一条腿上;两腿之间不要分开过大。

(4)半跪式

半跪式蹲姿,又叫做单跪式蹲姿。它也是一种非正式蹲姿,多用于在下蹲时间较长或为了用力方便时,双腿一蹲一跪。主要要求:下蹲后,改为一腿单膝着地,臀部坐在脚跟上,以脚尖着地;另外一条腿应当全脚着地,小腿垂直于地面;双膝应同时向外,双腿应尽力靠拢。

高低式、交叉式、半跪式蹲姿示范

蹲姿应注意的礼仪：

（1）不要突然下蹲，而且蹲下来时，速度不宜过快；

（2）下蹲时，应和身边的人保持一定的距离。和他人同时下蹲时，更不能忽略双方的距离，以防彼此“迎头相撞”或发生其他误会；

（3）不要方位失当。在他人身边下蹲时，最好和他人侧身相向，正面面对他人，或者背部面对他人下蹲，通常都是不礼貌的；

（4）不要毫无遮掩。在大庭广众面前，尤其是身着裙装的女士，一定要当心下身毫无遮掩的情况，防止大腿叉开。

第二节 社交礼仪

一、社交礼仪概述

（一）社交礼仪的概念

社交是社会交往的简称，是指在社会中人与人之间进行的各种交际活动。社交是人类作为社会主体的最基本、最重要的活动。在社会交往的过程中，人们既可以沟通心灵，建立深厚友谊，取得支持与帮助，又可以互通信息，共享资源，对取得事业成功大有裨益。社交礼仪是指人们在社会交往活动中，用于向交往方表示尊重、亲善和友好的首选行为规范和惯用形式。社交礼仪的适用主体和适用范围十分广泛，而对法律职业者来说，社交礼仪至为重要，不仅在工作期间内应当遵守，在工作之余的公众场合也必须遵守。在无专门规定和特定要求[1]时，法律职业者应当遵守基本的社交礼仪。本节主要介绍法律职业者在社交活动中为展现自身职业形象、获得他人尊重应遵循的基本礼仪规范。

(二)社交礼仪的特征

1. 社交礼仪具有普遍性

每个个体都无法脱离社会关系网络存在，从跟交往对象初次见面、介绍自己或他人到深入交谈再到用餐、打电话，均需要讲究社交礼仪规范，遵守特定的社交礼仪行为准则。对法律职业者而言，社交礼仪的重要性不言而喻。例如，法官作为国家司法权的行使者，无论是在工作期间内与其他诉讼参与人的交往，还是在非工作期间与他人交往，都需要遵守社交礼仪；对于作为自由职业者的律师，社交礼仪在其日常工作和生活中的影响也是无时、无处不在。

2. 社交礼仪具有传承性

随着社会交往的发展，社交礼仪的发展是一个扬弃的过程，一个剔除糟粕、继承精华的过程。例如，古代的磕头跪拜风早已被现代的握手礼所替代，朝见天子所需的三跪九叩则早已成为历史。而许多社交礼仪的行为规范则得到了弘扬，如在社交活动中仍需要注意位次，居中属于上位。

3. 社交礼仪具有地域性

不同的民族、国家和文化背景会产生不同的社交礼仪文化，而不同的地域文化决定着礼仪的内容和形式。无论是我国不同地域、不同民族还是世界不同国家，社交礼仪都存在一定的差异性。对法律职业者来说，在社交活动中必须注意这些差异，才能充分表达对社交对象的尊敬和善意。例如，各国见面问候致意的形式就大不一样，除了握手礼，还有脱帽礼、拥抱礼、合十礼、贴面礼、碰鼻礼等。这些礼仪形式的差异均是由不同地方风俗文化决定的，具有约定俗成的影响力。

(三)社交礼仪的功能

1. 遵守社交礼仪可以给人留下完美的第一印象

对于初次交往的对象来说，法律职业者遵守社交礼仪可以留下完美的第

---

[1] 对法律职业礼仪的专门规定和特定要求详见本书第三、四、五章。

一印象，即良好的首轮效应。首轮效应，也称首因效应，它主要是指有关个人形象、单位形象的成因及其塑造，即主要是一个人或一个单位留给他人的客观印象是如何形成的问题。首轮效应的核心之点在于：人们在日常生活中初次接触某人、某物、某事时所产生的即刻的印象，通常会在对该人、该物、该事的认知方面发挥明显的甚至是举足轻重的作用。对于人际交往而言，这种认知往往直接制约着交往双方的关系。对法律职业者来说，遵守社交礼仪给交往对象带来的不仅仅是个人的良好印象，还包括法律职业者整个群体的专业形象和法律的权威形象。

2. 遵守社交礼仪可以培养个人的良好教养和优雅风度

遵守社交礼仪有助于自身修养。社交礼仪能够让主体提高应对社交场合的实际能力，逐步养成良好的礼仪习惯，逐渐树立起彬彬有礼、温文尔雅的美好形象，向他人展现个人的良好教养和优雅风度。对法律职业者来说，这是十分重要的。

3. 遵守社交礼仪可以更好促进人际交往和信息共享

每个主体都有被尊重的高级精神需要，在社会交往活动过程中，按照社交礼仪的要求去做，就会使他人受到尊重的高级精神需求得以满足，从而获得愉悦，由此达到人际关系的和谐。更重要的是，对于部分法律职业者如律师，社交活动在很多时候是建立工作关系的纽带，遵守社交礼仪可以更好地赢得对方的尊敬和好感，有益于信息交流，适应现代信息社会的需要。

4. 遵守社交礼仪有助于提高社会风气和民族整体素质

遵守社交礼仪并非是个人工作生活之小节，在宏观层面，它是一个国家社会风气的现实反映，是一个民族精神文明和进步的重要标志。作为法律形象的塑造者，法律职业者的整体素质普遍高于一般民众，也是社会风气的重要引导者，从长远意义上看，遵守社交礼仪能够逐步净化社会风气，提高民族整体素质。[1]

二、会面礼仪

会面礼仪是社交礼仪中最常用与最基础的礼仪。现今世界通行的有点头、微笑、握手。除此之外，许多国家也有表现本国本民族文化的特色会面礼，例如拥抱礼、合十礼、贴面礼、吻手礼、鞠躬礼、碰鼻礼等。

---

〔1〕 刘梦溪：《礼仪与文化传统的重建》，载《光明日报》2004年4月28日。

(一)点头微笑礼仪

1. 点头礼仪

点头适合于肃穆、安静的场合(图书馆、音乐厅、电影院)和特定场合(酒会、舞会)。经常见面的人相遇时,也可点头相互致意,而不必用有声语言来问候。在社交场合遇见仅有一面之交者,也可相互点头致意。点头的方式是面带微笑,头部向下稍微晃动一两下,目视对方,忌把头高高扬起、晃动幅度过大。

2. 微笑礼仪

保持一个微笑的表情、谦和的面孔,是表示自己真诚、守礼的重要途径。在微笑时,注意放松面部肌肉,然后使嘴角微微向上翘起,让嘴唇略呈弧形。在不牵动鼻子、不发出笑声、不露出牙齿,尤其是不露出牙龈的前提下,轻轻一笑。

(二)握手礼仪

1. 握手准备

手要洁净、干燥、温暖;忌讳手脏、手湿、手凉;先问候再握手;如戴有手套应摘下。

2. 握手次序

在一般情况下,是否握手讲究"位尊者有决定权",即由位尊者决定双方是否有握手的必要。

(1)在上下级关系中,上级先伸手表示对下级的亲和与关怀。

(2)主宾关系中,主人先伸手以表示对客人的欢迎。

(3)年长者主动伸手以表示对年轻人的欣赏和关爱。

(4)女性主动伸手表示大方、干练的职业形象。

(5)已婚者向未婚者先伸手以表示友好。

(6)与多人握手时,也应遵循先尊后卑、先长后幼、先女后男的基本原则。

3. 握手姿势

伸出右手,掌心向上,以示谦虚和尊重,切忌左手握手、滥用双手握手、掌心向下;手掌呈垂直状态、五指并用,轻轻用力,握手时间在3秒左右;握手时注视对方,不要心不在焉,忌不断点头哈腰。

握手示范

(三)其他会面礼仪

1. 拥抱礼

拥抱礼是流行于欧美的一种见面礼节。拥抱礼多行于官方或民间的迎送宾朋或祝贺致谢等场合。当代,在许多国家的涉外迎送仪式中,多行此礼。行拥抱礼时,通常是两人相对而立,各自右臂偏上,左臂偏下,右手环抚于对方的左后肩,左手环抚于对方的右后腰,彼此将胸部各向左倾而紧紧相抱,并头部相贴,然后再向右倾而相抱,接着再做一次左倾相抱。

拥抱礼[1]

[1] 示例图片源自《职场拥抱,分寸比诚意更重要》,搜狐网:http://men.sohu.com/20131112/n389908790.shtml,访问时间:2016 年 6 月 15 日。

2. 合十礼

合十礼是流行于泰国、缅甸、老挝、柬埔寨、尼泊尔等佛教国家的见面拜礼。此拜礼源自印度。最初仅为佛教徒之间的拜礼,后发展成全民性的见面礼。在泰国,行合十礼时,一般是两掌相合,十指伸直,举至胸前,身子略下躬,头微微下低,口念"萨瓦蒂"。"萨瓦蒂"系梵语,原意为如意。遇到不同身份的人,行此礼的姿势也有所不同。合十礼分为跪合十、蹲合十、站合十,其中站合十是某些国家的平民之间、平级官员之间相拜,或公务人员拜见长官时常用的一种礼节。

站合十和蹲合十〔1〕

跪合十〔2〕

3. 贴面礼

贴面礼是典型的法兰西传统礼节,除了跟握手一样表示一般性的问候外,还可以表达祝贺、感谢、道歉、宽容等情感。贴面礼只适用于特定的对象,如夫妻或情侣之间、父母与子女之间、兄弟姐妹之间、亲朋好友之间以及关系较亲密的同事朋友之间。

---

〔1〕 示例图片源自《泰国合十礼讲究贵贱有别》,中国民族宗教网:http://news. xinhuanet. com/2013 -07/16/c_125013124. htm,访问时间:2016 年 6 月 15 日。

〔2〕 示例图片源自《泰国合十礼讲究贵贱有别》,中国民族宗教网:http://mzb. com. cn/html/Home/report/306131 -2. htm,访问时间:2016 年 6 月 15 日。

希拉里与日本皇后行贴面礼[1]

4. 吻手礼

吻手礼是流行于欧美上流社会异性之间的一种最高层次的见面礼，主要是男士向已婚女士表示的一种敬意，仅限于室内。行吻手礼时，男士行至女士面前距约80厘米，首先立正欠身致敬，女士先将右手轻轻向左前方抬起约60度时，男士以右手或双手轻轻抬起女士的右手，同时俯身弯腰以自己微闭的嘴唇象征性地轻触一下女士的手背或手指，要稳重、自然、利索，不发出声音。

希拉克对默克尔行吻手礼[2]

5. 鞠躬礼

“鞠躬”起源于中国，是对地位崇高者或长辈表达崇敬之情的典型礼节，朋友初次见面、同志之间、宾主之间也可以鞠躬行礼表达对对方的尊敬。行礼

〔1〕 示例图片源自《希拉里拜会日本天皇》，凤凰网：http://news.ifeng.com/photo/hdnews/detail_2011_04/18/5805145_4.shtml，访问时间：2016年6月15日。

〔2〕 示例图片源自《走马上任第二天默克尔出访法国》，搜狐网：http://news.sohu.com/20051124/n227587548.shtml，访问时间：2016年6月15日。

时,立正站好,背部挺直,身体端正,双手分别贴放在双腿两侧或自然放于腹部;面向受礼者,距离为两三步远;以腰部为轴,整个肩部向前倾 15 度以上,具体角度视行礼者对受礼者的尊敬程度而定,同时问候"您好""早上好""欢迎光临"等。行礼时必须脱帽,口中不能含香烟或食物。

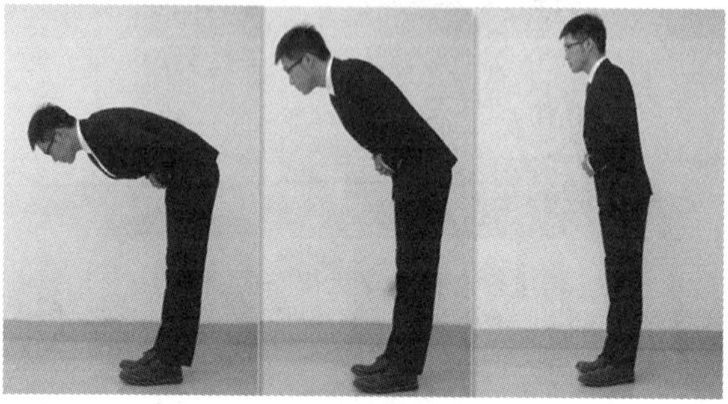

90°、45°、15°鞠躬礼示范

6. 碰鼻礼

碰鼻礼是新西兰的最早主人毛利人保存下来的独特见面问候方式。有客人来访,毛利人要为来宾组织专门的欢迎仪式并安排下丰盛的宴席。通常,男女老幼,倾巢出动,一边引吭高歌,一边兴致勃勃地拉着客人手舞足蹈。这一切过去以后,就举行毛利人传统的最高敬礼——"碰鼻礼"。主人与客人必须鼻尖对鼻尖连碰两三次或更多次数,碰鼻的次数与时间往往标志着礼遇规格的高低;相碰次数越多,时间越长,即说明礼遇越高;反之,礼遇就低。

英国凯特王妃接受碰鼻礼[1]

〔1〕 示例图片源自《各国政要"碰鼻礼"大盘点》,扬州晚报网:http://www.yangtse.com/guoji/2014-11-20/361788.html,访问时间:2016 年 6 月 15 日。

三、介绍礼仪

介绍礼仪主要是向交际对象说明情况。在正式场合中,介绍主要分为口头介绍和名片介绍。口头介绍分为介绍自己和介绍他人;名片介绍需要注意如何发送自己名片,接受、索要他人名片。

(一)口头介绍礼仪

1. 自我介绍礼仪

自我介绍须把握时机。在不妨碍他人工作和交际的情况下进行。介绍的内容包括单位名称、职位、姓名。给对方一个自我介绍的机会:“请问,我应当怎样称呼你呢?”

2. 介绍他人礼仪

在介绍顺序上,应当注意:

(1)先把位卑者介绍给位尊者,先把职级低者介绍给职级高者,若难以判断,可先把年轻的介绍给年长的。

(2)先介绍自己单位的人,再介绍其他单位的人。

(3)把一个人介绍给很多人时,应先介绍其中地位最高的或酌情而定。

(4)先把男性介绍给女性,当男女地位、年龄有很大差别时,若女性位卑、年轻,可先把女性介绍给男性。

(5)先把主方介绍给客方,然后再把客方介绍给主方。

介绍礼仪示范

（二）名片介绍礼仪

1. 发送名片礼仪

（1）会客前检查和确认名片夹内是否有足够名片，不可递出污旧或皱折的名片。

（2）名片放在左侧口袋或西装的内侧口袋，口袋不要因为放置名片而鼓起来，不要将名片放在裤袋里，避免从裤子后方的口袋里掏出。

（3）发送名片时，右手的拇指、食指和中指合拢，夹着名片的右下部分，以弧状的方式递交于对方的胸前，便于对方接拿。

（4）递名片时应起身站立，走上前去，使用双手或者右手将名片正面对着对方，递给对方。若对方是外宾，最好将名片印有英文的那一面对着对方。将名片递给他人时，应说“多多关照”“常联系”等话语或是先做一下自我介绍。

（5）与多人交换名片时，应讲究先后次序：或由近而远，或由尊而卑进行，位卑者应当先把名片递给位尊者。要双手拿出自己的名片，稍微停顿下，注意将名片的方向调整到最适合对方观看的位置，再双手递过去。到别处拜访时，经上司介绍后，再递出名片。

2. 接受名片礼仪

（1）他人递名片给自己时，如果是坐着，应起身站立，面含微笑，目视对方。

（2）接受名片时，双手捧接，或以右手接过，不要只用左手接过。

（3）接过名片后，要从头至尾把名片认识默读一遍，意在表示重视对方。接受他人名片时，应致谢或重复对方所使用的谦词敬语，如“请多关照”。

（4）应该把名片放在专用的名片夹中，尽量避免把名片放在口袋中，不要把名片直接放在兜里或放在其他位置根本不看，也不要长时间放在手里不停地摆弄或无意识地玩弄。

3. 索要名片礼仪

如果向尊长索取名片，可以这样说：“今后如何向您老请教？”如果向平辈或晚辈索要名片，可以这样说：“以后怎样与您联系？”当他人索取本人名片，而自己又不想给对方时，应用委婉的方法表达此意。可以说：“对不起，我忘了带名片。”或者“抱歉，我的名片用完了。”

发送、接受名片示范

四、交谈礼仪

交谈是社交活动的重要内容。交谈礼仪分为交谈仪态、选择话题、终止交谈。其中交谈仪态分为交谈肢体语言、交谈表情、交谈用语；选择话题分为适宜话题和禁忌话题；终止交谈分为终止交谈的时机、终止交谈时的肢体语言和表情、终止交谈的用语。

（一）交谈仪态

1. 交谈肢体语言

（1）交谈时，要将身体正面朝向对方。

（2）肢体语言中特别要注意手势，不要握紧拳头或用手指指点点，不要用拇指自指胸口或鼻子，手势不要过大。

（3）不要在他人面前做出掏耳朵、挠头皮、咬指尖、抱大腿、折衣服、抓痒痒等不雅举动。

2. 交谈表情

交谈表情中最主要的是目光。

（1）在整个交谈过程中，与对方目光接触时间应该累计达到全部交谈过程的50%～70%。

（2）目光注视的范围可以是对方双眼或双眼与额头之间的区域，也可以是对方唇心到双眼的三角区域。

（3）不要将视线长时间固定在某一位置，应适当移动。

(4)要表现出耐心倾听的表情,不能东张西望、看书看报、面带倦容、哈欠连天,否则,会给人心不在焉、傲慢无理等不礼貌的印象。

3. 交谈用语

对方称呼应使用尊称。并且,交谈中应尽量使用文雅词语,例如,好久不见说“久违”;初次见面说“久仰”;请人原谅说“包涵”;请人批评说“请教”;请人帮忙说“劳驾”;麻烦别人说“打扰”;赞人见解说“高见”,等等。

(二)选择话题

1. 适宜话题

适宜话题主要有:既定的、知识性的、中性的、有共同兴趣的话题,有品位的个人兴趣爱好,别人的优点和长处以及谈话对象感兴趣的其他话题。

2. 禁忌话题

禁忌话题主要有:个人隐私,非议国家、政府及有关部门,错误倾向,商业机密以及议论是非、悲伤消极的话题。

(三)终止交谈

1. 终止交谈的时机

关于终止交谈的时间,一方面根据谈话内容来定,如果交谈的目的已经达到或者谈话的内容已渐枯竭,需要做好终止交谈的准备;另一方面观察对方的态度,如果对方对谈话失去兴趣时,可能会利用身体语言做出希望结束谈话的暗示,比如,有意地看看手表,或频繁地改变坐姿,或游目四顾、心神不安。在准备结束谈话之前,最好先预定一段短时间,以便从容地停止,不要突然结束、匆忙离开。

2. 终止交谈时的肢体语言和表情

交谈和会见结束时,目光要抬起,表示谈话的结束。道别时,仍用目光注视着对方的眼睛,面部表现出惜别的表情。

3. 终止交谈的用语

终止交谈的用语除了向对方表达惜别之情,还可表示对对方及家人朋友的祝福,如“代我向您家人问好”,也可表达想下次继续交流的心愿。

五、位次礼仪

位次礼仪体现着高低尊卑,在公务活动中的适用性较高。常见的位次礼仪有乘车位次、会议位次、谈判位次、签字位次、会客位次、餐桌位次、行进位次等。

（一）乘车位次

1. 乘坐两排五座轿车位次

（1）如果是专职司机驾驶，一般是后排座为上，前排座为下，以右为尊。座位由尊而卑应当依次为：后排右座，后排左座，后排中座，副驾驶座。

（2）如果是主人亲自驾驶，一般是前排座为上，后排座为下，以右为尊。座位由尊而卑应当依次是：副驾驶座，后排右座，后排左座，后排中座。

（3）另外，还需要尊重位高者、嘉宾本人的意愿和选择。

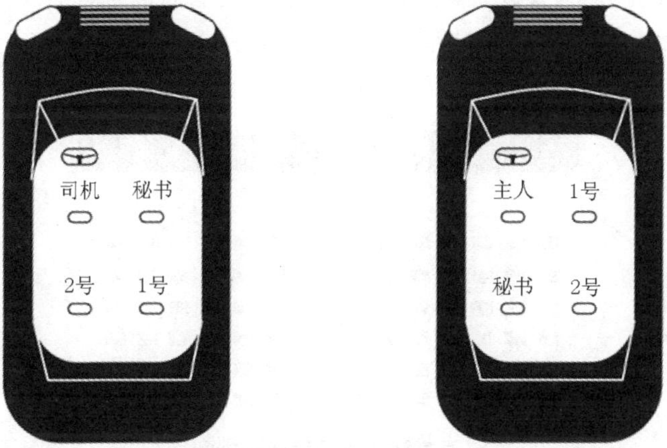

乘坐两排五座轿车位次〔1〕

2. 乘坐三排七座以上轿车位次

（1）如果是专职司机驾驶，座位由尊而卑依次应为：后排右座，后排左座，后排中座，中排右座，中排左座，副驾驶座。

（2）如果是主人驾驶，座位由尊而卑依次应为：副驾驶座，后排右座，后排左座，后排中座，中排右座，中排左座。以此类推。

（3）如果是多排座轿车即四排以及四排以上座位的大中型轿车。其不论由何人驾驶，均以前排为上，以后排为下；以右为尊，以左为卑；并以距离前门的远近，来排定其具体座次的尊卑。

3. 乘坐吉普车位次

不管由谁驾驶，座次由尊而卑依次为：副驾驶座，后排右座，后排左座。

---

〔1〕 示例图片源自《浅谈接待工作礼仪》，庆阳机构编制网：http://www.qybb.gov.cn/Article/dyhd/201212/2229.html，访问时间：2016年6月15日。

(二)会议位次

1. 大型会议位次

大型会议一般是指参加者众多、规模较大的会议。会场上应设主席台与群众席,前者必须认真排座,后者的座次则可排可不排。大型会场的主席台,一般应面对会场主入口。主席台必须排座次、放名签,主席台座次的排列要求是前排高于后排、中央高于两侧,在政务会议中是左侧高于右侧。具体来说,当人数为单数时,1 号首长居中,2 号首长排在 1 号首长左边,3 号首长排右边,其他人依次排列;当人数为双数时,1 号首长、2 号首长同时居中,1 号首长排在居中座位的右边,2 号首长排左边,其他依次排列。

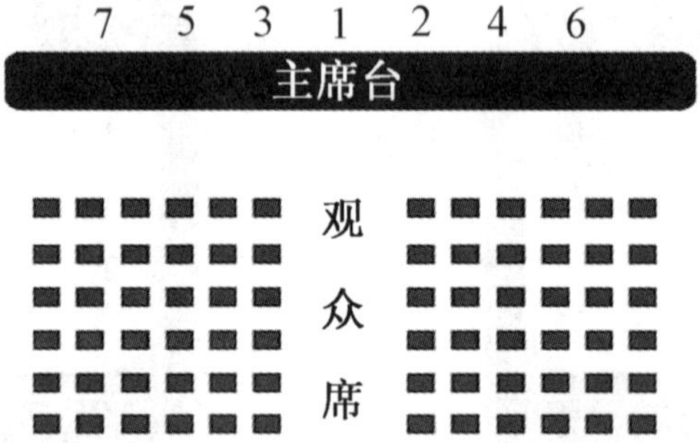

人数为单数的主席台座次排列〔1〕

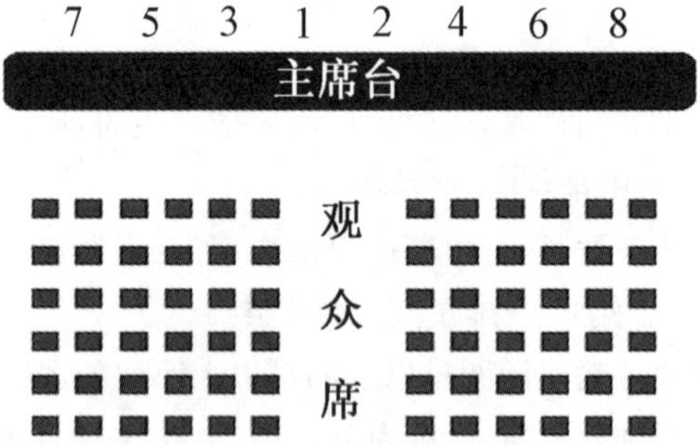

人数为双数的主席台座次排列〔2〕

〔1〕 示例图片源自《领导座次安排》,原点军事网:http://www.yd166.com/pic/5608962326.html,访问时间:2016 年 6 月 15 日。

〔2〕 示例图片源自《领导座次安排》,原点军事网:http://www.yd166.com/pic/5608962326.html,访问时间:2016 年 6 月 15 日。

2. 小型会议位次

小型会议，一般指参加者较少、规模不大的会议，全体与会者均应排座，不设立专用的主席台，确定上位的基本方法：面门为上、居中为上、以右为上。常见的有圆桌会议和方桌会议。圆桌会议源自英国亚瑟王的传说，[1]是一种平等、对话的协商会议形式，与会者不分等级围圆桌而坐，每个人都以平等的身份参加会议。代表与会者一律平等，因而成为国际和外交会议的一种形式，各国代表的席位不分上下尊卑，更好体现各国平等原则和协商精神。方桌会议根据参会人数不同分为单方、双方会议。后者又分为向上级汇报和会见来宾两种情况。如果是向上级汇报，如下图所示，A 为上级，B 为主方；如果是会见来宾，根据来宾身份的不同有所区别，如果来宾的身份高于主方，A 为客方，B 为主方，反之亦然。

2014 年 APEC 圆桌会议[2]

---

〔1〕 相传公元5世纪，英国国王亚瑟在与他的骑士们共商国是时，大家围坐在一张圆形的桌子周围，骑士和君主之间不排位次。

〔2〕 示例图片源自《APEC 二十一国元首圆桌会议》，爱财经网：http://www.icaijing.org/art/article1114678，访问时间：2016 年 6 月 15 日。

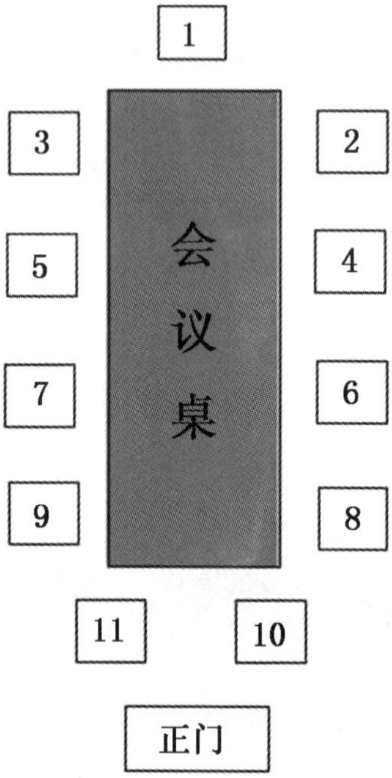

条形桌单方会议位次〔1〕

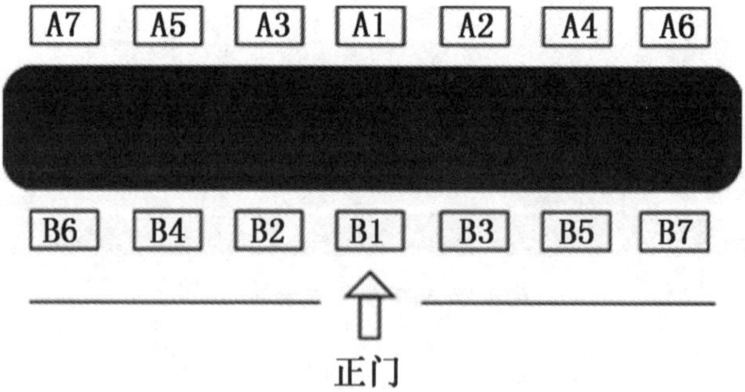

条形桌双方会议位次(横桌式)〔2〕

〔1〕 示例图片源自《小会议室的座位安排》,职场网:http://www.officedoyen.com/a/zhichang/,访问时间:2016年6月15日。

〔2〕 示例图片源自《小会议室的座位安排》,职场网:http://www.officedoyen.com/a/zhichang/,访问时间:2016年6月15日。

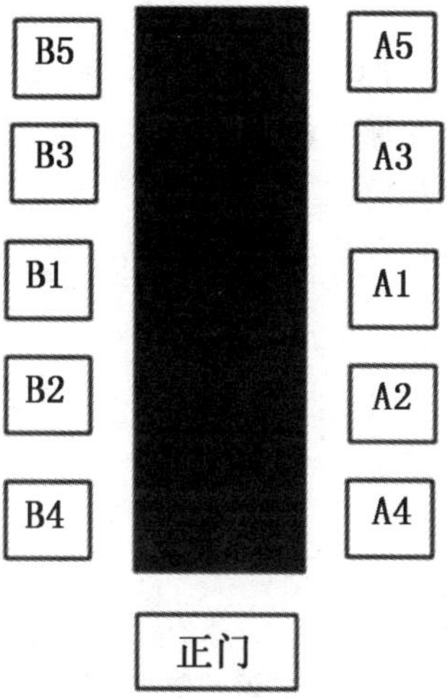

条形桌双方会议位次(竖桌式)[1]

(三)谈判位次

1. 横桌式谈判位次

如果采取横桌式谈判,即谈判桌在谈判室内横放,客方人员应面门而坐,主方人员则背门而坐。除双方主谈者居中就座外,其他人士则应依其具体身份的高低,各自按先右后左、自高而低的顺序分别就座;双方主谈者的右侧之位,在国内谈判中可坐副手,而在涉外谈判中则应由译员就座。

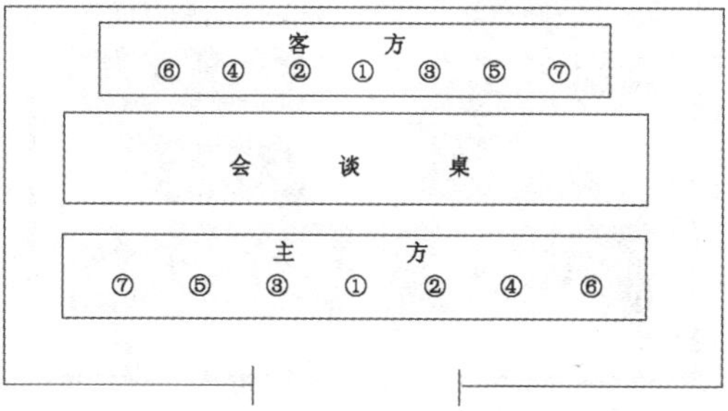

横桌式谈判位次[2]

〔1〕 示例图片源自《小会议室的座位安排》,职场网:http://www.officedoyen.com/a/zhichang/,访问时间:2016 年 6 月 15 日。

〔2〕 示例图片源自《谈判中的位次礼仪》,中国百科网:http://www.chinabaike.com/z/shenghuo/wh/803670.html,访问时间:2016 年 6 月 15 日。

2. 竖桌式谈判位次

如果采取竖桌式谈判,即谈判桌在谈判室内竖放,则以进门时的方向为准,右侧由客方人士就座,左侧则由主方人士就座。双方主谈者居中就座,其他人员位次与横桌式谈判相仿。

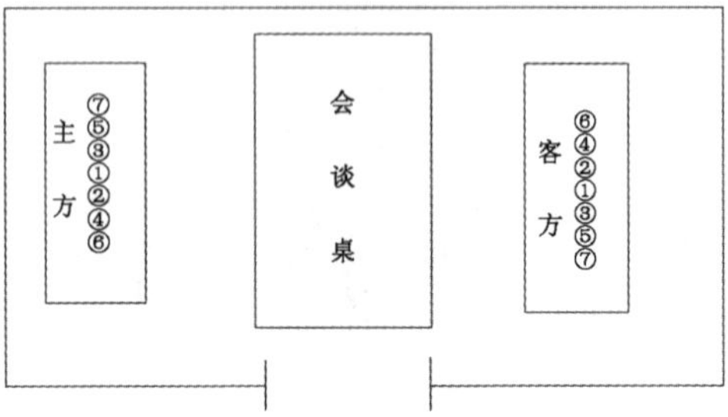

竖桌式谈判位次〔1〕

(四)签字位次

举行签字仪式的座次排列共有三种基本形式,且分别适用于不同情形。

1. 并列式签字位次

这是举行双边签字仪式时最常见的形式。其基本做法是:签字桌在室内面门横放。双方出席仪式的全体人员在签字桌之后并排排列,双方签字人员居中面门而坐,客方居右,主方居左。

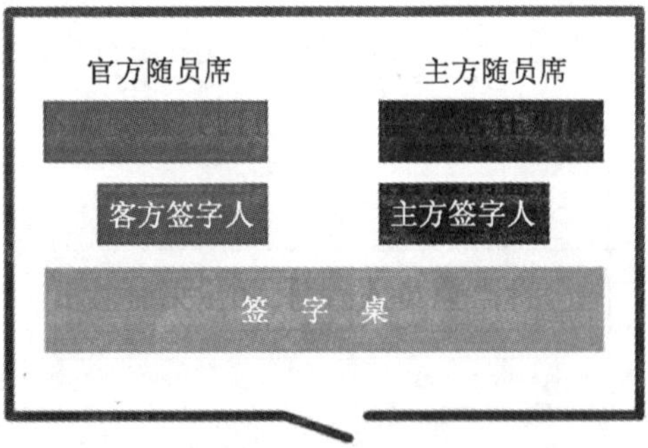

并列式签字位次〔2〕

〔1〕 示例图片源自《谈判中的位次礼仪》,中国百科网:http://www. chinabaike. com/z/shenghuo/wh/803670. html,访问时间:2016 年 6 月 15 日。

〔2〕 示例图片源自《位次》,百度百科:http://baike. baidu. com/view/1326590. htm? fr = aladdin,访问时间:2016 年 6 月 15 日。

2. 相对式签字位次

相对式排座与并列式签字仪式的排座基本相同，二者之间的主要差别只是相对式排座将双边签字仪式的随员席移至签字人的对面。

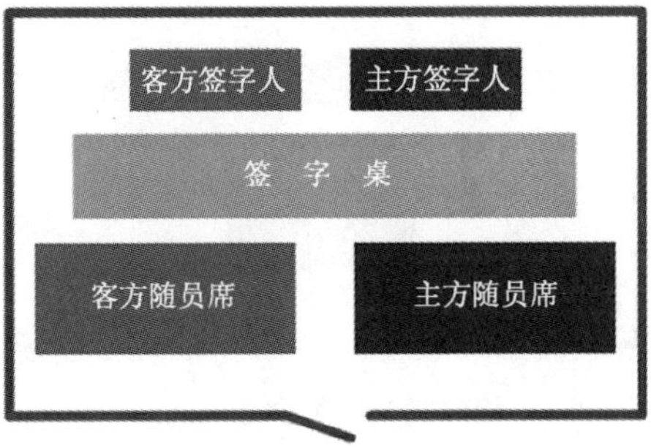

相对式签字位次[1]

3. 主席式签字位次

该排座方式主要适用于多边签字仪式。其操作特点是：签字桌仍须在室内横放，签字者仍须设在桌后面对正门，但只设一个，并且不固定其就座者。举行仪式时，所有各方人员，包括签字人在内，皆应背对正门、面向签字席就座。签字时，各方签字人应以规定的先后顺序依次走上签字席就座签字，然后即应退回原处就座。

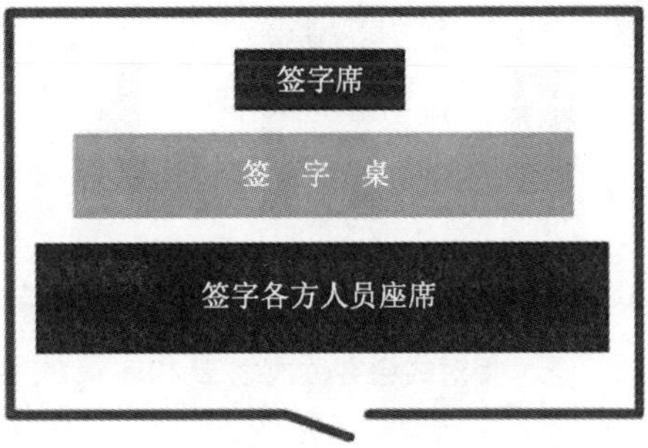

主席式签字位次[2]

---

〔1〕 示例图片源自《位次》，百度百科：http://baike. baidu. com/view/1326590. htm? fr = aladdin，访问时间：2016 年 6 月 15 日。

〔2〕 示例图片源自《签字的位次》，新浪网：http://blog. sina. com. cn/s/blog _ 5b2bfce40100bucl. html，访问时间：2016 年 6 月 15 日。

(五)会客位次

1. 相对式会客位次

相对式会客位次遵循“面门为上”“以右为上”的基本原则。

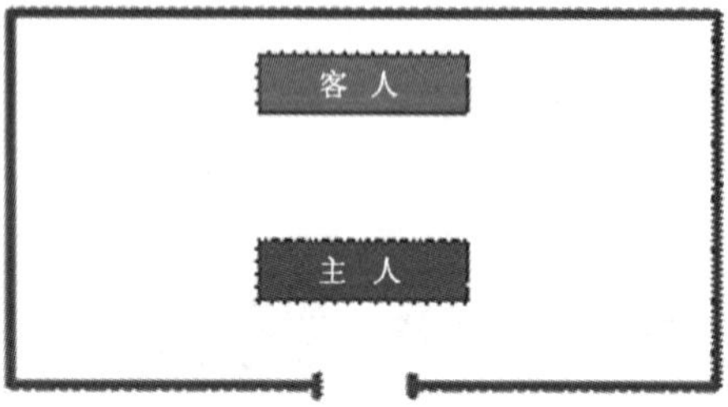

相对式会客位次之一[1]

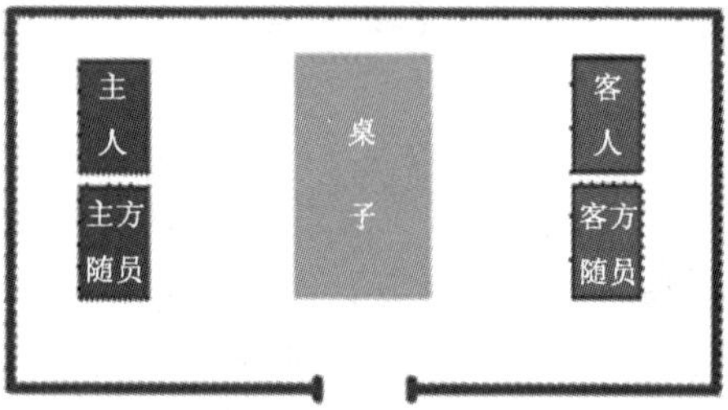

相对式会客位次之二[2]

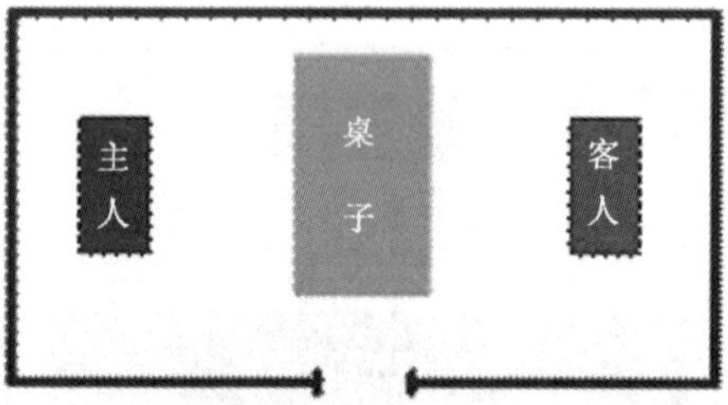

相对式会客位次之三[3]

〔1〕示例图片源自《会客的位次》，新浪网：http://blog. sina. com. cn/s/blog _ 5b2bfce40100bucc. html，访问时间：2016年7月2日。

〔2〕示例图片源自《会客的位次》，新浪网：http://blog. sina. com. cn/s/blog _ 5b2bfce40100bucc. html，访问时间：2016年7月2日。

〔3〕示例图片源自《会客的位次》，新浪网：http://blog. sina. com. cn/s/blog _ 5b2bfce40100bucc. html，访问时间：2016年7月2日。

2. 并列式会客位次

双方一同面门而坐讲究“以右为上”，双方一同在室内的右侧或左侧就座讲究“以远为上”。

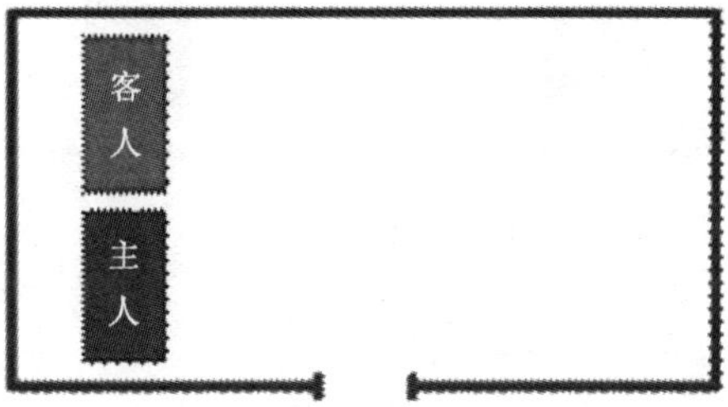

并列式会客位次之一[1]

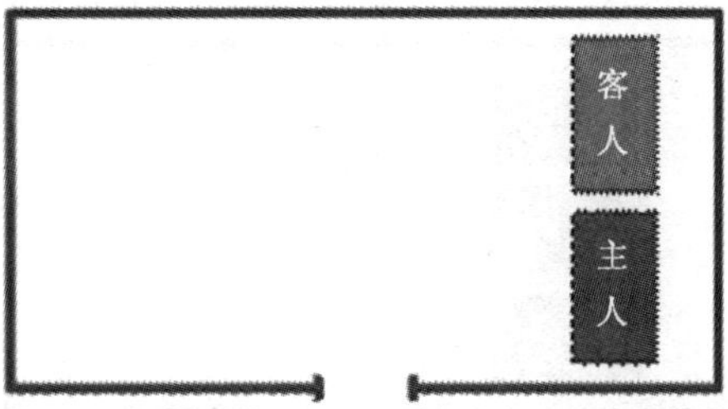

并列式会客位次之二[2]

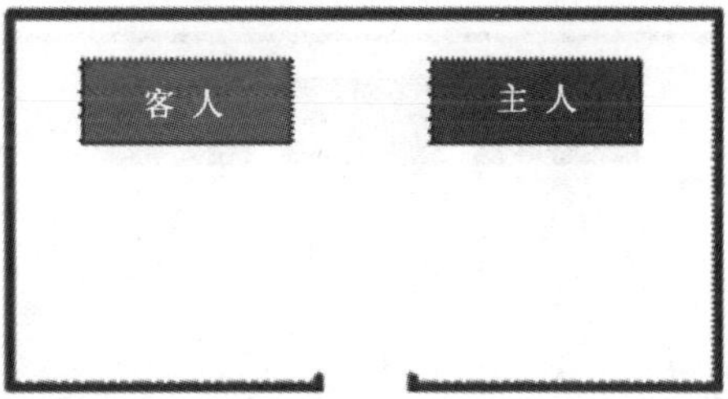

并列式会客位次之三[3]

---

〔1〕示例图片源自《会客的位次》，新浪网：http://blog. sina. com. cn/s/blog_5b2bfce40100bucc. html，访问时间：2016 年 7 月 2 日。

〔2〕示例图片源自《会客的位次》，新浪网：http://blog. sina. com. cn/s/blog_5b2bfce40100bucc. html，访问时间：2016 年 7 月 2 日。

〔3〕示例图片源自《会客的位次》，新浪网：http://blog. sina. com. cn/s/blog_5b2bfce40100bucc. html，访问时间：2016 年 7 月 2 日。

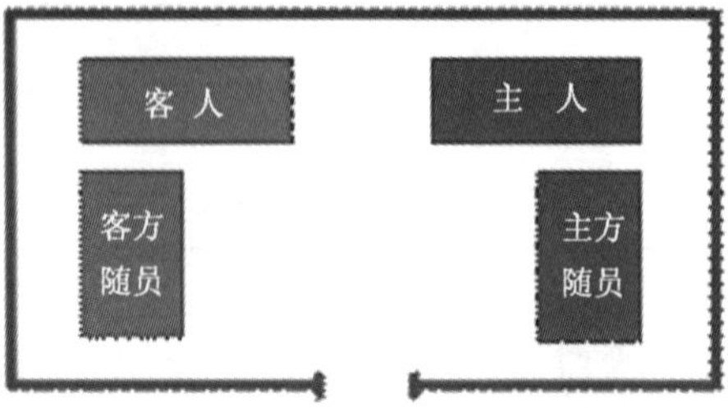

并列式会客位次之四[1]

3. 居中式会客位次

多人并排就座讲究"居中为上",即应以居于中央的位置为上座,请客人就座;以两侧的位置为下座,而由主方人员就座。

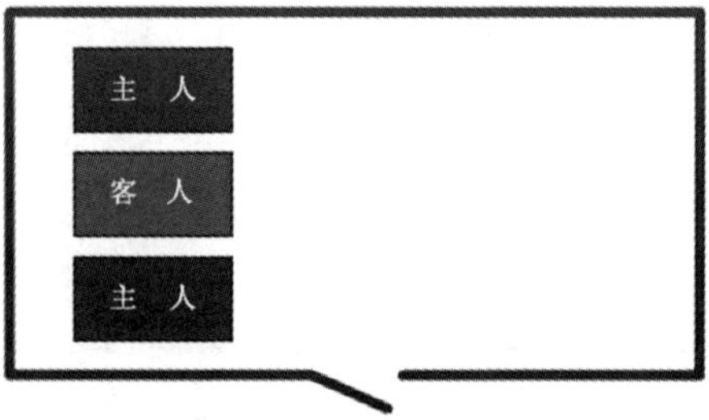

居中式会客位次之一[2]

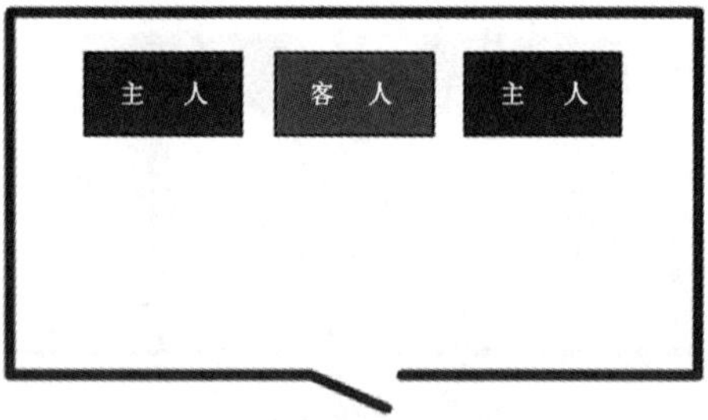

居中式会客位次之二[3]

---

〔1〕 示例图片源自《会客的位次》,新浪网:http://blog. sina. com. cn/s/blog_5b2bfce40100bucc. html,访问时间:2016 年 7 月 2 日。

〔2〕 示例图片源自《会客的位次》,新浪网:http://blog. sina. com. cn/s/blog_5b2bfce40100bucc. html,访问时间:2016 年 7 月 2 日。

〔3〕 示例图片源自《会客的位次》,新浪网:http://blog. sina. com. cn/s/blog_5b2bfce40100bucc. html,访问时间:2016 年 7 月 2 日。

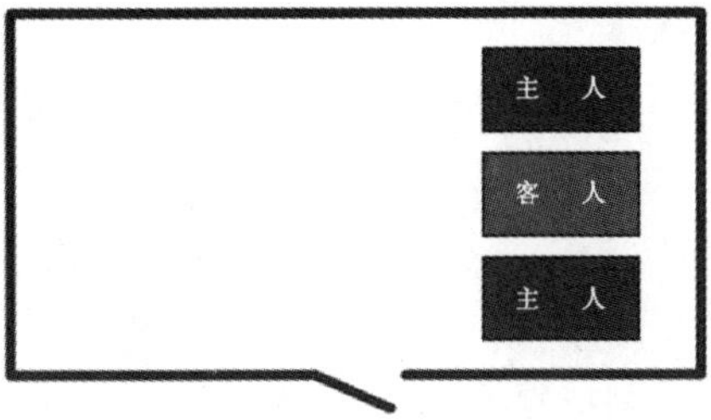

居中式会客位次之三[1]

4. 主席式会客位次

主要适用于在正式场合由主人一方同时会见两方或两方以上的客人。此时，一般应由主人面对正门而坐，其他各方来宾则应在其对面背门而坐。

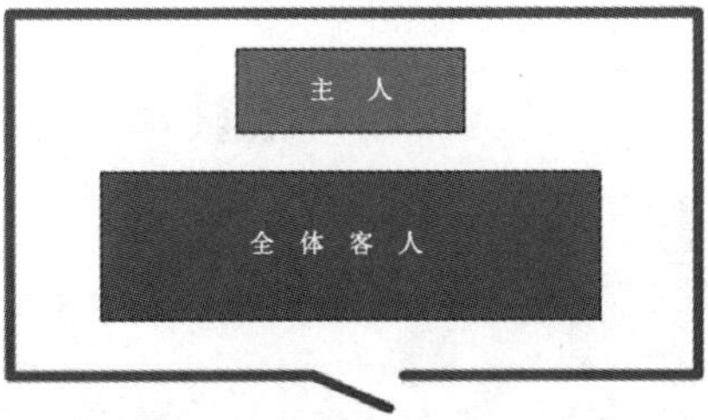

主席式会客位次之一[2]

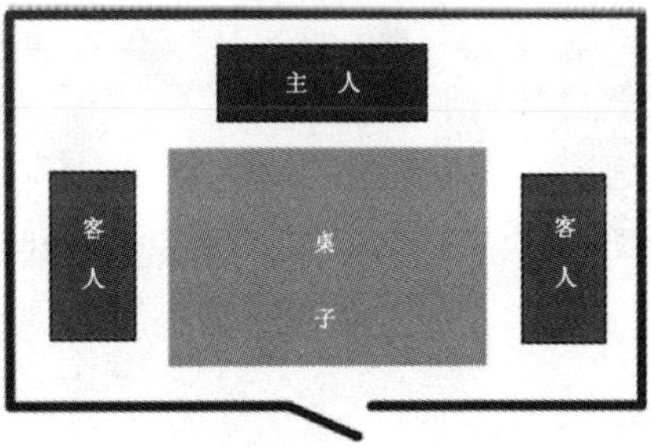

主席式会客位次之二[3]

---

〔1〕 示例图片源自《会客的位次》，新浪网：http://blog. sina. com. cn/s/blog_5b2bfce40100bucc. html，访问时间：2016 年 7 月 2 日。

〔2〕 示例图片源自《会客的位次》，新浪网：http://blog. sina. com. cn/s/blog_5b2bfce40100bucc. html，访问时间：2016 年 7 月 2 日。

〔3〕 示例图片源自《会客的位次》，新浪网：http://blog. sina. com. cn/s/blog_5b2bfce40100bucc. html，访问时间：2016 年 7 月 2 日。

5. 自由式会客位次

通常用在客人较多，座次无法排列，或者大家都是亲朋好友，没有必要排列座次时。进行多方会面时，此法常常采用。

（六）餐桌位次

1. 圆形餐桌位次

中餐大多使用的是圆形餐桌，可以分为桌次排列和位次排列。桌次排列的主要原则是面门为主、主宾居右。在位次排列上，主人大都面对正门就坐。如果是单主人宴请时，以主人为主心，其他座位和客人各自按“以右为贵”原则按“之”字形排列就坐，主客相间；如果男女主人共同宴请，男主人坐上席，女主人位于男主人的对面。客人通常随男女主人按照“以右为贵”的原则依照对角飞线排列就坐，主客相间。如果是同性别主人宴请时，主副相对，按“以右为贵”的原则依次按顺时针排列，主客相间。

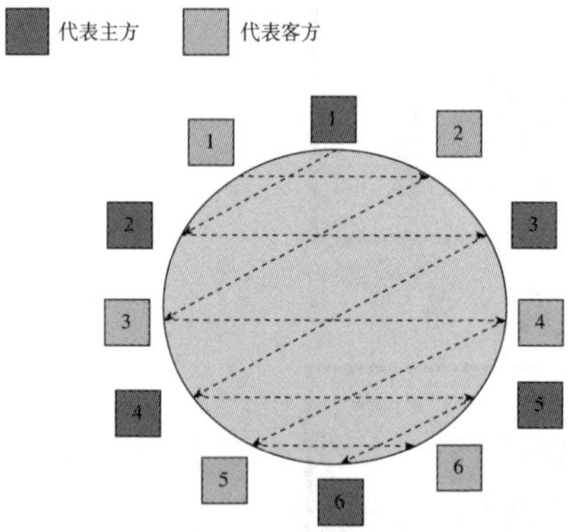

单主人宴请时的餐座位次[1]

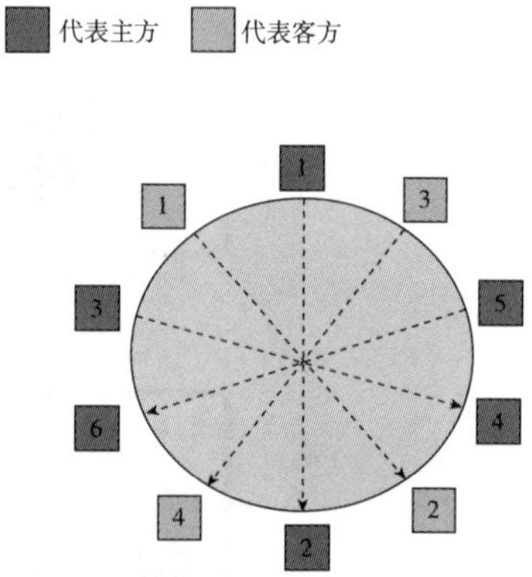

男女主人宴请时的餐座位次[2]

〔1〕 示例图片源自《宴请的位次礼仪》，职场网：http://www.officedoyen.com/a/zhichangliyi/chideliyi/yanhuiliyi/2014/0907/2735.html，访问时间：2016年6月15日。

〔2〕 示例图片源自《宴请的位次礼仪》，职场网：http://www.officedoyen.com/a/zhichangliyi/chideliyi/yanhuiliyi/2014/0907/2735.html，访问时间：2016年6月15日。

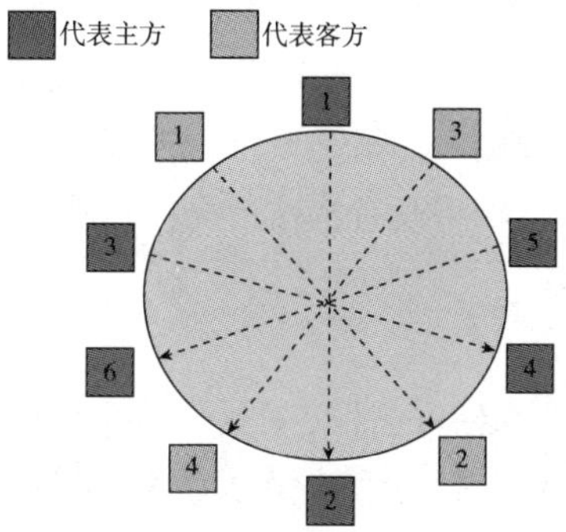

同性别主人宴请时的餐座位次[1]

2. 方形餐桌位次

如果是方形、条形餐桌,需要遵循:右高左低中座为尊、面门为上的原则。即两人一同并排就坐,通常以右为上座;三人一同用餐,坐在中间的人在位次上高于两侧的人;面对正门者是上座。

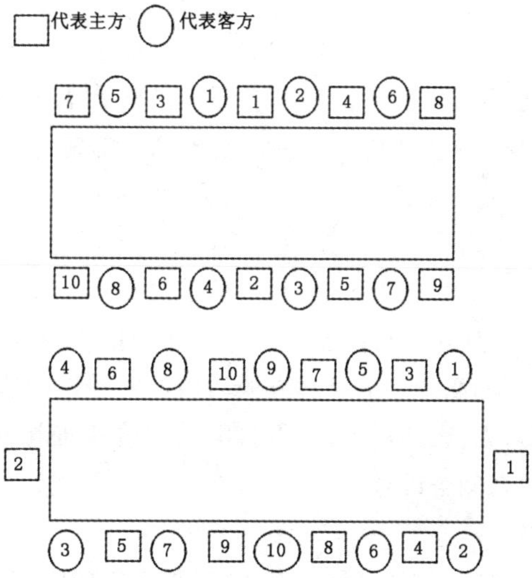

方形餐座位次[2]

---

〔1〕 示例图片源自《宴请的位次礼仪》,职场网:http://www. officedoyen. com/a/zhichangliyi/chideliyi/yanhuiliyi/2014/0907/2735. html,访问时间:2016 年 6 月 15 日。

〔2〕 示例图片源自《宴请的位次礼仪》,职场网:http://www. officedoyen. com/a/zhichangliyi/chideliyi/yanhuiliyi/2014/0907/2735. html,访问时间:2016 年 6 月 15 日。

(七)行进位次

如果是并排行进,标准是中央高于两侧,内侧高于外侧。一般情况下,应该让客人走在中央或者内侧。如果是单行行进,即成一条线行进时,标准是前方高于后方,以前方为上,如果没有特殊情况,应该让客人在前面行进。

六、电话礼仪

电话是现代通讯社会必备的社交工具。从主体来划分,电话礼仪可分为打电话礼仪和接电话礼仪。打电话礼仪分为打电话的准备、时间、内容、声音;接电话礼仪分为接电话的时间、用语以及转接电话。

(一)打电话礼仪

1. 接电话准备

不打无准备之电话。打电话的人作为主动行为者,应该考虑到被动接听者的感受。拿起听筒前,应明白通话后该说什么,思路要清晰,要点应明确。准备好电话号码,确保周围安静,嘴里不含东西,琢磨好说话内容、措词和语气语调。

2. 打电话时间

选择适宜的通话时间,在一般情况下,遵循“早7晚10”的基本原则,即不早于上午7点、不晚于晚上10点。另外,打电话还需避开一日三餐的常规用餐时间,给国外的亲友打电话要注意时差。当然,有要事相告或相互商定者可不受上述限制。

3. 打电话内容

打电话时,先做自我介绍,扼要说明打电话的目的和事项,询问和确认对方的姓名、所在部门和职位。记录对方谈话内容并予以确认。如果找的对象不在,可以问一下对方什么时间可以再打电话或请其回电话,同时,要将自己的电话号码和回电时间告诉对方。

4. 打电话声音

打电话应保持清晰明朗的声音。通话过程中不应吸烟、喝茶、吃零食,即使是懒散的姿势对方也能够听得出来。若弯着腰躺在椅子上,对方听你的声音就是懒散的,无精打采的,若坐姿端正,所发出的声音也会亲切悦耳,充满活力。因此打电话时,即使看不见对方,也要当作对方就在眼前,尽可能注意自己的姿势。另外,要注意适当调低音量、音调保持柔美自然,发音要清晰易懂。

(二)接电话礼仪

1. 接电话时间

接电话示范

听到电话铃声,应准确迅速地拿起听筒,最好在三声之内接听,电话铃声响一声大约3秒钟,若长时间无人接电话或让对方久等是很不礼貌的。如果电话离自己很远,听到电话铃声后,附近没有其他人,应该用最快的速度拿起听筒。如果电话铃响了五声才拿起话筒,应该先向对方道歉。

2. 接电话用语

热情问候并报出本单位名称,如果对方打错电话,不要责备对方,知情时还应告诉对方正确的号码。确认对方单位与姓名,询问来电事项,听对方讲话时不能沉默,否则对方会以为您不在听或没有兴趣。扼要汇总和确认来电事项,谢谢对方,并表示会尽快处理。说声再见,对方挂后再挂。

3. 转接电话

(1)如果对方要传呼其他人,接听者应该热情地告诉对方,如"好的,请稍候。"然后用手捂住受话器,或去请或直接把话筒递给要找的人。

(2)如果要找的人不在场,接听者应委婉地说:"需要转告吗?""可以留下您的电话吗?"切忌以一声"不在""没看到"即挂断,最好告诉对方不在的理由,如出差。如对方问到,应尽量告诉他所找的人什么时候回来。礼貌询问对方的工作单位、姓名和职位,主动询问对方是否留言,如留言,应详细记录并予以确定,并表示会尽快转达。

(3)接到抱怨和投诉电话时,要有涵养,不与对方争执,并表示尽快处理,或将电话转给责任部门和人士。

(4)听不清楚对方声音时要说明,并让对方过一会儿再打过来或自己打过去。

(5)公共场合接听手机,说话声不要太大,以免影响他人或泄露公务与机密。

七、涉外基本礼仪

尽管涉外礼仪复杂纷繁,但若对其基本礼仪能认真遵守,则可在涉外交往

中表现得得心应手,举止有度。主要注意以下几个原则:

(一)信守时间

在跨国家、跨地区的人际交往中,取信于人,既是自我表现的一大目标,也是奠定与交往对象良好关系的基石,信守时间,并如期赴约是取信于人的前提条件。

要信守时间的礼仪,需要做好以下几点:

1. 在有关时间的问题上,不可以出尔反尔、含含糊糊、模棱两可。

2. 与他人交往的时间一旦约定,就应该坚决予以遵守,而不宜随便加以变动或取消。

3. 对于双方之间约会的时间,唯有"正点"到场最为得体。

4. 在约会之中,不应该早退。

5. 万一失约,务必要向约会对象尽早通报,解释缘由,并为此而向对方致歉。

(二)讲究公德

在公共场合中,应遵守"不妨碍他人"的社会公德。即要求人们在公共场合进行活动时务必讲究公德,切勿因为自己的言行举止不够检点,影响或妨碍了当时在场的其他人士,或是因此而使他人感到别扭、不安或不快。常见的有:

1. 驾驶车辆遵守交通秩序,礼让行人,不闯红灯,不逆行,不违法停车,不占用紧急停车道。

2. 乘坐公交交通工具坚持排队,人与人之间都留下 20 至 30 厘米的间距,主动给老弱病残孕者让座。

3. 不在公共区域堆放私人物品,不随地吐痰,不随地扔垃圾,遵从垃圾分类方法。

4. 在禁烟区不吸烟,尽量去吸烟室,在其他场合吸烟前先询问对方意见。

5. 跟邻里和睦相处,不要给他们的生活带来困扰,例如在晚上休息时间播放大音量音乐或者制造噪音。

(三)女士优先

在社交活动中,应遵守"女士优先"的原则。此原则的本意是,每一位成年男子在社交场合里都要尽自己的一切可能来尊重、体谅、照顾、保护女士,并且随时随地义不容辞地挺身而出替女士排忧解难。"女士优先"来源于中世纪欧洲骑士的遗风,或者妇女属于弱者,值得怜悯、同情,还有观点从宗教角度分

析,认为这是出于对圣母玛利亚的尊重而形成的习惯。常见的表现有:

1. 女士下车,男士开车门。

2. 进室内,让女士先进,男士应主动照料,帮其脱大衣,让其先入座。

3. 上汽车、电梯,让女士先上;下车、下楼时男士应走在前面,以便照顾。

4. 男女并行,男士应在女士左边;在街上行走,男士应走在有车辆行驶的一侧,保护女士安全。

5. 就餐时应让女士先点菜。

6. 进剧院、餐厅,男士应走在前面,为女士找好座位。

7. 在机场、车站,男士应主动帮助女士拿行李、办理有关手续。

(四)不得干涉

在相互关系中,要遵守“不得干涉”的原则。不得干涉,是指在同外国友人打交道的过程中,只要对方的所作所为不危及其他人生命安全,不违背伦理道德,不触犯法律,不损害我方的国格、人格,在原则上都可以对之悉听尊便,而不必予以干涉和纠正。遵守不得干涉的礼仪,是对对方尊重的重要体现。

(五)尊重隐私

在言谈话语中,应遵守“维护个人隐私”的原则。隐私,是指一个人不想告知于人或不愿对外公开的个人情况。[1] 隐私一词源自西方。通说认为,“隐私”和“隐私权”概念最早是由美国学者沃伦(Samuel D. Warren)与布兰代斯(Louis D. Brandeis)提倡。[2] 在国外,人们普遍讲究崇尚个性、尊重个性。在大部分国家,隐私权受到法律的保护。在跟外国友人打交道时,千万不要没话找话、信口打探对方的个人情况,如病亡、穷困、身体缺陷、履历、工资收入、家庭财产、住址、女士的年龄、婚姻状况等。尤其是发现对方不愿回答时,就应适可而止。

(六)以右为尊

在位置排列中,应遵守“以右为尊”的原则。即在涉外交往中,一旦涉及位置的排列,原则上都讲究右尊左卑,右高左低。也就是说,右侧中总要比左侧尊贵。

1. 在国际谈判中,如果谈判桌竖放在室内,假定有一个人正在推门而入,并且面向室内,则应该以其右侧为上座,使客方谈判人员在右侧就座;以左侧

[1] 王利明主编:《民法》,中国人民大学出版社 2000 年版,第 518 页。

[2] Pavesich v. New England Ins. Co. ,122 Ga. 190,50 SE 68(1905).

为下座,使主方谈判人员在左侧就座。

2. 在国际会议中,发言者所使用的讲台必须位于主席台的右前方。

3. 在涉外宴会中,如果只设两桌,以右桌为主桌,如果需要设置多桌时,主桌右侧的桌次高于位于主桌左侧的桌次。

4. 在悬挂国旗中,如果并排悬挂两国国旗,按惯例要以国旗自身面向为准,以右为上,悬挂来访国国旗;以左为下,悬挂东道国国旗。

在佩戴勋章、徽标时不适用"以右为尊"原则,勋章、徽标通常应佩戴在左侧的衣襟上。

第三节　办公礼仪

一、办公礼仪概述

(一)办公礼仪的概念

办公礼仪是指各类职业主体在日常办公活动中为塑造良好的个人和组织形象而应当遵循的对交往对象表示尊敬与友好的行为规范和交往程序。既包括静态意义上的办公环境布置,也包括动态意义上的办公行为规范。其中,动态意义上的办公行为规范主要包括会议礼仪和接待礼仪。与社交礼仪类似,办公礼仪的直接目的也是表示对他人的尊重,让他人获得尊重的满足。与社交礼仪不同的是,办公礼仪的适用范围为相关职场主体在工作期间、工作场所从事的职业行为。对法律职业者来说,职业行为是树立法律职业形象、维护法律权威地位、实现法律公正价值目标的主要方式,在无专门规定和特定要求时,理应遵守基本的办公礼仪。

(二)办公礼仪的特征

1. 办公礼仪的等级性

相对于一般礼仪,办公礼仪的等级性更加明显。除了长幼、男女之别,办公礼仪所涉及的主体身份还有上下级、领导者与被领导者之分,特别是公务社交活动中,还有主宾之分。这都决定了各类主体受尊重的程度和享受的待遇存在差异。值得提出的是,等级性并不意味着尊卑贵贱,更不代表不平等,而是现代办公活动的应有秩序。对法律职业者特别是法官、检察官等公务人员来说,因为公务活动中所涉及的主体较为特殊,作为公权力的行使主体,各类行政组织与公务人员的社会身份本身具有等级性,依据身份的不同获得差异性待遇正是其级别、职位、地位差异化的表现。“仪式作为象征性的行为与活动,不仅是表达性的,而且是建构性的,它不仅可以展示观念的、心智的内在逻辑,也可以是展现和建构权威的权力技术,而政治权力也不仅仅表现为简单的强制,而是力图呈现为一种合理合法的运用。”[1]根据对方的身份确定官方礼宾次序,是办公礼仪的关键。

2. 办公礼仪的共同性

从办公礼仪的产生来看,它是从全社会通用的礼仪规范中派生出来的,办公礼仪具有社会共同性。相对来说,办公礼仪的区域化差异没有那么大,对法律职业者来说同样如此,凡是在一般办公环境中应当遵循的基本行为规范在各个国家和各个地区基本通用。不能忽略的是,社会发展对礼仪文化会产生一定的影响,相对于以前,现代公务办公的环境都有很大的变化,从办公场所到办公设施用品再到办公活动都具有强烈的现代化、电子化的色彩,法律职业者的办公礼仪也具有相应的变化,但总体上来说,基本原则和规范要求仍然得以保持。

3. 办公礼仪的示范性

法律职业者代表的是法律的形象,特别是法官、检察官等公务人员,主体身份具有权威性,这也决定了此类主体的办公礼仪的示范性更强。诉讼活动的传播渠道较广,更容易受到民众关注,更容易产生社会影响力并被效仿。这样的示范性也使法律职业者的办公礼仪具有一定的规范性。“在仪式的规格化语言和表演布局背后,所隐含的是一种有关社会的信息和意义,仪式把这些信息和意义形式化,将它们的表达过程规范化。”[2]一般礼仪在很多时候是一种内在的道德要求,并不具有强制力,而办公礼仪往往伴随着执行的强制性,以体现严谨专业的精神。

(三)办公礼仪的功能

1. 展现个人良好的职业能力

遵守办公礼仪是法律职业者身份的必然要求,是衡量法律职业者内在素质的重要标准。换句话说,它可使法律职业者在很大程度上提高个人的职业办公水平,更为妥善而艺术地处理日常公务,提高工作效率。

---

[1] 郭于华:《仪式与社会变迁》,社会科学文献出版社2000年版,第4页。

[2] E. R. Leach, “Ritualization in Man in Relation to Conceptual and Social Development”, in J. Huxley ed., *A Discussion on Ritualization of Behavior in Animals and Man*, *Philosophical Transactions of the Royal Society*, Series B, 251, pp. 403 - 408.

2. 塑造法律职业者的良好形象

法律职业者是受过法律知识专业训练、运用法律解决纠纷的专业群体，其个人形象直接代表着司法机关组织的形象，直接影响着法律职业共同体的公众形象，其办公礼仪直接反映了法院、检察院等组织行为是否文明、办事是否高效、服务质量是否优良。

3. 加强法律职业群体的对外交流

遵守办公礼仪可以塑造法律职业群体的良好形象，并在这个基础上可以加强法律职业群体的对外交流。因为法律职业者的办公礼仪直接关系到外界特别是人民群众对其产生第一印象的好坏，法律职业者整体的办公礼仪水平直接影响法律职业群体与其他主体的对外交流能力。

二、办公环境礼仪

办公环境体现了法律职业者的精神面貌，也是人们对法律职业群体的一个直观了解。办公环境礼仪主要包括办公室礼仪和会客室礼仪。办公室礼仪包括办公室卫生环境、办公设备配置、办公物品摆放、文明办公举止；会客室礼仪包括会客室卫生环境、会客设备配置、会客物品摆放。

（一）办公室礼仪

1. 办公室卫生环境

对公务人员来说，办公室是基本的工作场所，提供良好的办公室环境是礼貌待人、展现自我的最直接表现。卫生是办公室环境的首要要求。办公室卫生要求主要包括：地面清扫拖净，不留任何死角，无纸屑、果壳、碎末等废弃物；桌椅、文件柜、电脑、电器等设备设施擦拭干净，无灰尘、污渍；碎纸机等办公设备定时检查并清洁；拖布、扫把等卫生用品使用完毕后清洗干净，摆放整齐有序；每天下班后清倒并更换垃圾袋。

2. 办公物品摆放

在个人办公区，公务人员除了保持办公桌位清洁之外，还要注意办公物品摆放的规范：非办公用品不外露，办公用品码放整齐；当有事离开自己的办公座位时，应将座椅推回办公桌内；下班离开办公室前，使用人应该关闭所用机器的电源，将台面的物品归位，锁好贵重物品和重要文件。

3. 文明办公举止

在进入房间时，要先轻轻敲门，听到应答再进；进入后，回手关门，不能用力过大、粗暴。进入房间后，如对方正在讲话，要稍等静候，不要中途插话，如有急事要打断说话,也要看住机会,而且要说:“对不起,打断您们的谈话。”递交物件时,如递文件要把正面文字朝向对方的方向递上去,如是钢笔,要把笔尖朝向自己,使对方容易接收;如果是递送刀子或剪刀等利器,应把刀尖朝向自己。在公共办公区例如在通道、走廊走路时要放轻脚步,遇到上司或同事要礼让,不能抢行。不在公共办公区吸烟、扎堆聊天、大声喧哗。不得擅自带外来人员进入办公区。最后离开办公区的人员应关电灯、门窗及室内总闸。

(二)会客室礼仪

1. 会客室卫生环境

作为客人使用的空间,会客室环境展现公务机关待客的首要印象。会客室应在工作时间随时保持卫生整洁。地面清扫拖净,不留任何死角,无纸屑、果壳、碎末等废弃物;桌椅、文件柜、电脑、电器等设备设施用干净柔软布擦拭;做到无灰尘、污渍;每天工作结束时清理垃圾。

2. 会客设备配置与物品准备

除了卫生,会客室还应当配置相应设备,并根据客人来访时间准备相关物品。除了沙发、桌椅,有条件的情况下还可配备衣帽架、电脑、电话、传真机、复印打印设备等。最好能在接待室的墙上挂一面镜子,便于客人随时修饰自己的仪容,始终表现出优雅的仪表和风度。为使接待室显得生机盎然,可在窗台、屋角摆些盆景或花卉。根据客人来访的时间应准备好座位、茶水,必要时还可放置公文材料、书报杂志等。

三、会议礼仪

会议是最基本、最正式的办公活动,会议礼仪对公众产生的影响最大。会议礼仪是指会议主办方、承办方在召开会议前、会议中、会议后应遵循的礼仪以及参会人应注意的礼貌事项。主办方、承办方是会议礼仪的主要主体,对他们而言,会议礼仪包括会议准备、会议接待、会议商谈、会议用餐、会议送客。会议准备分为成立会务组、确定会议时间、统计并通知参会人员、选择安排会场和会餐住宿地点、准备会议辅助器材物品、布置会场;会议接待包括接站、乘车、签到、引导、乘电梯、处理突发事件;会议商谈包括主持、发言、茶歇、合影;会议用餐包括使用餐具、夹菜、喝汤、敬酒、席间交谈;会议送客包括安排车辆、提供其他便利、送别。另外,参会者在会议中也需要注意礼节。

（一）会议准备礼仪

1. 会务组分工

准备正式公务会议的第一步是成立会务组并进行分工。至少应包括：

（1）接待组，负责事前联系参会人员、预订机票车票、接机接站、送客、会议车辆租用安排等。

（2）迎宾组，引导参会人员签到、入场入座、离场、提供茶饮、冷餐及献花等。

（3）主持组，主要负责会议主持工作、控制会议节奏、调整气氛、会议现场拍照摄像、制作会议简报。

（4）物资财务组，负责确定会议场地、布置会议现场、制作会议所需文件材料、安排参会人员住宿、用餐、物资采购、保管、发放、管理经费、制作相关清单明细、提供发票和其他报销凭据等。

根据会议规模确定会务组人员数量，每个组有一到两名负责人员，对每名工作人员进行具体分工。

2. 确定会议时间

关于会议时间的确定，需要与相关方进行协商并经过上级领导的同意。除此之外还要考虑几方面因素：参会人员特别是重要人物的时间安排、会议地点的气候、便利条件、会议主题是否有时间限制等。

3. 统计并通知参会人员

根据会议主题与内容统计参会人员，将名单进行书面记录。在通知参会人员时，根据会议自身情况在不同时间提前通知，通知的方式有当面通知、电话通知、电邮通知、公告通知等。通知内容应包含：简要的会议议程说明、参会人员、会议时间、会议地点等。在通知时应尽量确定到会情况以及具体到达时间，并做记录，便于后续的会议接待工作。

4. 准备会议辅助器材物品

现代化的会议离不开各种辅助器材，主要有：桌椅、名牌、茶水、签到簿、名册、会议议程、投影仪、幻灯机、录像机、镭射指示笔或指示棒等视听设备。如果会议资料较多时，需要按照会议议程将会议资料按次序排放，最好装订成册，编好页码，方便参会人员阅读。若需要给参会人员发放纪念品或礼品等，应当与会议资料一同准备好，置于资料文件袋中一并发放。

（二）会议接待礼仪

1. 接机接站礼仪

做好接站准备。如果是重要人物，应事前电询航空公司该班飞机是否准时或延迟,乘客名单中是否包括该位贵宾,他是否已坐上此班飞机等事项,并掌握前往机场的时间,务必要在飞机抵达前先到达机场。如果是接一般参会人员,应先在海报纸上写出姓名提醒对方注意。接到对方后应主动安排人员帮对方提行李,在乘车时根据不同车辆注意座次。

2. 签到礼仪

会议签到一般有以下几种方法:

(1)簿式签到,参会人员在预先备好的签到簿上按要求签署自己的姓名,表示到会。签到簿上的内容一般有姓名、职务、所代表的单位等,与会人员必须逐项填写,不得遗漏。这种方法的优点是利于保存,便于查找,缺点是这种方法只适用于小型会议,一些大型会议参会人数很多,采用簿式签到就不太方便。

(2)证卡签到,会议工作人员将印好的签到证事先发给每位参会人员,签证卡上一般印有会议的名称、日期、座次号、编号等,与会人员在签证卡上写好自己的姓名,进入会场时,将签到证交给会议工作人员,表示到会。这种方法的优点是比较方便,避免临开会时签到造成拥挤,缺点是不便保存查找,多用于大中型会议。

(3)会议工作人员代为签到,会议工作人员事先制定好参加本次会议的花名册,开会时,来一人就在该人名单后画上记号,表示到会,缺席和请假人员也要用规定的记号表示。例如:"√"表示到会,"×"表示缺席,"○"表示请假等。这种方法的优点是比较简便易行,但要求会议工作人员必须认识绝大部分与会人员,比较适宜于小型会议和一些常规性会议。

引导示范

3. 引导礼仪

在带领参会人员时,总体上要配合对方的步幅,在左侧(或右侧)前一米处引导。

(1)在左侧引路时,上体稍向右转体,左肩稍前,右肩稍后,侧身向着来宾,保持两三步距离,可边走边向来宾介绍环境。

反之亦然。在引导时，四肢并拢，拇指靠向食指，手掌伸直，由身体一侧自下向上抬起，以肩关节为轴，到腰的高度再由身前左方或右方摆去。

（2）在需要转弯或上楼梯时，应使用手势，并使用“这边请”或“注意楼梯”的规范用语提醒来宾。引导上楼时，应当让来宾走在前面，引导下楼时，让来宾走在后面。

（3）在需要乘坐电梯时，伴随对方来到电梯厅门前，先按电梯按钮；电梯到达门打开时，可先行进入电梯，一手按开门按钮，另一手按住电梯侧门，请来宾先进；进入电梯后，按下要去的楼层按钮。行进中有其他人员进入，可主动询问要去几楼，帮忙按下。在电梯内尽可能不要寒暄。电梯内尽量侧身面对对方。到达目的楼层，一手按住开门按钮，另一手并做出请出的动作，可说：“到了，您先请。”对方走出电梯后，自己立刻步出电梯，并热诚地引导行进的方向。

乘坐电梯引导示范

4. 预防处理突发事件礼仪

在会议中可能出现的突发事件有：主要发言人缺席、参会人数过少、发言人或者其他参会人员言行不当、会场出问题、电子设备出故障、有人突发疾病或发生意外、餐饮服务不理想、城市交通问题、自然灾害等。在会议接待中应提前预防，如防止有人突发疾病配备医务人员。

（三）会务商谈礼仪

1. 会议日程安排礼仪

正式会议开始时一般需要解释会议整体流程，将会议分为几项内容，如工作汇报阶段、讨论阶段、工作安排阶段等。会议流程介绍需要整理成正式文档作为会议主持的资料装订好，如果没有主持人，需安排人员介绍会议流程。安排会议议程时应考虑到会议时间，尽量将会议时段安排在正常工作时段内，如 9:00 ~ 11:00 或者 15:00 ~ 17:00，如果是跨天的会议或者占用中晚餐时间的会议需要考虑是否安排餐宿问题。另外，需根据具体情况安排参会人员合影。如前所述，各种规模的会议都需要注意位次，在合影中同样需要根据合影者的身份安排位次。

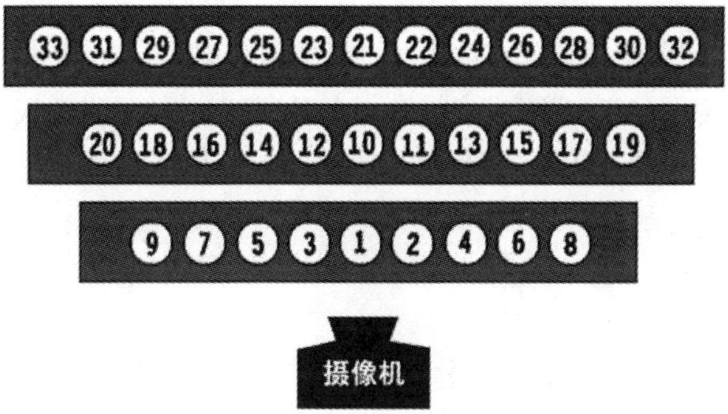

合影位次[1]

2. 主持礼仪

主持人一般由具有一定职位或地位的人来担任,在整个会议礼仪中,主持礼仪的重要性不言而喻。

(1)在衣着方面,主持人应当大方庄重,需要着正装,切忌不修边幅。在仪态方面,主持人走上主持台应当稳健有力,保持合理的、匀速的行走速度。

(2)入席后,如果是站立主持,应双腿并拢,腰背挺直,右手持稿的底中部,左手五指并拢自然下垂,双手持稿应与胸齐高;如果是坐姿主持,应身体挺直,双臂前伸,两手轻按于桌沿。主持过程中,切忌出现搔头、揉眼、拦腿等不雅动作。

(3)在言谈方面,应口齿清楚,思维敏捷,简明扼要,根据会议性质调节会议气氛。另外,在会场上,对认识的人不宜过分热情,更不能寒暄闲谈,会议开始前,可点头微笑致意。

3. 发言礼仪

会议发言有正式发言和自由发言两种,前者一般是领导报告,后者一般是讨论发言。

(1)正式发言者,应衣冠整齐,步态自然,刚劲有力,体现一种胸有成竹、自信自强的风度与气质。发言时应口齿清晰,讲究逻辑,简明扼要。如果是书面发言,要时常抬头扫视一下会场,不能低头读稿,旁若无人。发言完毕,应对听众的倾听表示谢意。

---

〔1〕 示范图片源自《人际沟通与交往艺术》,上海建桥学院网:http://kczx.gench.edu.cn/G2S/Template/View.aspx?courseId=27151&topMenuId=241958&action=view&type=1&name=&menuType=1&curfolid=241999,访问时间:2016年6月15日。

（2）自由发言者，则较随意，但需要注意，应讲究顺序和秩序，不能争抢发言；发言应简短，观点明确；与他人有分歧，应以理服人，态度平和，听从主持人的指挥，不能只顾自己；如果有会议参加者对发言人提问，应礼貌作答，对不能回答的问题，应机智礼貌地说明理由，对提问人的批评和意见应认真听取，即使提问者的批评是错误的，也不应失态。

（四）会务用餐礼仪

1. 使用餐具物品礼仪

在中餐中，取菜舀汤，应使用公筷公匙。筷子的规范用法是：

（1）放在筷子架上，不能放在杯子或盘子上，如果不小心把筷子碰掉在地上，可请侍者换一双。

（2）在用餐过程中，已经举起筷子，但不知道该吃哪道菜，这时不可将筷子在各碟菜中来回移动或在空中游弋。

（3）不要用筷子叉取食物放进嘴里，或用舌头舔食筷子上的附着物，更不要用筷子去推动碗、盘和杯子。

（4）有事暂时离席，不能把筷子插在碗里。

另外，应规范使用餐巾。餐巾主要防止弄脏衣服，兼作擦嘴及手上的油渍之用，不能用餐巾擦拭餐具，必须等到大家坐定后，才可使用餐巾。使用方法是，摊开后，放在双膝上端的大腿上，切勿系入腰带，或挂在西装领口，餐毕，要将餐巾折好，置放餐桌再离席。

2. 用菜礼仪

（1）送食物入口时，两肘应向内靠，不宜向两旁张开，碰及邻座。

（2）口内有食物，应避免说话。

（3）小口进食，食物未咽下，不能再塞入口。

（4）吃进口的东西，不宜吐出来，如果是滚烫的食物，可喝水或果汁冲凉。

3. 喝汤礼仪

（1）喝汤时，第一次舀汤宜少，先测试温度，浅尝。

（2）喝汤不要出声，不要任意搅和热汤和用口吹凉汤，不能一次分几口喝。

（3）喝完汤，汤匙应搁在汤盘上或汤杯的碟子上。

4. 其他用餐礼仪

除了以上三点，会议用餐还需要注意：

（1）避免在餐桌上咳嗽、打喷嚏等，万一不禁，应说声“对不起”。

（2）喝酒宜各随意，敬酒以礼到为止，切记劝酒、猜拳、吆喝。

(3)如餐具坠地,可请侍者拾起,如不慎将酒、水、汤汁溅到他人衣服,表示歉意即可,不必恐慌赔罪。

(4)如欲取用摆在同桌其他客人面前的调味品,应请邻座客人帮忙传递,不可伸手横越,长驱取物。

(5)如吃到不洁或异味食物,不可吞入,应将入口食物,轻巧地用拇指和食指取出,放入盘中,轻声告诉侍者更换。

(6)如发现还没吃的食物有昆虫或碎石,不要大惊小怪,跟侍者轻声告知更换,食毕,餐具务必摆放整齐,不可凌乱放置。

(五)会务送客礼仪

1. 安排车辆和提供其他便利

会议送客是会议礼仪的最后一个环节,如果处理不好将会影响整个会议礼节的效果。应提前询问对方,安排车辆送至机场、车站和其他地点;还需要为对方提供其他便利,如帮忙订购车票、船票、机票等。

2. 送别

送客时应按照接待时的规格对等送别。送别时应当热情、周到、细致,选择适宜的送别言词。

(六)参会礼仪

除了会议组织者,参加会议的人员也需要遵守特定的礼仪表示对组织方及其他人的尊重。

1. 应当守时,在参加会议时,一般应提早五六分钟进入会场,不要迟到,确有其他原因迟到的,要向主持人及与会者点头致歉。

2. 应当认真参会,认真倾听报告或他人发言,择要做好记录,在会议开始时将手机等通讯设备关闭或调至振动档。开会时,在下面闲聊、看书报、摆弄小玩意儿、抽烟、吃零食、打瞌睡或随意进出会场,都是切忌出现的不文明行为。

3. 应当礼貌谦虚,在会议进行中,如要发言应先举手,发言时应对事不对人,勿损及他人的人格及信誉,应口齿清楚,态度平和,手势得体,不可手舞足蹈,忘乎所以或口出不逊。

四、接待礼仪

除了会议,法律职业者在日常办公中也需要接待访客。接待礼仪是负责接待的人员在接待过程中所遵循的礼仪。接待礼仪体现在接待准备、迎接访客、待客服务、送客等环节。接待准备包括环境准备、文件物品准备、心理准备;迎接访客包括迎接、带领访客进会客室或办公室、在办公室迎接;待客服务包括帮访客放置物品、递送文件等相关材料、递送茶水;送客包括交还访客物品、安排车辆等相关事宜、送行等。

(一)接待准备礼仪

1. 环境准备礼仪

得知客人来访消息后,应早做准备,接待场合除了要干净整洁,还应当温馨舒适。会客室注意保持空气清新,冬季要保障室内温暖,夏季要保障室内凉爽。根据客人到来的时间备好茶水,如有必要还可以准备水果、点心。

2. 文件材料准备礼仪

客人来访前的准备工作,除了接待场合精心布置外,接待人员对客人来访的目的也务必做到心中有数,并根据参观、了解、考察、商洽等不同情况进行文件材料准备。有关客人来访的目的,一般对方早已提前告知,应根据双方商定的会谈事宜或客人的请求,让有关人员早做准备。需要什么数据、报告、资料,事先提供出来,该打印的打印,该论证的论证,需要拿出初步意见的可以提前召开内部会议统一口径。

3. 心理准备礼仪

除了环境、文件材料方面的准备,接待人员还应有心理准备,来访客人与本单位的关系如何,来访原因是什么,可能会遇到哪些突发状况,应尽量做到心中有数。

(二)迎接访客礼仪

1. 接待人员迎接礼仪

(1)客人来访时,接待人员应提前等待或者立刻从椅子上站起来,并礼貌性招呼一声"您好",并核实对方的身份,保持殷勤恳切的态度。

(2)客人一走进办公室或办公桌前,就应当面带笑容地打招呼。

(3)要替事先不曾约定的访客着想,仔细倾听对方解释他的来意与理由,如果不能安排当时会见,可表示遗憾,并为他安排以后会见。

(4)按顺序请访客进去,可按事先安排次序或以到达先后为次序。

(5)要做好访客登记,记上时间、名字、职务、来访目的和业务关系,以及通讯地址。

2. 带领访客进会客室或办公室礼仪

(1)在带领客人时,接待人员要配合对方的步幅,在客人左侧(或右侧)前一米处引导，在引路时，上体稍向右转体，左肩稍前，右肩稍后，侧身向着来客，保持两三步距离，可边走边向来宾介绍环境。

(2)要转弯或上楼梯时，先要有所动作，让对方明白所往何处。

(3)到达会客室前要指明“就在这里”，先敲门，再开门。如果门是向外开的，用手按住门，让客人先进入；如果门往内开，你先进入，按住门后再请客人进入。一般右手开门，再转到左手扶住门，面对客人，请客人进入后再关上门。

3. 在办公室迎接礼仪

如果是在办公室有客人来访，应马上放下手中的工作，抬起头来朝来人微笑，或从椅子上站起来，礼貌地招呼一声“你好，欢迎光临”。一般情况下不用主动和来访者握手，除非来者非常重要或年事很高，但是如果来者主动把手伸过来，你不要使对方的手悬空，要顺其自然。对于预约的访客或未预约的访客都要热情待之，灵活处之。

(三)待客服务礼仪

1. 帮访客放置物品礼仪

接待客人时，要主动取过客人的伞、帽子、外套，放在衣帽架上，并说“帮您挂在这儿”。在退出会客室，要关上门时，不要背对访客，而以正面倒走方式退出。

2. 递送文件等相关材料礼仪

递接物品的原则是尊重他人。

(1)双手递物或接物体现出对对方的尊重，如果在特定场合下或东西太小不必用双手时，一般用右手递接物品。

(2)应直接交到对方手中，并且要为对方留出便于接物品的空间。

(3)若双方相距过远，递物者应主动走近接物者，假如自己坐着的话，应在递物时起立。

(4)递书、文件、资料、名片等，字体应正对接受者，要让对方马上容易看清楚。

(5)递笔、刀、剪之类尖利的物品时，需将尖端朝向自己握在手中，而不要指向对方。

3. 递送茶水礼仪

(1)递送茶水饮料，通常是先宾后主，应是在客人就座后，未开始谈正事前的时候。

(2)茶水饮料应放在盘中端出并放在访客正面的桌面上，并做出请用的手势。面谈时间过长,应当在适当时间入内添加茶水饮料。

(3)如果是招待客人用茶时,往往一手握茶杯把或扶杯壁,一手托杯底,并说声“请用茶”,若茶水较烫,可将茶杯放到客人面前的茶几上;如果接主人敬上的茶,应站起身伸出双手,说“谢谢”。

(4)递送饮料、酒水时,应将商标朝向客人,左手托底,右手握在距瓶口三分之一处。

(5)退出时,要端着托盘轻轻弯腰敬礼,静静退出,通常要面对客人倒退几步,在离开客人的视线后再转身背对客人退出。

(四)送客礼仪

1. 交还访客物品礼仪

面谈结束后,应将访客的物品交给对方,若发现访客离开后有遗忘之物,应马上上报处理。

2. 送行礼仪

若客人办事已毕要走,一定送别。相关人员必要时也要随之送行。客人若自备车辆,工作人员可早些通知司机(或由客方工作人员自行通知)。若需本单位送回,需要早做车辆安排,勿使久等。

3. 整理环境礼仪

接待人员在访客走后,要对会客室进行整理,处理善后事务。为了避免新访客到来久等,整理工作要利落、敏捷。如距下一位访客来临有一段时间,应先开窗通风。烟缸里如有前一位访客的烟蒂,应马上清除。

第三章 法官礼仪

第一节 法官礼仪概述

一、法官礼仪的内涵与特征

(一)法官礼仪的内涵

法官礼仪是法律职业礼仪的核心组成部分。法官作为最重要的法律职业主体,其仪表仪容、言谈举止以及公务活动必须遵循与其职业要求相一致的法律职业礼仪,即法官礼仪。根据我国《法官法》的规定,法官是依法行使国家审判权的审判人员,包括最高人民法院、地方各级人民法院和军事法院等专门人民法院的院长、副院长,审判委员会委员,庭长、副庭长、审判员和助理审判员。[1] 法官礼仪即以上人员在审判权行使活动中应当遵守的行为规范和程式要求,是法官在开展立案、审判、法院调解、执行等司法活动时所应遵守的礼节、仪式,及其与其他主体交流、互动的态度与方式。[2] 这涵盖了法官的语言、服饰、仪容、举止等多个方面,是法律精神、司法规律对法官内在要求的外在呈现。法官礼仪主要体现在审判中,是司法要求与人文礼仪的结合,也是司法发展过程中逐渐积淀形成的司法文化。

根据现代礼仪理论,法官礼仪具备特定的主体、客体、媒体与环境四项基本要素。法官礼仪的主体即行使审判权、主导司法活动进程的法官。法官礼仪的客体,指法官礼仪活动的承受者,主要是进入司法程序特别是诉讼程序中的各类主体,包括公诉人、当事人、证人、鉴定人等诉讼参与人以及案件旁听者

---

〔1〕 根据目前正在进行的司法人员分类管理改革,今后法官主要指进入法官员额的专业人员。

〔2〕 法院工作人员不仅包括法官,还涵盖了法官助理、书记员、司法技术人员、司法警察等司法辅助人员,以及从事政工党务、行政事务、后勤管理事务的司法行政人员。本部分仅梳理法官礼仪。司法辅助人员在职责行使中的礼仪要求直接参照法官礼仪规范。司法行政人员则主要遵循基本礼仪,具体内容参见本书第二章。

等一般民众。法官礼仪的媒体,是指该礼仪所依托的媒介,包括法官的服饰、举止、语言、行为等表意形式。法官礼仪的环境,则是指法官的职业活动所在的特定时空条件。作为一种特殊的职业礼仪,法官礼仪遵循一般礼仪所具有自律、平等、敬人、真诚、适度等原则,并且需要满足司法这一特殊职业的礼节、程式要求。换言之,法官礼仪蕴含了基本礼仪的相关要求,并由于其主体的差异性与职业的特定性,具备其他礼仪所不具备的特殊性。

1. 适用范围特殊

法官礼仪主要是法官在职业活动中应当遵守的礼仪规范,集中体现在法官行使审判权的过程中。庭审现场,是法官礼仪展现的主要场域。

2. 规范对象特殊

法官礼仪规范的对象是法官,旨在通过贯彻礼仪要求,消除法官的不当言行,营造良好的法官形象,进而消解民众对司法公正的担忧甚至质疑,最终保障司法公信与司法权威。

法官礼仪是法官职业道德的基本要求,是法官树立公正司法形象、践行司法为民宗旨,顺利履行审判职责、确保司法公信力的重要条件。

(二)法官礼仪的特征

法官礼仪是法官制度发展过程中不断积累沉淀下来的司法文化,是法官这一特殊的职业群体应当遵守的行为规范和准则。法官礼仪内含于法官的一言一行、举手投足之间并呈现出以下特征。

1. 对象性。法官礼仪的对象性,是指法官礼仪只能以法官作为具体的适用对象。据此,法官礼仪只能用以规范法官的形象、言谈和行为,而不可适用于跨行业主体。同时,在法官与当事人等其他主体的交际中,法官礼仪也只用以约束法官,而不可作为其他主体的礼仪要求。

2. 规范性。法官礼仪的规范性,是指法官礼仪对法官实施的一切司法行为以及部分司法外行为具有规范、制约的效用。这种效用通过法官礼仪内含的职业道德准则,以及外化为具体规章的行为尺度,实现对法官行为的规范、约束。同时,有别于一般主体的职业礼仪规范,由于法官是专司审判的国家公职人员,一定程度上代表着国家司法形象、执政党形象以及公务员队伍形象,其礼仪规范更加严肃、严谨。

3. 系统性。法官礼仪的系统性,是指法官礼仪的内容已经形成完整体系,涵盖审判礼仪、执行礼仪、司法形象礼仪、司法办公礼仪等多项内容。而且,上述内容还通过《法官法》《公务员行为规范》《法官职业道德基本准则》《法官行为规范》《人民法院法庭规则》和《人民法院文明用语基本规范》等规范性文件进行了全面规定，形成了严谨且完整的职业礼仪规范体系。

4. 实用性。法官礼仪的实用性，是指法官礼仪规范的设计须具有可操作性，且切实地用以引导、约束法官的职业言行。法官礼仪应明确规定法官在职业活动中的具体行为准则，明晰界定法官言行的边界。同时，法官礼仪不能停留在"书面"准则的层面，而是必须落实在法官的外在形象与一言一行中。

二、法官礼仪的起源与演变

在现代司法制度较早萌芽的西方国家，法官礼仪受到相当的重视。法官被视为是"触摸上帝袍服的人"，是执掌裁判大权，最接近神灵的主体。事实上，西方中世纪早期行使法官审判职权的主体多为神职人员。因此，审判活动具备了更多的仪式色彩，审判者也被赋予了更高的礼仪要求。这种礼仪的"神化"效用，无疑增强了审判的可信度与权威感。直至现代，人们依然坚信，适当的司法礼仪能够反映司法文明，增强民众对审判的尊重与信任。因此，无论对服饰、仪容等外在形象，还是对言谈、举止等内在修养，西方的法官们依然保持一整套近乎严苛的礼仪标准。

欧洲中世纪早期的宗教审判

中世纪的英国法庭与法官

中世纪早期,修道院是西欧基督教世界的主要文化中心。教士是极少数能读和写的人。审判等需要专业知识和读写能力的司法事务几乎被教士垄断。教士作为法官,其僧袍也成为从事法律职业的标志服装。自13世纪末始,随着王权的兴起,世俗法庭的司法人员结构逐渐世俗化。罗马教会人员逐渐退出,而世俗的法律人员相应补入。法官已经不再是效忠于教会的教士,而是效忠于国王的臣仆。为了显示法官地位的重要性,并且区别于其他职业,国王们恩赐法官穿着特殊的服装,以彰显其地位与权威。尽管仍是长袍,但与教会僧袍朴素、低沉的风格不同,世俗法官一般身着装饰华丽的红色和黑色法袍,色彩鲜艳的粉红色、紫色或蓝色也时常可见。

以英国为例。英王爱德华三世时期,王座法院的法官可以穿着布和丝绸做的衣服,并以羊羔皮和白貂皮做披肩,以此来显示王室法官的突出地位与高贵身份。时至17世纪上半期,为了进一步凸显法官作为国王代表的重要意义,威斯敏斯特委员会以法令的形式,对法官和法庭其他成员的服装及其穿着的样式作出了权威性的规定。自此,英国法官的法袍被划分为正装法袍和便装法袍,法袍的颜色规定为猩红色、黑色和紫色三种。正装法袍为猩红色,并装饰有白貂皮,一般在审理刑事案件时,以及圣徒日、国王生日和其他重大礼仪场合穿着。而便装法袍为黑色或紫色,法官在审理民事案件时穿着,紫色或者黑色是由法官自己来选择。

现代意义的司法制度，包括法院、法官制度直至清末才由西方引入我国。因此，我国古代并没有专门的法官礼仪，但我们仍有“肃静”“回避”“惊堂木”等彰显司法权威的外在象征。事实上，我国古代奉行行政、司法合一的体制。皇帝既是国家最高行政长官，也是国家最高司法长官。至于地方州、县官，亦是集行政、司法于一身，既是地方的行政官，也是地方的审判官。问讼断狱，是地方官的一项重要任务。所以，在封建社会有“吏治之要，首在断狱”之说。但由于审判职能由行政官员兼任，所以我国古代的司法礼仪往往体现行政礼仪等级森严的特征，如平民须跪立受审。司法人员的形象往往倨傲凌人，庄严威武，司法礼仪呈现出浓厚的不平等性与长官意志性。

1852 年清代县官审案照片

清末，国家处于内忧外患的困顿之中，清政府不得已而尝试“变法维新”，其中就包括移植、建立以审判为核心的司法制度。1906 年，清政府颁布《大理院审判编制法》，中央的大理寺由此改称大理院，成为全国最高审判机关；地方设三级审判厅，作为地方审判机构；诉讼采用四级三审制。之后，清政府又相继颁行《高等以下各级审判厅试办章程》《法院编制法》，逐步建立健全现代意义上的独立的司法体系。此举旨在改变中国数千年来司法行政合一的传统，令地方各级行政长官及其助手不再兼任审判官吏。按照新的司法制度，大理院与各级审判厅独立行使审判权，对审讯官吏（法官或推事）有严格的要求和规定，其中就包括新的司法礼仪要求。例如，审讯官吏若与诉讼人有亲戚、受业师、旧上司关系和有仇隙关系时，应自行回避；民事与刑事案件开始分庭审讯，除刑事案件被告下跪外，其余案件当事人、证人不必下跪；审讯规定公开，允许律师出庭为诉讼当事人辩护，并废除刑讯等。当然，相关司法礼仪尚未形成体系，而且清政府很快在辛亥革命中覆灭，其司法改革未能在全国铺开即告夭折。

南京临时政府、北洋政府和国民党政府，都在很大程度上继承了清政府建立的司法制度，包括具体的司法礼仪要求。例如，南京临时政府于《中华民国临时约法》中规定实行公开审判，任人旁听；实行陪审制、回避制、辩护制，提倡文明办案，严禁刑讯体罚。北洋政府先后公布《纠弹法》《司法官惩戒法》等法规，督促司法官吏履行职责。如不顾法官的威严和信用，违背或废弃职务，司法总长便可列举其事实，呈送大总统交由惩戒委员会审查处理。国民党政府也先后公布了《法院组织法》《公务员惩戒法》《公务人员任用法》等，从不同角度对法官的职责作了具体规定，要求严格执行办案程序，注意结案期限及服从各有关注意事项等。

民国时期会审公廨在审理案件〔1〕

〔1〕 图片资料引用自林楚方：《1911—1949：乱世浮沉》，新浪网：http://news.sina.com.cn/c/2004-05-13/15082523058s.shtml，访问时间：2015年12月30日。

民国时期上海政法大学的模拟法庭[1]

新中国成立后特别是改革开放展开后，现代司法制度与活动不断发展完善。社会对法官职业形象与礼仪水平的期待与要求也日渐提高。作为回应，国家于1995年颁行《法官法》。2005年，最高人民法院为了规范法官基本行为，树立良好的司法职业形象，颁行了《法官行为规范》。2010年，为加强法官职业道德建设，最高人民法院制定了《法官职业道德基本准则》。同时，为规范法官工作用语，提高文明司法水平，还颁行了《人民法院文明用语基本规范》。地方法院也积极展开探索。例如，河南、贵州等省的高级人民法院为了提升地方法院的礼仪水平，制定颁行了《河南省人民法院司法礼仪规范（试行）》《贵州省人民法院文明司法礼仪指南》。

总体而言，我国当前已经形成比较系统、科学的法官礼仪体系，涵盖了法官形象、公务、办公礼仪等多个方面，从语言、服饰、仪容、举止等多个角度对法官职业形象的营造提出了具体的礼仪要求。

三、法官礼仪的原则

法官是直接行使审判权的主体，法官礼仪作为一种职业礼仪，与司法活动

---

〔1〕 图片资料引用自《上海政法大学的模拟法庭》，上海年华：http://memory.library.sh.cn/node/45610，访问时间：2015年12月30日。

密切关联。中国特色的法官礼仪体系,其构建与实施都需要符合司法规律,应遵循以下主要原则。

(一)独立原则

独立原则是法官礼仪活动应遵循的基本原则。法官礼仪制度的建立旨在更好地保障司法公正,而法官的独立、中立正是司法公正的基础与前提。我国《宪法》规定,人民法院依照法律规定独立行使审判权,不受行政机关、社会团体和个人的干涉。具体到审判权的直接行使者——法官,也应在审判活动中保持独立,以保证司法中立,向当事人与民众呈现审判的不偏不倚。相应地,法官礼仪也需遵循独立原则。无论在个案的审理过程中,还是与当事人或民众的其他交往中,法官的立场言行都应体现独立性,即应严格遵循法律规定,不因外界因素而影响审判中立。

(二)合法原则

法官礼仪活动应符合法律和司法精神的要求,即遵循合法原则。法官作为司法官员,其核心工作是正确适用法律,实现公平正义。良好的司法运作既需要实现实体公正,也需要保障程序公正。法官礼仪实为程序公正的外化形式,在相关法律中应有明确的依据。具体而言,应在《法官法》等管理法官、约束法官行为的法律中,对司法活动中各程序、各环节的法官礼仪设定具体规范。相关规范应当细密、完整,能够有效抑制法官恣意或偏颇,应有助于树立法官的公正形象,符合司法的公正目标。

(三)公开原则

法官礼仪还应坚持公开透明的原则。法官礼仪的公开原则与司法公开不同,后者主要通过审判公开实现社会监督与法官自律,进而保障公正司法,法官礼仪活动的公开则具备特殊的意义。在审判活动中,当事人与民众通常是从法官谨慎中立的言行、端庄整洁的仪容以及威严有礼的举止中直接感受到司法的公平正义,继而积淀对司法的信任。反之,如果法官在职业活动中衣冠不整、态度倨傲、言行随意偏颇,则容易让当事人与民众质疑司法公正,轻视司法权威。因此,法官礼仪的公开原则不仅有助于让法官的言行举止置于社会监督之中,促进其更合乎礼仪规范,还有利于展示法官、法院进而司法的良好形象,维护司法权威,提升司法公信。

(四)平等原则

平等原则要求法官对当事人、民众等交往对象一视同仁、平等相待。这是礼仪的基本要求,更是审判等特别强调中立性的司法活动应当遵循的基本原则。这要求法官与当事人交往时，无论是在庭审中还是庭审外，都应给予双方当事人同等的礼遇。此外，司法活动中的程序公正也要求法官保障诉讼参加人能平等地参加诉讼活动。法官礼仪作为程序公正的外在形式，相关活动需要体现且保证以上平等特性。

（五）服务原则

法官作为国家司法人员，其职务活动属于国家为社会民众提供的公共服务。法官的司法活动旨在惩治犯罪，定分止争，及时化解社会矛盾，调整失序的社会关系，进而保护广大民众的合法权益。从这一角度出发，法官礼仪也需要满足为民众服务的要求。在具体的运用中，法官礼仪应从维护民众的切身利益出发，促进法官正确适用法律，保证公正司法，提高司法效率，充分体现司法为民的基本精神。

四、法官礼仪的功能

法官礼仪作为一种职业操守，具备塑造良好的法官形象、促进公正司法、捍卫司法权威、提升司法公信等重要功能。

（一）塑造法官形象

良好的礼仪有助于塑造良好的形象。法官礼仪是法官内在修养与职业素质的外在表现，是对法官学识、涵养、人格等个人魅力的立体展示。法官礼仪既包括法官的仪容、着装、言谈、举止等仪表礼仪，也包括审判、执行、信访接待等公务礼仪。两者都直接体现在法官与当事人、社会民众的交往中，能为民众直接感受。法官符合礼仪规范的仪容、言行、举止和职业表现，更易获得当事人与社会公众的认可、信任与褒扬，有助于塑造法官的职业形象，增强司法职业的社会认可，进而树立司法在社会公众心目中的良好形象。

（二）提升法官素质

法官个人魅力的展现，不仅依赖法律知识和实务经验的累积，也需要借助法官高尚的人格、严谨的言谈、庄重的举止甚至与众不同的服饰。法官礼仪是法官在长期的司法实践活动中逐渐积累形成的惯例，合乎法官职业道德要求，从侧面反映法官内心的职业善恶感与是非判断。作为法官职业规范的重要组成部分，法官礼仪已逐渐形成规范，对法官的着装言谈、举手投足等方面都作出了明确的规定。通过法官礼仪的规范、引导，有助于提升法官综合素质，令其一言一行都合乎司法精神，呈现庄重、大方、文雅、得体的仪容举止。而从职业道德的高度要求法官遵守职业礼仪，还有利于法官提高履行审判职责的责任心与荣誉感。

（三）促进纠纷解决

法官可谓审判活动的主持人，是诉讼程序中当事人以及其他诉讼参与人关注的核心。法官在司法实践中的礼仪表现，有助于从细微之处影响案件的诉讼参与人。诉讼参与人对司法的感受首先直接来自法官的言行举止。法官的细微言行都可能使他们形成、变更对司法的理解和对案件的看法。良好的法官礼仪，有助于展现司法的中立立场和公正性，平复当事人的激动情绪，增强法官的亲和力与说服力，提升诉讼参与人对司法的信任感，更容易让当事人从内心产生对司法的依赖，认为法官会公正审理案件，进而有助于促进纠纷的和平解决，并提升当事人对司法裁决的认可度和自愿履行的可能。

（四）促进司法公正

法官作为国家审判机关的工作人员，其行使职责的过程就是行使国家赋予审判权的过程。其职业特性要求法官必须遵守各项司法礼仪规范的要求，保持司法活动庄重、严肃，从而体现法律的权威。讲究法官礼仪不是一种形式主义，它体现着法官的文明程度和整个社会的文明程度。法官严格遵守各项礼仪规范，既是维护司法权威和司法尊严的客观必要，也是维护人民法院的尊严的必然条件。虽然法官规范文明的言行看似对判决的结果没有直接的影响，但通过对法官礼仪的强调，有助于激发法官内在的责任心与荣誉感，能够促使其认真对待案件、正确适用法律，进而确保公正司法。

（五）提升司法公信力

法官礼仪比一般职业礼仪要求更为严格，不仅体现在法官对当事人等诉讼参与人的平等尊重，也体现在司法活动中严格的仪式要求。在世界范围内，司法都根深蒂固地保留着庄重仪式。司法仪式不仅能够体现司法的庄严感，唤起法官的荣誉感与责任心，也能激发诉讼参与人与社会民众对司法活动以及法律的信任与敬畏之心。法官在司法仪式中身着庄严的法袍，端坐居中高立的审判席，以威严的言谈举止，辅以法槌等司法道具，指挥诉讼进程，能够强化法律与司法程序的神圣性，激发诉讼参与人与社会公众对司法公正的信赖，融洽法院同人民群众之间的关系，进而有助于维护司法权威、提高司法公信力，树立民众对司法与法律的信仰。

第二节　法官仪表礼仪

仪表即外观，指人的外表，包括容貌、服饰、言谈、姿态等方面。个人形象往往通过其仪表呈现出来。符合礼仪规范的仪表，能给他人留下良好印象。《世说新语》中专有“容止格言”，要求文人名士的仪容应做到“面必净，发必理，衣必整，纽必结；头容正，肩容平，胸容宽，背容直；勿傲、勿暴、勿怠；宜和、宜静、宜庄”。周恩来总理就读于南开大学时，就把教学楼门的大镜上的容止格言作为自律标准。由此可见，自古及今，仪容得体都是塑造个人良好形象的重要内容。

法官仪表，是指法官的姿态、容貌、表情、举止、服饰等给人们留下的总体印象。法官仪表可以部分地反映其社会地位、学识涵养、人格个性与职业素养。符合礼仪规范的法官仪表有助于展现法官的综合素质，塑造良好的法官形象。因此，法官仪表礼仪构成法官礼仪的重要方面，具体包括法官的仪容礼仪、着装礼仪、言谈礼仪与举止礼仪。

一、法官仪容礼仪

仪容，是指个人的外观容貌，是塑造良好礼仪形象的基本要素。良好的仪容能够营造良好的“第一印象”，既体现对他人的尊重，也是个人自尊、自重、自爱的外在表现。良好的仪容还有利于工作的开展，既能够增强交往对象的信任感，也有利于促进彼此的沟通。

法官的仪容应与其职业相吻合，须符合司法活动庄重严肃的特点，力求做到整洁大方、自然得体。根据最高人民法院《法官行为规范》《法官职业道德基本准则》，参照地方法院颁行的司法礼仪规范文件，法官仪容礼仪应注重以下几个方面：

（一）面容整洁

工作期间，法官应保持面容整洁，除了保证面部整体干净之外，还应注意眼部、鼻腔、耳朵、口腔等卫生。

鉴于法官多需与当事人、诉讼代理人等做口头交流，应特别注意保持口腔卫生，具体包括：工作前特别是庭审前，法官不能饮酒，不宜食用气味浓重、特殊的食品，以免他人反感；如因身体健康原因导致口腔异味，法官应使用口香糖、漱口水等保持口气清新;法官应形成饭后漱口的习惯,至少应在饭后检视一下牙齿是否洁净,以免与他人口头交流或指挥庭审时,因牙齿不净甚至有食物残留而留下不好的印象;法官还应避免不好的生活习惯,在工作与办公场合,不宜发出打哈欠、吐痰、清嗓、吸鼻、打嗝等不雅声响。

(二)头发修饰

头发整洁、发型得体、修饰适当是仪容礼仪的基本要求。法官作为职业人士,其发型应当以整齐、简单、明快、较少修饰为主,应与其身份、气质相吻合。

1. 头发清洁

法官应保持头发清洁。应养成定期洗发的习惯,避免头发油腻软塌,或者头屑过多,给人以肮脏邋遢的形象。应勤于梳理,保持整齐、服帖的发型。此外,还应注意办公时不宜披头散发。

2. 男法官的发型

男法官的发型风格宜传统、庄重、得体、自然。一般而言,男法官的头发不宜过长,其鬓角、刘海等长不得盖住耳朵、眉毛和普通的衬衫领子。此外,为了保证其庄重形象,男法官不得蓄胡须或者剃光头,也不得漂染彩发。

3. 女法官的发型

女法官的发型风格宜端庄、典雅、秀美、大方。一般而言,女法官可以选择的发型较多,但不宜选择怪异前卫的发型,如不得留寸头,不宜漂染艳丽彩发。此外,女法官对头发的装饰也应适当,不宜佩戴过分夸张的发饰品。

(三)正确化妆

女法官可略施淡妆,有助于在工作期间显得端庄美丽、雅致大方。但女法官的化妆宜适度,应做到修饰得法,避短藏拙且真实自然。除了遵守一般的化妆礼仪,女法官的妆容应以淡妆为主,注意妆容与自身面貌、着装、身份的协调。

(四)适度修饰

个人通过修饰手部、佩戴饰物等方法,可达到衬托仪表、体现个性的效果。但法官对手部的美化与饰物的佩戴都应适度。

其一,作为国家公务人员,法官应保持双手清洁,应注意不能当众修剪指甲或者用牙齿啃咬指甲,不宜留长指甲或者涂染指甲。

其二,男女法官的饰物佩戴有别。男法官宜呈现庄重、阳刚的气质,一般仅佩戴必要的领夹、皮带或手表,公务活动中也可携带一支钢笔。但注意,笔应放在公文包内或西装上衣内侧的口袋内,不宜插在上衣左胸外侧的口袋里。

女法官可适度佩戴首饰，但数量上以少为佳，款式宜简洁低调，不宜佩戴诸如手链、手镯等稍显夸张的饰品。此外，在审判、执行等公务活动中也不宜佩戴首饰。

二、法官着装礼仪

着装是个人礼仪的重要体现。法官除了遵守一般的着装礼仪，还应符合司法官员的着装要求，特别是在审判、执行等公务场合，法官更应注重着装的严肃性，需身着制服，以捍卫司法庄严、公正的形象。

作为法官仪容礼仪的重要部分，着装礼仪将对法官制式服装与法官袍做必要介绍，进而明确男女法官着装的注意事项。

（一）制式服装

法官制服在某种程度上代表着一个国家以及法律职业群体对法律仪式、程式和威仪的认识水平。法官是社会纠纷的终局裁判者，法官制服的外观须符合法官中立、公正、理性、威严的职业要求。我国法官制服自新中国成立后的变迁历程，体现了我们对法治与司法认知的不断深化。

新中国成立后较长时期内，我国法官并没有统一的制服。与其他国家工作人员一样，法官执行公务时，一般身着被称为“干部服”的稍加改良的中山装，男女基本同款。

小知识：1980年底，最高人民法院特别法庭在审判林彪、江青反革命集团案的10名主犯时，中央曾专门为特别法庭的法官设计了3种法官服的款式：黑袍式、制服式、西服式。但在当时的司法工作人员眼中，这种制服不伦不类，就被否定了。最后，特别法庭的法官、检察官、书记员在开庭时穿的都是藏青色毛料中山装，不戴帽子。时代的特点决定了时代的观念。司法理念上的滞后性决定了这时期法官的服装不可能凸显法官作为司法裁判者的职业特色。

直至1984年1月，经国务院批准，最高人民法院、最高人民检察院、财政部联合发出《关于人民法院、人民检察院干部穿着统一制服的几项规定》。同年5月，我国法官开始于审判活动中身着统一制服。当时的审判服为肩章和大盖帽式，在外形上与军警制服颇为相似。在其后的十余年中，84式法官制服曾有3次改变，但主要是服装面料或细节的微调，法官制服总体仍沿袭肩章和大盖帽等标志，并未体现法院审判工作的特殊性与超然性。然而，尽管这一时期的法官制服在外观和观念上仍不甚合乎司法职业要求,但统一的制服表明法官着装已逐步走向职业化、规范化。

随着我国民主法制的发展,司法活动的特殊性逐渐凸显。为了体现中国法官的公正廉明形象,在结合我国国情与国外合理经验的基础上,人民法院于2000年开始审判制服的改革。此次改革的主要内容包括:改之前的军警式制服为佩戴法徽的西服式制服,颜色选用国际上司法人员通用的深色;取消之前使用的大盖帽和肩章,采用法徽作为法官的司法标志;开庭审理案件时,法官逐步改着黑色法官袍。2001年2月,最高人民法院、最高人民检察院、财政部发布《关于做好2000式审判服、检察服装换装工作的通知》,正式确定了法官审判制服的改革成果。2007年,法官制服在2000式制服的基础上增设夏装。至此,我国法官的办公制服样式包括:2000式男式制服、2000式女式制服、2007式男式夏装、2007式女式夏装以及男女法官在审判活动中通用的法官袍。

2000年法官制服春秋装系列与2007年法官制服夏装系列[1]

小知识:法徽的佩戴

法徽由麦穗、齿轮、华表、天平等图案构成,既是法院的标志,也是法官的身份象征,体现着法官应代表国家依法行使审判权,保障公平和正义的深刻喻义。

---

〔1〕 图片资料引用自郭晓堃、薛永松:《夏装法官服你穿对了吗?》,大河网:news. dahe. cn/2015/10 - 09/105769835. html,访问时间:2015年12月30日。

法徽仅可佩戴于法官的审判制服，且穿着审判制服时不得佩戴法徽以外的徽章。鉴于法袍在制作时已绣上法徽，故无需单独佩戴。但着其他审判制服开庭审判时，审判人员（含书记员）须佩戴5公分法徽，审判人员（含书记员）在其他场合执行公务，参加集体活动、会议及大型集会时，须佩戴2.5公分法徽。

法徽佩戴位置为：夏服，法徽佩戴在上衣左胸口袋上沿上方正中，法徽下沿与口袋上沿平齐。春秋服、冬服，法徽佩戴于上衣左胸驳头装饰扣眼处。防寒服，法徽佩戴于左胸门襟与袖笼之间中央处，高度为第一纽扣与第二纽扣之间1/2处。

（二）法官袍

2000年法官制服改革后，法官在开庭审理案件时，要求身着庄严的法官袍。

2000式法袍〔1〕

法官袍为黑色散袖口式长袍。整体黑色代表庄重和严肃；红色前襟配有装饰性金黄色领扣，与国旗红黄二色的配色一致，体现人民法院代表国家行使

〔1〕本章示例图片均由海南省三亚市中级人民法院提供（标注其他出处者除外）。本书已依法获得其使用、改编、出版之授权。

审判权；四颗塑有法徽的领扣象征审判权由四级人民法院行使，同时也象征着人民法院忠于党、忠于人民、忠于事实、忠于法律。

新式审判服特别是法袍的穿着配合法庭的摆设、法槌的使用以及规范的程序，极大增强了法庭的威仪，会给人一种非常庄严、肃穆、威仪的感觉。这种熏陶让亲身参与庭审的公民真正感受到了司法的公正、威严，在内心深处增强了他们相信司法客观公正的信心，相信法官能站在中立的立场上行使裁判权，定分止争。而法官穿上庄严的法袍，敲响神圣的法槌，也极大增强了自身的尊荣感和自豪感，这种内心深处崇高的精神成就，有助于促使法官个人恪守内心的良心法则，客观公正地居中裁判。

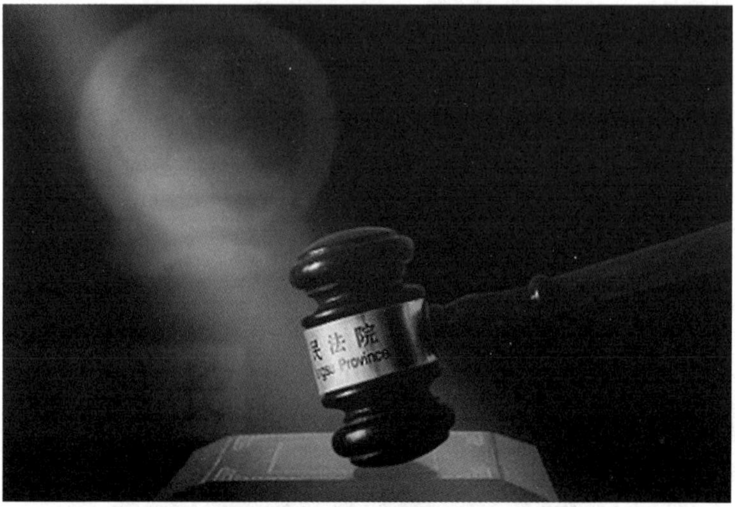

2001 年启用的法槌

2012 年后，新式法官袍相继启用。新式法袍仍为庄重、严肃的黑色长袍；红色前襟装饰有四颗金黄色法徽领扣，配色与国旗一致且象征审判权由四级人民法院行使，同时也象征人民法院忠于党、忠于人民、忠于事实、忠于法律；法官袍左胸绣有大法徽；衣领和袖口绣有金黄色麦穗、齿轮、华表，与国徽图案一致，体现人民法院代表国家行使审判权。

2012 年新式法袍

(三)着装要求

总体而言,法官在依法履行法律职务或在公共场合从事公务活动时应当穿着制服。普通办公活动中可着较为正式的便装。此时,除了应符合一般的着装礼仪,男女法官还应分别遵循以下规范。

1. 男法官的着装要求

男法官在办公期间和外出执行任务时,应穿着制式西服,搭配白色衬衫,系领带,着深色皮鞋与袜子,切忌搭配运动鞋、布鞋或白色袜子。办公时,不得外穿背心、短裤,不得着拖鞋,也不能赤脚穿鞋。男法官穿着制式西服时,不宜在西装的上衣口袋与裤袋里装入过多的东西,钢笔、钱包等必要物品应放在公文包或者西装上衣内侧的口袋。

2. 女法官的着装要求

女法官在办公期间和外出执行任务时,应以穿着制式西服为主。但纯粹办公时,也可根据时令、气候与具体的场合穿着套装。

女法官穿着制式西服或套装时,应做到大方合体,袖长及腕,裙长过膝,裤长至脚面;西装或套装上衣内宜搭配浅素色衬衣,衬衣下摆应扎入裙(裤)腰内;着裙装时应穿着浅色丝袜或裤袜;皮鞋款式应简约大方,鞋跟不宜过高,颜色应与西服、套装相匹配,切忌穿着鞋拖或鞋跟包铁的鞋子。

此外,女法官还要注意,工作时的穿着不宜过于华丽、时髦,不得穿着低胸、露背、露脐、透视或无袖的上衣，不得穿着紧身裤、吊带裙、超短裙等与司法严肃性不吻合的服装。

3. 法官袍的着装要求

法官袍也是法官制服的一种，男女法官同款。它由国家统一制作、配发给有专司审判工作的法官。法官袍凸显了法官的职业属性，同时张扬了法官作为正义化身的特殊身份。

根据最高人民法院印发的《人民法院法官袍穿着规定》，法官在审判法庭开庭审判案件、出席法官任命或者授予法官等级仪式时，应当穿着法官袍；在出席重大外事活动，重大法律纪念、庆典活动时，可以穿着法官袍；在上述场合之外，法官不得穿着法官袍；其他人员在任何场合不得穿着法官袍；法官袍应当妥善保管，保持整洁。此外，法官穿着法官袍进行审判或者出席其他正式场合时，应在专门的更衣室事先穿戴整齐，切忌在法庭之上穿脱法官袍；穿着法官袍时，下身宜着深色长裤与深色鞋袜，不宜穿着牛仔裤、休闲裤等与法官袍严肃性不符的装束。

（四）穿着制服时的注意事项

制服是特殊职业、特殊身份的重要标志。根据最高人民法院颁行的《人民法院审判制服着装管理办法》，法官穿着制服时的言行应当规范、整肃，凸显职业属性与要求。具体应注意以下方面：

1. 法官应当根据时令变化，按规定成套穿着制服。夏装制服不宜与普通制服混穿。制服不得与便装混穿。两人以上的法官共同执行公务时，应穿着统一的制服。

2. 在立案大厅和信访接待室等具有“窗口效应”的部门，法官应特别注意职业形象，在工作期间必须统一穿着制服。

3. 着短袖夏服时，浅月白色短袖衬衣配夏裤（裙），上衣外穿，佩戴小法徽，不系审判专用制式领带。

4. 着长袖夏服时，浅月白色长袖衬衣配夏裤（裙），上衣扎系于裤（裙）腰内，佩戴小法徽，系审判专用制式领带。

5. 着春秋服、冬服时，上身内穿白色长袖衬衣，系审判专用制式领带，衬衣下摆扎系于裤腰内。领带下沿应与皮带扣位置大致相当。

6. 除法官袍外，法官着春秋服、夏服、冬服开庭审判或执行其他公务，参加集体活动、会议及大型集会的，均应按规定佩戴法徽。

7. 法官不得在审判法庭以及其他公共场所更换制服。

8. 穿着审判制服，应当做到服装整齐洁净，仪表端庄得体，注重礼仪规范；不得披衣、敞胸露怀、趿鞋、挽袖、卷裤腿和外露长袖衬衣下摆；不得系扎围巾，不得染彩发；男法官不得留长发（发长侧面不过上耳沿，后面不过衣领）、蓄胡须，非特殊原因不得剃光头；女法官留长发者不得披散发，不得染指甲、化浓妆，不得佩戴耳环、项链等首饰；不得在外露的腰带上系挂钥匙或者其他饰物；除工作需要或患有眼疾外，不得戴有色眼镜。

9. 不得穿着审判制服从事与法院工作性质和法官品行不符的活动。穿着制服时，不得做出与他人勾肩搭背、挽手、嬉闹的举动；非因执行公务，不得穿着制服出入宾馆、饭店、休闲娱乐等场所。

10. 法官因违纪违法被停职或因涉嫌犯罪被采取强制措施及其他不适宜或不需要着装的情形，不得穿着审判制服、佩戴法徽。

三、法官言谈礼仪

“言为心声”。言谈反映一个人的思想水平、知识修养、道德品质，是仪容礼仪的重要内容。法官的言谈应符合一定的礼仪规范，除了遵循基本的言谈礼节，还应注意以下方面。

（一）言谈风格

言谈是重要的表达方式。法官在人际交往特别是与诉讼参与人的交往中，应注意言谈方式与风格。

1. 规范严谨

法官的言谈，特别是其在公务活动中的谈吐，一定要严谨规范。法官应能正确适用法言法语，恰当措辞，保证意思的准确传达。此外，法官的言谈还应做到提纲挈领、突出要点、简洁明了，切忌啰唆含混。

2. 清晰易懂

即便是在公务活动中使用法言法语，法官也不宜故作高深。法言法语旨在保证意思转达准确，在此基础上，法官言谈应尽量口语化，而非满口文绉绉的书面用语，应活泼生动、清晰易懂，可采用举例子、打比方、讲故事等多种方式，促进与他人的良好沟通。

（二）言谈礼节

言谈体现一个人的礼仪修养。主要的言谈礼节包括以下几个方面：

1. 态度端正

法官在公务活动中的言谈，正确的态度应该是热情诚恳、严谨稳重、平易近人。热情是言谈的基本要求，冷漠无情、无精打采、有气无力的言谈没有感染力，无法收到期待的效果。真挚诚恳是言谈的基本态度，以诚为本，诚心待人，才能取得听者的信任。法官的言谈还必须严谨稳重。严谨是保障司法活动严肃性的必然要求，稳重是成熟的表现。只有严谨稳重的法官言谈，才能给人安全感，增加可信程度，任何轻佻的语言和表情、动作都应当避免。平易近人则有助于拉近法官与交往对象的距离，增进彼此的理解。

2. 神情专注

专注是对人的一种尊重。法官在庭审与其他公务谈话中，应精力集中，不能左顾右盼，东张西望，也不能边说边做其他事情。例如，一边谈话一边翻书、看报、批阅文件等，都是不礼貌的。如果法官在交谈中表现出漫不经心、心不在焉，不仅会影响对方的谈话兴趣，打消交谈的热情，还可能降低对方特别是当事人对司法的信任感。

3. 内容适宜

法官的谈话内容要根据交谈的实际情形而定。一般而言，有明确话题时，法官的谈话内容应相对集中，没有明确话题时，则应选择适当的、不违背法官职业要求的话题。法官与他人的交谈不应涉及低级庸俗、耸人听闻、令人反感的话题，还应特别注意不得违背法官职业操守，随意讨论、评价自己承办或其他法官承办的案件，不应涉及议论领导同事、拨弄是非的闲话。

4. 表达得体

表达得体要求用恰当的言词、口吻以及姿态来传达意思。不同场合、不同对象、不同内容应当有不同的语气措辞、语调声态和肢体语言。就法官而言，在其公务活动特别是司法审判活动中，应注意其言谈表达应体现司法的严肃性与中立性。

5. 语言文明

法官在言谈时，应注意语言文明。语言文明要求语言的内容、形式等都符合文明要求。语言的内容文明要求法官在言语交际中避谈他人隐私，避免涉及尴尬低俗的话题，回避对方的民俗禁忌。此外，还要杜绝使用粗话、脏话、大话、官话等有损法官良好形象的语言。语言的形式文明则要求措辞准确、发音正确、语调平和、语速正常且应谦虚、礼貌，避免生硬、急躁、轻慢的语气。法官在司法活动中还应使用普通话，但在民族地方也应兼顾民族语言习惯。

四、法官举止礼仪

举止就是一个人的表情、动作、行为以及在活动时身体各个部分所呈现出的姿态,是一个人的性格、情感、气质、教养的集合。法官代表国家行使审判权,其举止宜规范自然、庄严大度、稳重文明,令人肃然起敬。表情应和蔼敬人、站有站姿、坐有坐姿、行走仪态优雅大方。

(一)表情

表情,是内心情感在面部的呈现。其中,眼神与笑容是最具表现力和礼仪价值的表情。法官在公务活动中应呈现庄重得体的表情,谨记自己代表的司法形象,通过合适的眼神与笑容促进与他人的良好沟通。

1. 眼神

眼神是面部表情的核心,是一种特殊、含蓄的体态语言,可反映出不同的情绪、心理活动等信息。因此,法官在公务活动中,特别是与当事人、律师等交流时,应注意运用合适的眼神,符合一定的礼仪规范。

法官的职业性质,决定了其在公务活动中应呈现庄重严肃的形象。在与他人交谈时,法官应注视对方,以表示尊重与关切。除了遵循一般的注视礼仪,法官通常宜采用平视、直视的方式,以显示平等对待对方,并表示自身的坦诚、认真与尊重;法官不宜采用表示怀疑、轻蔑的斜视甚至"目中无人"的眼神,还不宜注视对方的头顶、大腿、脚和手。总体而言,法官眼神的运用,应符合其职业的庄严感,同时体现对他人的尊重。

2. 笑容

笑容,是人们对美好事物表达愉悦情感的心灵外露,是友好和赞美的象征。法官在公务活动中,一般应保持微笑。微笑应笑得自然、笑意明确、表里如一,应体现法官"成于中而形于外"的真诚。法官的微笑,应透露出友善、真诚、谦逊、和蔼的信息,反映出法官内在的自信、涵养与健康的心理状态。轻松友善的微笑,有助于促进法官与他人尤其是当事人的正常沟通,塑造良好的职业形象。

(二)手势

法国大画家德拉克洛瓦指出:"手应当像脸一样富有表情。"手是传情达意的重要工具,它有极强的表现力和吸引力。在人际交往中,自然、大方、得体地运用手势,能增强表达的明晰度和情感,促进彼此的沟通。

根据其职业的特殊性,法官的手势使用应遵循以下基本原则:使用规范化手势;注意区域性差异;手势宜少不宜多;手势力度和幅度适当;亲切而自然。除了遵循日常工作、生活中的常见手势要求,法官运用手势应特别注意以下细节:法官的手势幅度不宜过大,以免给人以浮躁、不稳重的印象;与他人交谈时切忌用手指指点点,特别是指着对方面部,以免造成轻视对方的误解;在各种场合应避免诸如打响指、转笔等手势习惯,以维护法官形象的庄重严肃性,同时体现对他人的礼貌。

(三)站姿

站立是人们生活交往中最基本的举止之一,是体现个人静力造型的动作。站姿关乎个人的静态形象,是其他动态造型的基础。优美、得体的站姿能展现个人的自信和修养,有助于给他人留下美好的印象。

法官站姿示范

法官的站姿应符合标准,给人以挺拔舒展、精力充沛、充满自信的感觉。具体而言,男法官站姿要求"站如青松",刚毅洒脱,可立直身体,右手握在左手手腕上,轻搭在小腹前,两腿分开,两脚平行比肩略窄。女法官的站姿则应秀雅优美,亭亭玉立,一般要求身体立直,右手搭在左手手指上,自然贴在腹部,右脚略向前靠在左脚上成"丁"字步,或两脚微张呈"V"字形。法官应避免在正式场合袖手、抱臂或将双手插在裤袋里;忌歪倚斜靠、站立不直、形态慵懒;忌探脖、塌腰、耸肩、抖腿、频繁变换双腿姿势或随意摆弄手指等。

(四)坐姿

坐姿是个人重要的静态造型。中国自古就有对坐姿的礼节要求。如《礼记·典礼上》要求,"坐毋箕",即不宜伸腿而坐。坐姿的总体要求是舒适自然、大方端庄，具体包括入座、落座、起座的仪态以及坐立时的姿势。坐姿应注意不同场合的要求。法官除了遵循一般的坐姿礼仪，应特别注意在庭审中保持端正庄严的坐姿，给人以沉着、稳重、威严的印象，并体现司法的公正中立。

法官坐姿示范

（五）行姿

行姿即步态、行走的姿势，它产生的是运动美。法官的行姿应稳健大方、从容和缓。男法官应步伐矫健，彰显阳刚之美。女法官则应轻盈从容，体现柔和之美。

小知识：古人说“行如风”，是要求人们走起路来像风一样轻盈。在古代，女子头戴的簪子上的坠子，又名“匀摇”，除了装饰之外，还有另一种作用，那就是衡量女子走路的步态和速度。如果走路摇摇晃晃，步伐太快，簪子上的坠子就摇晃得厉害，这种步态是不符合规范的。

行姿应分场合，因地因人因事而异。总体上，法官的行姿应该给人庄重自信的美感。除了应符合一般的行姿礼仪，法官的行姿步态还应注意以下方面：行走时不宜大甩双臂、左摇右摆，给人以轻浮、不稳重的印象；不宜低头、弓腰、拖脚行走，给人萎靡不自信的感觉；忌高昂头颅、摇头晃脑、左顾右盼、晃臂扭腰、蹦蹦跳跳等行走姿态，给人目中无人、心浮气躁的印象；不宜在行走中与他人勾肩搭背、搂搂抱抱或相距过近，给人狎昵不庄重的感觉。

第三节 法官公务礼仪

法官公务礼仪是法官从事立案、审判、法院调解、执行等司法活动时应当遵循的礼仪规范。广义的法官公务礼仪还包括办公礼仪，但本书第二章已对此做出介绍，此处不再赘述。总体上，集中体现在司法活动中的法官公务礼仪不仅是司法文明的要求，更是法官职业道德、职业责任、职业纪律和职业技能的综合体现。法官公务礼仪不仅展示法官的个人风貌，更彰显司法队伍的整体素质，显示法官代表国家依法行使审判权的威信和法律尊严。法官公务礼仪主要包括立案礼仪、审判礼仪、执行礼仪、涉诉信访接待礼仪等方面。

一、立案礼仪

根据最高人民法院2015年颁行的《关于人民法院登记立案若干问题的规定》，法院对依法应该受理的一审民事起诉、行政起诉和刑事自诉，实行立案登记制。立案登记工作是法院形象、法官风貌对外展示的第一道窗口。从事立案登记的法官，在履职时应遵循以下行为规范与礼仪要求：

法官提供诉讼指引

在立案大厅这一具有"窗口效应"的部门,法官应特别注意职业形象,在工作期间须按时令特点,依照《人民法院审判制服着装管理办法》相关要求,统一穿着审判制服。

法官须严格遵守工作时间规定,不迟到、不早退,不在工作时间做与工作无关的事情,确保给予当事人严谨、规范、认真的印象。

法官应保障当事人依法行使诉权,特别关注妇女、儿童、老年人、残疾人等群体的诉讼需求。

法官应为群众提供诉讼便利,减少当事人诉累。

当事人的诉状内容和形式不符合规定的,法官应告知其按照有关规定进行更正,相关要求应一次讲清。

当事人书写诉状确有困难的,可以口头提出,由立案法官记入笔录并向其宣读,确认无误后交其签名或者捺印。

当事人因肢体残疾行动不便或者身患重病卧床不起等原因,确实无法到法院起诉且没有能力委托代理人的,法官可以根据实际情况上门接收起诉材料。

当事人到人民法庭起诉,人民法庭有权受理的,应当接受起诉材料,不得要求当事人到所在基层法院立案庭起诉。

对起诉、自诉,人民法院应当一律接收诉状,出具书面凭证并注明收到日期。对符合法律规定的起诉、自诉,法官应当场予以登记立案。对不符合法律规定的起诉、自诉,法官应当依法予以释明。

案件不属于法院主管或者本院管辖,法官应告知当事人不属于法院主管或者本院没有管辖权的理由,并根据案件实际情况,向当事人指明主管机关或者有管辖权的法院。

依法应当公诉的案件提起自诉,法官应当在接受后移送主管机关处理,并及时通知当事人,不应推诿、拒绝。

立案中发现涉及矛盾易激化的群体性纠纷,法官应及时向领导汇报并和有关部门联系,积极做好疏导工作,防止矛盾激化。

对于当事人在立案后询问证据是否有效、能否胜诉等实体问题,立案法官不得向其提供倾向性意见,而应告知此类问题只有经过公正审理才能确定。

当事人在立案后询问案件处理流程或时间的,立案法官应告知案件处理流程和法定期限,不得以与立案工作无关为由拒绝回答。

当事人未及时交纳诉讼费,符合司法救助条件的,法官应告知其可以申请缓交或者减免诉讼费;不符合司法救助条件的,法官应书面通知其在规定期限内交费,并告知无正当理由逾期不交诉讼费的法律后果。

当事人申请诉前财产保全、证据保全等措施的,立案法官应严格审查,及时依法作出裁定。裁定采取保全等措施的,应及时依法执行。不符合申请条件的,应向当事人耐心解释原因。

二、审判礼仪

审判是法院的中心工作,是法官的核心业务。法官在审判活动中展示的礼仪形象,体现了司法的公开、公平和公正,反映了法官内心的职业善恶感与是非观。这不仅关系到审判工作的质量,也关乎司法的公信与权威。具体而言,审判礼仪是法官在审判活动中应当遵循的一系列礼仪规范,集中体现在庭审活动中。因此,审判礼仪主要介绍法官在庭审中的言谈礼仪、举止礼仪以及具体审理、调解活动中的礼仪事项。

(一)庭审礼仪

庭审礼仪是对法官开庭审理案件的礼仪要求。庭审是法院、法官的核心工作,其礼仪要求旨在规范法官庭审言行,树立良好司法形象;增强法官庭审驾驭能力,确保审判公正权威;落实庭审程序,平等保护当事人诉讼权利;维护庭审秩序,保障审判活动顺利进行。庭审礼仪包括庭前准备、开庭审理和宣判环节中应遵循的礼仪规范。具体包括以下方面:

1. 庭前准备阶段的礼仪

法官应在法定期限内,及时通知诉讼各方开庭的时间和地点。

公开审理的案件,应当在法定期限内及时公告。

法官应自觉遵守关于回避的法律规定和相关制度。

审理当事人情绪激烈、矛盾容易激化的案件,应当在庭前做好工作预案,防止发生恶性事件。

法官不得无故更改开庭时间,确因特殊情况确需延期的,应当立即通知当事人及其他诉讼参加人;无法通知的,应当安排人员在原定庭审时间和地点向当事人及其他诉讼参加人作出解释,并致以歉意。

法官应准时出庭,不迟到,不早退,不缺席。

法官在进入法庭前必须更换好法官服或者法袍,并保持整洁和庄重,严禁着便装出庭。

合议庭成员出庭的着装应当保持统一。

法院设立法官通道的,法官应当走法官通道。法院未设法官通道的,法官若在进入法庭时遇见当事人,应由当事人先进入法庭。法官不宜在法庭门口与当事人及其诉讼代理人寒暄、招呼或一同进入。

法官一般应在当事人、代理人、辩护人、公诉人等入庭后再进入法庭,但前述人员迟到、拒不到庭的除外。

当事人未按规定时间到庭的,法官应当给予其说明原因的机会,无正当理由迟到者,应对其进行批评教育,提醒今后准时到庭,同时符合民事诉讼法规定的撤诉或缺席审判条件的,可按撤诉或缺席处理。

开庭前,书记员应当以站立姿势,完整、清晰地宣读法庭纪律,并要求全体起立迎法官入庭。

法官入庭后,应向当事人行注目礼,并示意全体人员坐下。

合议庭、独任法官入座完毕,听取书记员(速录员)对当事人到庭情况的报告后,由审判长或独任法官宣布开庭。

法官在开庭前后、休庭期间,不得主动与诉讼各方随意打招呼、点头示意、递烟递水、说笑、交谈等,不得与一方有特别亲密的言行,以避免当事人或旁听民众产生合理怀疑。

当事人或其诉讼代理人主动问候法官的,法官应予以平等、得体的回应,如向双方当事人点头示意等。法官不宜随意,如接受当事人敬烟或向当事人敬烟;不宜过于拘束,对当事人正常的问候不予理睬;更不宜对一方当事人过于热情,给另一方当事人造成对方与法官关系密切的认知。

严禁法官酒后出庭。

2. 庭审中的礼仪

庭审现场

法官在庭审中，应坐姿端正、目光平视，杜绝在审判席上做出吸烟、闲聊、抓耳挠腮或其他有意无意的不雅行为。

法官应精力充沛，专注庭审，不得在开庭时打瞌睡、闭目养神或者神情萎靡，不得做与庭审活动无关的事，诸如接打电话、发短信、玩游戏，翻阅与庭审无关的卷宗、书籍、报刊、文件等。

法官在庭审中不得随意离席，确因特殊原因需要离席的，须报审判长同意，且在其宣布休庭后方可离开。

法官应严格按照规定使用法槌，敲击法槌的轻重应当以旁听区能够听见为宜。

小知识：法槌的使用

根据《人民法院法槌使用规定》，审判长在宣布开庭、继续开庭时，先敲击法槌，后宣布开庭、继续开庭；宣布休庭、闭庭以及判决、裁定时，先宣布休庭、闭庭以及判决、裁定，后再敲击法槌。其他情形使用法槌时，应当先敲击法槌，后对庭审进程做出指令。使用法槌时一般敲击一次，法槌敲响后，诉讼参与人、旁听人员应立即停止发言、喧哗或其他有碍庭审进程的行为。

法官应注意保持中立裁判的形象，平等对待与庭审活动有关的人员，应耐心、细致、认真地听取案件各方当事人、诉讼参与人、证人的陈述和发言，正确加以引导，对当事人因法律知识欠缺而不明白的程序或争议问题，应予以释明或适当的指导，不得随意打断或限制各方的陈述和发言，不得与当事人争吵、发脾气、要威风，也不得与诉讼中的任何一方有亲近的表示。

法官应使用法言法语，对当事人不能理解的法律名词或术语，法官可以使用通俗易懂的语言予以解释。

法官应使用普通话，并要求当事人各方在庭审中也使用普通话。如果当事人表示不会说普通话的，在征求对方当事人意见后，可以准许其使用方言。如果当事人听不懂普通话，法官确实需要用方言与其交流的，应向另一方当事人作出说明解释，并以普通话对相关内容进行复述。必要时，法庭可以配备相应的翻译人员。

当事人在陈述中夹带外语的，法庭应要求其使用中文。涉外民商事案件中涉及的外文术语或单词，双方当事人都表示接受外文表述的，可以允许当事人使用外文。审理外文材料较多的案件时，法官应在庭前告知当事人事先提交由专业机构出具的翻译件。

法官称呼当事人及其他诉讼参与人时不得直呼其名，应当称“原告（上诉人、申诉人）×××”“被告人（被上诉人、被申诉人）×××”“证人×××”等。对法人或其他组织可适用简称，但应当庭说明。

法官应礼貌示意当事人及其他诉讼参加人发言。

法官不得用倾向性语言进行提问，不得与当事人及其他诉讼参加人争吵。

法官应根据案情和审理需要，公平、合理地分配诉讼各方在庭审中的陈述及辩论时间，不得随意打断当事人、代理人、辩护人等的发言。当事人、代理人、辩护人发表意见重复或与案件无关的，法官要适当提醒制止，但不得以生硬言辞进行指责。

庭审现场

一方当事人或控辩一方认为对方的询问或发问不当，向法庭提出异议的，法官应公正、正确地处理，异议成立的，应宣布异议成立并向询问方陈述理由，要求其改变询问方式或内容，异议不成立的，应宣布询问没有违反法律规定或并无不当，允许继续询问或发问。

法官应慎言，适时保持缄默，从侧重问转为侧重听。法官语言忌简单粗暴，忌侮辱、谩骂、讥讽、哄骗、威胁、压制或乞求、讨好当事人等有损法官形象的话语。

当事人情绪激动，在法庭上喊冤或者鸣不平的，法官应重申当事人必须遵守法庭纪律，告知法庭将会依法给其陈述时间；当事人不听劝阻的，法官可宣布暂时休庭，并当指示值庭法警以适当方式及时制止。

诉讼各方发生争执或者进行人身攻击，法官应及时制止，并对各方进行批评教育，不得偏袒任何一方，更不能直接介入当事人之间的争执；对不听劝阻的，依照有关规定采取训诫等强制措施。

审判长或独任审判员对违反法庭纪律的人员应当予以警告；对不听警告的，予以训诫；对训诫无效的，责令其退出法庭；对拒不退出法庭的，指令司法警察将其强行带出法庭。

案件审理过程中，法官不得私自接受当事人或其诉讼代理人的邀请会见当事人，不得单独与当事人或代理人就案件相关问题进行探讨，不得直接接受当事人送交的材料，而应由书记员在法庭收领。

案件因某种原因在较长时间内不能审结或者已超审限的，法官应在审限届满前或在转换程序之前的合理时间内，以口头或书面方式告知当事人不能及时审结的原因，不宜告知当事人的情形除外。

法官在判决作出之前，无论是在庭审中还是接待当事人或接受媒体采访时，都不得就案件发表任何倾向性意见，更不能应当事人要求提供咨询意见。

法官在庭审中发现或了解到其他法院、法官的做法有不当或欠妥之处的，应及时向部门领导反映，提出通过正常渠道向其他法院、法官指出问题的建议，不得在当事人面前直接批评其他法院、法官的做法，也不得在新闻媒体或公共场合发表有损生效裁判严肃性和权威性的评论。

被告人在庭审中提出承办案件的公安、检察人员有违纪违法行为的，法官应询问公诉人对被告人的陈述是否有异议，同时将被告人的陈述与公诉人的意见记录在案，告知被告人可在闭庭后以书面形式向法院或驻监所检察机关提出控告。

庭审结束后，法官应当告知当事人庭审笔录的法律效力，将庭审笔录交其阅读，无阅读能力的，应当向其宣读，确认无误后再签字、捺印。应及时补正当事人提出的笔录中存在的差错。当事人不阅读又不签字、捺印的，应当将情况记录在案。

3. 宣判礼仪

宣告判决，一律公开进行。宣判时，合议庭成员或者独任法官应当起立，宣读裁判文书声音要洪亮、清晰、准确无误。

定期宣判的，法官应在宣判后立即将裁判文书送达当事人，并告知其享有

法官宣读判决书

和承担的诉讼权利与义务。

当庭宣判的,应当宣告裁判事项,简要说明裁判理由并告知裁判文书送达的法定期限。法官应在法定期间内送达裁判文书,并告知当事人享有和承担的诉讼权利与义务。

宣判后,法官应平等对待胜负双方当事人,对胜诉方服从裁判的表示,平静接受,对败诉方或诉讼各方对裁判提出的质疑,尽量耐心地做出解释,并依法告知其相应的程序权利。即便当事人表示不服且言辞激烈,法官也不应不做解释,以“不服、上诉去”等简单话语对待。

法官忌语

别再说了。你当法官还是我当法官。你懂法还是我懂法。

你说了算还是我说了算。不同意调解对你可没好处。听你的还是听我的。

你这个案件肯定要输(赢)的。你这个律师怎么当的。法院不是为你一个人开的。烦人。我就这样判了,你去告好了,想找谁找谁,想去哪告去哪告。

(二)调解礼仪

调解礼仪是法官在法院调解工作中应遵循的礼仪规范。法院调解,是指在人民法院审判人员的主持下，双方当事人就争议的实体权利、义务自愿协商，达成协议，进而解决纠纷的活动。法院调解是一种特殊的诉讼活动，法官在其中的礼仪表现关系到各方当事人协议的达成与调解的质量。

法官开展诉前调解

法官的调解礼仪应注重以下方面：

法院调解可以就地调解，但一般应在法院的调解场所进行。

调解过程一般不公开，当事人一致同意公开的除外。

法院调解遵循自愿与合法原则，法官进行必要的释明后，当事人一方或双方明确表示不愿意调解的，法庭应依法审判，不得强迫调解或故意拖延审判，刁难当事人。但法律规定调解前置的案件除外。

法官可分别征询各方当事人，充分了解其调解意愿，也可根据调解需要，对各方当事人分别做调解工作，但不得与一方当事人过于亲密，造成对方当事人的怀疑，也不得在法院之外的地方仅与一方当事人进行单独调解。

法官应告知当事人不得对案外人的权利义务作出约定，确有必要时，应按法定程序通知案外人参加，并另行组织调解。

法官在案件某一问题事实已经清楚的前提下，可就相关法律问题和责任问题发表意见，但不得在调解中暗示一方当事人，使其处于有利地位，也不得以调代判，过早地对案件事实进行认定。

当事人对调解方案存在分歧的，法官可就法律责任等问题进行分析并告知诉讼风险，供当事人参考，以便其重新判断，但法官不得对案件处理结果流露倾向性意见，不得以判压调、以拖压调、久调不决。

法官应查明代理人的授权范围，不得因急于结案，在未获得当事人书面认可时，就根据一般授权代理人达成的调解协议制作调解书，并直接送达当事人签收。

法官在调解中遇到同学、战友、同事、朋友、亲属的说情时，应婉拒请托，坚持以事实为依据、以法律为准绳。

法官应注意与当事人及其代理人保持适当距离，不得将一方当事人及其代理人单独留下或让其进入办公场所，也不得与一方当事人及其代理人说笑，相互递烟，交换眼色，故意压低声音说话，避开对方当事人等。

双方当事人自愿、协商达成调解协议，协议内容合法的，应予批准。法官应当根据调解协议制作调解书。调解书内容应当写明诉讼请求、案件的事实和调解结果，由审判人员、书记员署名，加盖人民法院印章，送达双方当事人签收。

三、执行礼仪

执行是法院工作的重要内容，是法院行使职权的重要环节，是裁判文书等生效法律文书得以落实的重要途径。法院执行关乎司法公正和司法权威的最终实现，是维护法治统一与尊严，维持社会市场经济秩序与社会安定，促进经济发展和社会进步的重要保障。执行工作的重要性使其成为社会各界关注的焦点，遵守执行礼仪，文明执法成为各界共识。执行礼仪即法官等法院工作人员在执行工作中应当遵循的礼仪规范。

具体的执行礼仪包括以下方面：

执行法官在执行活动中应一律平等地对待公民、法人和社会组织，以同等态度对待执行申请人与被执行人。

执行法官应依法及时有效地执行，确保生效法律文书的严肃性和权威性，维护当事人的合法权益。

执行法官接到执行案件后，应在3日内向被执行人发出《执行通知书》，规定履行期，督促其自觉履行义务。

执行法官外出执行前，应经执行局（庭）负责人、分管院领导批准，执行归来后，应及时向执行局（庭）负责人、分管院领导汇报，在执行中遭遇紧急情况的，应及时向法院报告。

法官在执行工作中出示工作证件

重大疑难案件的执行,应经执行庭讨论拟定执行方案后,再予执行。

对需要采取强制执行措施的案件,执行法官须严格履行审批手续,严禁违法执行。

对可能激化矛盾的执行案件,执行法官应做好应急预案,并依法妥善执行。

对外地法院委托的执行案件,执行法官应将执行情况及时函告委托法院。

在案件执行中,执行法官须按规定着装,须出示执行公务证及有关法律文件。

在执行工作中,执行法官应妥善保管佩带的枪支、械具和卷宗材料;执行到的款项,应及时交内勤入账,不得自行保管。

执行中出现法定回避情形的,执行法官应主动申请回避,出现视情回避情形的,为了避免当事人或公众对执行公正性产生合理怀疑,可以申请回避。

被执行人以特别授权为由要求执行法官找其代理人协商执行事宜的,执行法官应当从有利于执行考虑,决定是否与被执行人的代理人联系,而非一概要求只与被执行人协商。确有必要与被执行人本人联系的,应当告知被执行人有义务配合法院执行工作,不得推托。

申请执行人来电或者来访查询案件执行情况的,执行法官应认真做好记录,及时说明执行进展情况,耐心解释执行所涉法律问题。申请执行人要求查阅有关案卷材料的,除了法律规定应予保密的材料外,应当准许。法官对待申请执行人不得态度冷漠、简单答复,不得使用“等着吧,解决了会通知你”“执行期限还没到,现在有什么好问的”“执行线索应该你提供”等粗率不当的话语。

执行中,当事人发生肢体冲突的,执行法官应及时制止,对攻击者予以警示,对受攻击一方予以安抚,不得置之不理导致矛盾激化。必要时,可暂时停止执行,对双方当事人进行法制教育,并视情况是否继续执行。

当事人因不满执行活动指责法官、法院时,执行法官应对依法执行程序予以释明,告知执行活动也需要平等保护当事人合法权益,指出当事人言行不当之处,告知其可以通过适当途径和方式反映情况。法官不得因为当事人的指责而与其发生争执,或者因申请执行人观点错误而搁置案件或带着情绪执行。

对申请执行人、被执行人及其代理人在法院以外会见的要求,执行法官应按照法院规定婉言谢绝,告知其可到法院以书面或口头方式反映案件情况或提供执行线索。

被执行人以“生效法律文书在实体或程序上存在错误”为由拒绝履行的,执行法官应对相关文书进行审查,并根据审查结果做出适当处理,应给予被执行人必要的释明和指导,不应忽略被执行人提出的问题,不加审查地继续执行。

执行法官应当积极依职权查找被执行人财产,并及时依法采取相应执行措施。申请执行人向法院提供被执行财产线索的,应当及时进行调查,依法采取相应的执行措施,并将有关情况告知申请执行人。

执行当事人请求和解,执行法官应及时将和解请求向对方当事人转达,并以适当方式客观说明执行的难度和风险,促成执行当事人达成和解;当事人拒绝和解的,应当继续依法执行。

被执行人以生产经营、安置职工或社会稳定等为由要求暂缓执行的,执行法官应予以重视,认真核查其反映的情况,情况属实且强制执行却有可能诱发社会冲突的,应及时向执行局(庭)长汇报,并暂缓执行,做好稳定工作。情况失实的,继续执行。

有关部门和人员不协助执行,执行法官应当告知其相关法律规定,做好说服教育工作,仍拒不协助的,法官可依法采取有关强制措施。

被执行人地址处找不到被执行人的,执行法官应按规范对被执行人去向做好调查和取证工作,并将调查情况与结果及时告知申请执行人,询问其有无其他执行财产线索,不得在进行必要的沟通之前就草率作出中止、终结执行的结论。

夜间等非工作时间执行的,执行法官应规范操作、文明执行,尽量降低对他人生活的影响。被执行人提出疑问或其邻居反映影响正常生活的,法官应向被执行人家属或邻居进行必要的解释,获取理解,必要时可要求当地派出所或基层组织的协助。

异地执行一般应尽量委托当地法院进行,确有赴异地执行和需要申请执行人一同前往的情形的,执行法官应注意在整个过程中保持独立性和中立性,切忌在经济、生活、出行上与当事人混同,也不得因执行工作的增加而对被执行人予以情绪化的执行。

执行法官不得在未详细调查被执行人财产状况的情形下,草率地依职权中止、终结执行。申请执行人对案件中止、终结执行表示不满的,执行法官应对中止、终结执行所依据的客观事实与法律规定予以释明,并告知其中止执行后申请恢复执行的条件与程序。

被执行人对受托法院执行管辖表示质疑的,执行法官应审查受托案件是否符合委托执行条件。不符合条件的,应向执行局(庭)长汇报后依法处理,符合条件的,应向被执行人作出恰当释明,继续执行。

案外人对执行财产提出执行异议的,执行法官应要求案外人提供相关证据材料,并按照异议听证规定,将案件移动裁决部门进行异议审查,相关财产暂不处分,但应采取必要的限制性措施。执行法官不得搁置执行或不加审查,草率地解除执行措施,也不得不予理睬,继续执行。

四、信访接待礼仪

信访,是对人民群众来信来访的简称。它是人民群众通过来信、来电或直接到访的方式,向法院反映具体情况与个人意愿的重要途径。法院受理的多是与诉讼活动相关的涉法涉诉信访。在此类信访工作中,法官代表国家审判机关出面接待来访者,并与人民群众进行沟通、对话,必须掌握并遵守基本的信访礼仪,才能有助于信访工作的有序开展。

在信访接待工作中,接待法官除了应遵循基本的公务礼仪,注意称呼、握手、介绍、交谈等礼仪要求之外,还应注意以下具体细节。

(一)接待地点、人员和程序

1. 接待地点

法院应设置专用的来访接待室。一般而言,来访专用的接待室应干净整洁,保持肃静,并且易于保密。如果没有专门的信访接待室,也可以在干净整洁、肃静、易于保密的办公室里接待来访人员。

2. 接待人员

法院应根据来访问题的性质与内容,为来访者安排专人负责接待。一般而言,具体部门的业务问题应由有关业务部门的法官接待处理;综合性问题则由法院内设的信访部门法官或工作人员负责接待;对于群体性来访者,一般应由法庭或法院负责人出面处理。应注意,法官此时在来访者眼中是国家审判机关的代表,因此在接待来访者时,法官应做到以礼待人、平易近人、热情助人,在任何情况下,都不允许对来访者不理不睬、怠慢轻视、推诿训斥,甚至讥刺挖苦。

3. 接待程序

法官正式接待来访者时,有必要遵守必要的接待程序,以示接待的正规化和对对方的尊重。来访者抵达时,应起身相迎,出示证件,握手问候,并为其让座,对对方以尊称相称。当来访者反映问题时,应认真倾听,做好笔录。必要时可请对方在笔录上签名或进行核对,但不可诱导对方。对对方提出的要求,不宜急于表态,而应遵守规定,告知将依法依规尽快处理。当对方告辞时,应起身相送,并主动道别,切不可逐客。倘若必要,应主动与来访者保持联系。如果来访者人数较多,宜分别接待或者要求对方推选代表与法官沟通,以免相互干扰,造成来访者难以启齿或言不由衷,或者人数聚集,滋生突发事件。

(二)来访接待

法官对来访者的接待,一般以单独交谈为主要方式。一般而言,来访者到来后,法官应面含微笑,起身相迎,与之握手为礼,并热情问候。随后,应请对方就座。在称呼对方时,一般称之为同志,对年长者宜采用尊称,不得指名道姓,直呼他人全名。

法官与来访者交谈时,要认真、负责,不失礼貌。法官在问、答、听、记时,宜耐心而谦恭,不得居高临下,随意打断、训斥来访者,或是表现得心不在焉,极不耐烦。交谈中,无论来访者态度如何,是啰嗦重复、喋喋不休、小题大做,还是蛮横要挟、无理取闹、纠缠不休,法官都应态度冷静,尽量做到晓之以理、待之以礼、不卑不亢、不急不恼。

法官对来访者提出的问题,不能不信,也不可偏信;不能不回答,也不可乱作答;不可以含糊其辞,也不宜随便代表领导表态。应保持客观冷静、耐心温和的态度倾听来访者的问题和意见,如实、认真做好记录。简单问题可依法予以释明和回答,对确实难以回答的问题,应向来访者说明拟处理的方法和程序,不可敷衍对方,激化其对立情绪。

法官对来访者反映的情况,应做好笔录。必要时,可予以重复、核对,请对方签字,但不宜诱导对方陈述,也不宜立即给出结论。应注意对待来访者的态度,既不能冷漠麻木、简单粗暴,也不宜无原则地同情,切忌不经调查核实即对来访者的要求应承。

法官接待群众来访

(三)来信、来电的处理

1. 来信处理

处理人民群众来信的工作,也称为办信。法官在办信时,应及时查阅、处理、答复外,须按以下程序进行。

一般情况下,法官应做到当日接信,当日拆阅。拆信时应加盖日戳或注明日期,应对信件进行编号,以便日后查阅。注意保持信件的完整,不可丢失相关附件。

法官拆启来信后,宜尽早认真阅读,应以客观冷静的心态,全面了解来信内容,并整理相关问题重点。对来信按轻重缓急和不同性质进行分类,按归口办理原则转办,重要问题呈报有关领导阅批或参阅。转信应符合规定,不可转给来信直接所涉之人。

阅信处理之后,法官应对来信认真登记,登记事项包括收信日期、来信人、来信人单位、受信人、内容摘要、来信性质、发信编号、处理方式、处理日期等。

对于来信,法官应在一定期限内给予合理答复。如果相关问题一直悬而未决,也宜在合理期限内给予说明和解释。若来信已报转,可告知来信者来信的下落。

来信处理结案之后,法官应将其整理归档,以备查考。同时,法官应对来信予以保密,来信者的姓名、来信的内容等都不得随意向外界公开,特别是不得告知被反映人。

2. 来电处理

电话也是连接法院和来访者的桥梁之一,法官在接听电话举报或情况反映时,也应遵守一定的礼仪规范,显示司法人员的素质修养和司法机关的良好形象。法院应设立专门的信访接待电话,并指定专人负责值班接听。接待电话的号码与值班时间,应通过大众传媒等多元渠道向社会公布。法院还应建立健全信访接待电话岗位责任制,确保在规定时间有专人在岗,避免这一渠道形同虚设。具体的接听、处理工作应遵循以下利益要求:

法官应在来电铃响三声内接听电话,接起电话后应以语速适中、表达清楚、吐字清晰的普通话主动通报自己的单位、姓名,接听群众电话时应热情礼貌、语气平和。

对人民群众在电话中所反映的问题,应予以重视,并注意保密。在接听电话时,法官可当即解决的简单问题,应当场解决;暂时不能解决的问题,应做好记录,交办、转办,并告诉来电者相关联系方式。

接听电话时,如遇对方情绪激动,语言粗俗,法官应耐心解释,增进理解,不得与对方发生争执、争吵,对不属法院职责范围内的举报、投诉电话,应说明情况,并主动告诉对方应该向哪个职能部门反映。

法官应参照办信规则,对来电做好记录,对来电情况逐项登记。结束通话时,可请对方复述核对一下电话记录,应向对方致谢,在语言、口气、态度上,均应合乎礼仪。

五、突发事件的处理

我国正处于改革转型时期,矛盾多发,冲突激化,法官在公务活动中也难免遭遇突发事件。突发事件,是指突然发生,造成或者可能造成严重社会危害,需要采取应急处置措施予以应对的安全事件。突发事件一般具有突然性、复杂性、危险性和持久性。

突然性是指事件发生的时间、地点、参与人数及性质与发展趋势都不具有可预测性，事发突然，法官大多措手不及，难以在思想、行动等方面有所预防。

复杂性是指诉讼活动各环节可能涉及多方人员，无论是参与或旁听庭审的人员，还是执行活动涉及的主体，都可能因为多重原因情绪激动，爆发冲突。

危险性是指事件爆发后多伴随暴力冲突，无论是冲击法庭还是暴力抗拒执行，都可能给法官甚至其他群众带来人身危险。

持久性是指突发事件爆发后，如不能迅速有效地处理，往往导致对峙甚至拉锯状态。这要求参与其中的法官具备极大的耐心和高度的警惕性与纪律观。

我国司法机关处理突发事件应遵循依法、迅速、有效、确保安全、积极负责的基本原则，旨在保障人民群众生命、财产安全，维护法律尊严，确保司法活动有序进行。根据目前的司法实践，突发事件集中爆发于利益冲突激烈的刑事庭审与民事执行中，法官在处理相关突发事件时，应遵循以下礼仪要求：

（一）刑事庭审突发事件的处理

刑事庭审突发事件是指在刑事案件庭审前后的押解、看管、值庭、安检过程发生的，影响刑事开庭正常进行的突发事件。根据具体情形，刑事庭审突发事件可划分为从重到轻四个等级。一级事件包括在押解、看管、值庭中发生被告人一人以上死亡、脱逃，劫持被告人，法庭爆炸事故。二级事件包括在押解、看管、值庭中发生被告人一人以上自杀、自伤、自残，或者被告人互相殴打、袭击法警或者审判人员。三级事故包括在押解被告人途中发生交通事故、押解车辆发生故障、被告人突发疾病。四级事故包括庭审中发生旁听人员哄闹、冲击、围攻、辱骂等不遵守庭审秩序的行为，以及阻碍安检正常进行或检出携带管制物品，被告人串供等情形。当然，以上部分突发情形也可能出现在民事、行政案件的庭审过程中，其处置原则与方式可参照下文对刑事庭审突发事件的处置进行。

刑事庭审突发事件发生后，法官以及相关司法警察应遵循以下处理原则和处理方式：

1. 合法合理

刑事庭审突发事件的处置必须合法合理。第一，突发事件必须严格按照法律、法令、条令等有关规范性文件处置。合法性是突发事件处理的首要要求，是其他处置原则的前提和基础。第二，突发事件的处置须具备合理性。法官应迅速评估具体情况中的矛盾性质、针对对象、具体场合和可能后果，并根据不同情形慎重地采取不同的处置方法。特别是处置一级、二级突发事件时，如需使用武器、械具和采取强制措施,更应注重相关处置的合法性与合理性,以免衍生纠纷、激化矛盾。

2. 确保安全

法官在处置刑事庭审突发事件时,应注意以人为本,以保障刑事被告人、审判参与人员、旁听人员的生命、财产安全为核心。无论出现什么突发状况,法官的处置方案应以保障在场人员的人身安全为首要目标,尽最大限度避免和减少突发事件造成的人员伤害,并尽量兼顾对财产安全的保障。

3. 明确指挥

刑事庭审突发事件的处置,关系到具体的处置效果和事后责任的确定。因此,应明确突发事件现场的统一指挥权限。根据《人民法院司法警察暂行条例》的相关规定,突发事件的统一指挥权应由法院在场职务最高的领导行使,没有领导的由级别最高的法官行使。据此,庭审中法官特别是审判长或独任庭法官,应主动担负职责,及时行使相应的指挥权限,指挥法警迅速处置。

4. 果断处置

法院应建立处置突发事件的紧急预警与快速反应机制,保证预警响应、处置等环节的紧密衔接与迅速反应,以便灵活采取有效措施和手段,及时控制突发事态,依法处置突发事件。法官在刑事庭审中遭遇突发事件时,应果断根据本院"刑事庭审突发处置预案"规定的流程处置,注意处置手段的灵活、合理,应善于利用我方警力优势果断下发行动命令,迅速出击,及时解决。例如,在聚众冲击、哄闹法庭的突发事件中,法官应迅速发现其组织、鼓动者和带头行动者,果断采取强制措施实现控制。

(二)民事执行突发事件的处理

民事执行也是突发事件高发的领域。民事执行突发事件是指民事执行活动中发生的,影响民事执行正常进行的突发事件,集中体现为民事执行中暴力抗法。

民事执行暴力抗法,是指法院在强制执行过程中,被执行人、案件当事人、负有协助执行义务的单位、个人以及案外人无视法律尊严,公然使用暴力抗拒或以暴力威胁等方法妨碍、阻止法院执行,拒不履行民事义务和责任的违法活动。

民事执行暴力抗法事件一般具有以下特征:其一,地域特征明显,多发生在经济相对落后、民风彪悍之地;其二,抗法主体多是被执行人,或者与执行人或执行标的有一定利害关系的案外人,多呈现文化程度普遍较低、法律意识淡薄的特点;其三,抗法方式具有暴力性,如围堵、谩骂、侮辱执行人员,聚众冲击执法现场,甚至殴打、绑架、劫持执行法官、法警,抢夺执行卷宗,破坏执行装备等;其四,暴力抗法多发生在对被执行人的人身、财产采取强制措施或执行措施的过程中;其五,暴力抗法具有突发性,即往往因某一事由在短时间内突然诱发,并迅速激化;其六,暴力抗法往往具有群体扩张性,即容易因为情绪对立,有人组织、煽动等因素迅速激化形成群体性暴力抗法事件,继而其后果相对严重。

民事执行暴力抗法的方式一般包括:封闭现场出入口,即暴力抗法者往往采用紧锁大门、封闭门窗、人为设置障碍物等手段阻止法院车辆出入,妨碍执行法官、法警进入执法现场或干脆将法院干警围困在执法现场;暴力挑衅、攻击执行法官、法警,即暴力抗法者多自恃人多势众,以情绪化甚至有组织的方式围堵、谩骂、拉扯、推搡直至攻击、殴打执行法官,甚至趁机抢夺法院执法器械和卷宗材料等;煽动群众,扩大事态,即抗法者通常会采用倾倒危险物品、倒地装死、呼喊口号等方式,引来众人旁观、激起群众误会,已达到扩大事态,给执法工作施加压力的目的。

民事执行中的暴力抗法事件,多是因为被执行人的经济利益与法院判决相冲突,心存不满,继而在缺乏基本法律知识的情况下,才做出公然亵渎法律的威严、挑战司法权威的行为。鉴于此,执行法官与司法警察应在遭遇此类恶性事件时,予以及时有效的说明与处置,除了继续坚持依法执行和相应的执行礼仪,还应遵循以下处置原则和方式:

1. 说服为主

暴力抗法表面上是因被执行人强行抗拒执法,从而引发或故意招集周边群众的围观,最终导致群体性暴力抗法事件的发生,但深层次原因在于大多数群众不能正确理解法院的执行工作,从而被别有用心者利用参与了妨碍法院干警正常执行公务的违法活动。因此,法官在执行时,应注意工作方法,讲究执行策略,注意依法执行,文明执行。异地执行时,要及时与当地法院联系,取得协助和支持。杜绝因法院自身原因引发矛盾激化。执行法官在面对抗法者的对峙和群众的围观时,应主动对执行活动的合法性与具体内容进行说明,并对相关法律法规、政策要求进行宣讲,以通过有理有利有节的宣传疏导,实现对被执行人和群众的说服,赢取其默认和支持。司法警察也应在法官指挥下,积极主动地协助法官和其他法院执行人员按照法律法规开展教育、说服、调解、疏导工作,以减少阻力、化解矛盾、防止误解,尽量使被执行人服从判决,并以实际行动感化群众。执行法官、司法警察都不得在执行活动中显得盛气凌人、不可一世，或者简单粗暴地对待被执行人与可能产生误解的民众。

2. 依法处置

在疏导说服效果微弱的情形下，执行法官、司法警察对暴力抗法应坚持依法处置原则。根据最高人民法院《关于在执行工作中正确处置暴力抗法事件的紧急通知》，执行法官和司法警察应坚决维护法律的权威，生效的法律文书必须依法执行。各级人民法院要坚决支持秉公执法的执行干警，依法妥善处置暴力抗法事件。执行法官在处置暴力抗法事件时，应站在维护法律、裁判权威，维护执法人员和群众人身安全的立场上，依法处置暴力抗法行为，一般应采取“可散不可聚，可解不可结，可顺不可激”的软着陆办法，慎用强制措施。如需采用强制措施，应注意相关手续的完备或补全，并在强制执行过程中严格按照法律规定进行。对于暴力抗法的有关人员，特别是首恶分子，必须严肃处理，触犯刑律的，要坚决依法追究刑事责任。

3. 迅速反应

民事执行暴力抗法事件在开始时，往往表现为小摩擦、相互对峙，继而恶性膨胀，过程短、速度快、势头猛，形成规模后，便成为群体性暴力抗法事件，导致局面难以控制，可能造成严重后果。因此，执行法官与法警在执行活动中，应保持必要的警惕性，及时发现抗法端倪，尽量在摩擦、冲突萌发之时就采用相对平和的教育、说服、调解、疏导等方式化解冲突，避免激化。如果面对有组织的蓄意抗法活动，则应明确执行法官的指挥权限，同时坚持“就近用警”原则，迅速调动警力进至抗法区域，尽快控制局势。一般而言，在规模性对抗形成之前，执行法官应调度、安排好司法警察，展现严谨警风和执行实力，迫使抗法者审慎行事或放弃抗法。对抗形成后甚至在对抗中，法官与法警也应以严整的警容冷静处置，不得表现出群殴、复仇情绪，不得以警容被破坏来博取同情。此外，执行法官还应注意在室内执行等便利条件下，通过阻拦、疏导等方式限制人群流向，避免冲突扩张。必要时，还应在执行工作中强行驱逐闹事者，如倒地哭号、死拽财产、固守房间不出的人等。

4. 及时处理

遭遇暴力抗法时，负有指挥职责的执行法官应及时报告相关上级领导。必要时，法院分管领导应及时向当地党委、人大、政府和上级法院报告，求得帮助和支持。执行法官应按照执行应急预案流程处理此类突发事件，应区分简单的情绪化抗法与有组织违法性抗法活动。在前者中一般不能轻易采取法律强制措施，应以实际行动感化被执行人与群众，以获得理解与支持。但对于后者则应打击首恶等顽固分子，果断采取必要的强制措施，并注意保护现场、收集证据，协助公安机关调查取证。由于抗法者可能在人数、实力上具有优势，很可能采取推搡拉扯、持械攻击等方式殴打法官和司法警察，此时，法官和法警应在对个别抗法者的挑衅性行为进行最大限度容忍的前提下，竭力保护好自身和其他执行人员的人身安全。

总体上，对民事执行暴力抗法事件的处置，法官应坚持“说服为主、依法处置、快速反应、及时处理”的原则，时刻保持冷静，快速反应，妥善指挥司法警察做好执法工作，树立司法人员良好形象，妥善处理好此类突发事件。此外，新时期的民事执行工作，还应充分利用新闻媒介，对暴力执法的典型案件公开曝光，通过大力开展多种形式的法制宣传，提高公民的法制观念，改善执法环境。

第四章　检察官礼仪

第一节　检察官礼仪概述

一、检察官礼仪的内涵与特征

(一)检察官礼仪的内涵

在我国,司法权涵盖了审判权与检察权。检察官作为司法官员,其仪表仪容、言谈举止以及公务活动亦需遵循与其职业要求相一致的法律职业礼仪,即检察官礼仪。

我国《检察官法》规定,检察官是依法行使国家检察权的检察人员,包括最高人民检察院、地方各级人民检察院和军事检察院等专门人民检察院的检察长、副检察长、检察委员会委员、检察员和助理检察员。[1] 检察官礼仪即以上人员在检察职权活动中应当遵守的行为规范和程式要求,是检察官在受理检举控告、进行职务犯罪侦查和预防、开展各类法律监督、提起公诉等检务活动中所应遵守的礼节、仪式。[2] 检察官礼仪涵盖了检察官的仪容、举止、语言、行为等多个方面,是法律精神对检察官职业要求的外在呈现,也是检察官队伍建设和公正执法的重要内容。检察官礼仪观念的树立与礼仪规范的形成、遵守,有助于引导全体检察人员坚守职业信仰、提高道德修养、保证检察廉洁、树立良好形象,有助于彰显检察机关的整体素养,强化检察权的威信和法律的尊严。

根据现代礼仪理论,检察官礼仪与法官礼仪一样,也具备其特定的主体、客体、媒体与环境四项要素。检察官礼仪的主体,即行使检察权,履行法律监

---

〔1〕 根据目前正在进行的检察人员分类管理改革,今后的检察官主要指进入检察官员额的专业人员。

〔2〕 广义的检察人员不仅包括检察官,还涵盖了检察官助理、书记员、检察技术人员、司法警察等检察辅助人员,以及从事政工党务、行政事务、后勤管理事务的司法行政人员。本部分仅梳理检察官礼仪。检察辅助人员在职责行使中的礼仪要求直接参照检察官礼仪规范。司法行政人员则主要遵循一般办公礼仪,具体内容参见本书第二章。

督职责的检察官。检察官礼仪的客体,指检察官礼仪所指向的对象或礼仪的承受者,主要是进入检务工作、司法程序特别是刑事诉讼程序中的各类主体,包括犯罪嫌疑人、刑事被告人、辩护人、罪犯、刑事被害人、民行案件申诉人等各类人员。检察官礼仪的媒体,是指该礼仪所依托的媒介,包括检察官的服饰、举止、语言、行为等表意形式。检察官礼仪的环境,则是指检察官的职业活动所在的特定时空以及法律、政策背景等。

作为一种特殊的职业礼仪,检察官礼仪遵循一般礼仪所具有自律、平等、敬人、真诚、适度等原则,并且需要满足检察工作这一特殊职业的礼节、程式要求。同时,尽管我国将检察活动视为司法活动的一部分,但鉴于主体的差异性与具体职业的特征,检察官礼仪与法官礼仪有所区别。

1. 适用主体特殊

检察官礼仪的适用主体特殊。检察官礼仪的主体是检察官,旨在通过礼仪规范的引导,约束检察官的职业行为,消除检察官的不当言行,塑造良好的检察官形象,进而保障检察公信与检察权威。

2. 适用范围特殊

检察官礼仪的适用范围特殊。检察官礼仪主要是检察官在执法活动中应当遵守的礼仪规范,适用于如检察官受理检举控告、进行职务犯罪侦查与预防、开展多种法律监督、提起公诉等检务活动中。

3. 适用目的特殊

检察官礼仪区别于法官礼仪,旨在塑造积极主动、文明规范、公正严明的职业形象,需要透过检察官的言行举止呈现国家法律监督机关捍卫法制、积极为民、主动出击的职业姿态。而法官礼仪则强调谦抑被动,旨在塑造平等对待各方当事人的公正外观。

(二)检察官礼仪的特征

检察官礼仪是检察官制度发展过程中不断积累沉淀下来的司法文化,是检察官这一特殊的职业群体应当遵守的行为规范和准则。检察官礼仪内含于检察官的一言一行、举手投足之间,呈现出以下特征:

1. 职业性

检察官礼仪属于职业礼仪之一。专门从事检察工作的检察官是其唯一主体。作为针对特定职业的礼仪规范,检察官礼仪只能用以规范检察官的形象、言谈和行为,而不适用于其他主体。在检察官与刑事被告人、犯罪嫌疑人、各类法律监督对象等其他主体的交际中,检察官礼仪也只用以约束检察官,而不可作为针对其他主体的礼仪要求。同时,检察官礼仪还主要呈现在检察官行使检察职权，开展检察业务的职业活动过程中。

2. 规范性

检察官礼仪的规范性，是指检察官礼仪对检察官实施的检察行为以及可能影响其职业形象的部分业外行为具有规范、制约的效用。这种效用通过检察官礼仪内含的职业道德准则，以及外化为具体规章的行为尺度，实现对检察官行为的规范与约束。区别于普通的礼仪主体，检察官是专司检察权行使的国家公职人员，同时代表着国家检察权威、公务员队伍素养以及执政党形象。因此，检察官礼仪不仅是检察官内在素养的呈现，更须由《检察官法》《检察官职业道德基本准则》《检察官职业行为基本规范（试行）》等规范性文件作出明确规范。

3. 系统性

检察官礼仪的系统性，是指检察官礼仪的内容已经形成完整体系，涵盖检察形象礼仪、执法礼仪、办公礼仪等多项内容。而且，上述内容还通过《检察官法》《检察官职业道德基本准则（试行）》《检察官职业行为基本规范（试行）》《检察机关文明用语规则》等规范性文件形成了较为系统的规定，并在若干地方检察机关制定颁行的《检察干警文明礼仪规范》《检察机关文明礼仪公约》《检察干警职业行为基本规范》《检察人员礼仪规范 100 条》等文件支持下，形成严谨、完整的检察官礼仪规范体系。

4. 实用性

检察官礼仪的实用性，是指检察官礼仪规范的设计具有可操作性，可以切实地用以引导、约束检察官的职业言行。检察官礼仪应明确规定检察官在职业活动中的具体行为准则，明晰界定检察官言行的边界。因此，诸如最高人民检察院与地方检察院制定的《检察机关文明用语规则》《检察人员礼仪规范 100 条》等文件都对检察官的言谈举止作出了详细、明确的规定。同时，检察官礼仪不能停留在“书面”准则的层面，而是必须落实在检察官的职业形象与具体言行中，这也是诸多检察机关将其列为检察官考核内容的主要原因。

二、检察官礼仪的起源与演变

检察官礼仪的萌芽、发展与检察制度的起源、演变相生相伴。通说认为检察制度萌芽于法国。但法国初期的检察官并非政府官吏，而仅是国王所雇佣的诉讼代理人，其职责在于捍卫若干诉讼中可能涉及的国王利益，特别是国王的财产利益。但无论最初的本质如何，作为国王代理人的检察官/检察长，其代理活动均需符合端庄得体的礼仪规范，以体现并维护国王的尊严。

现代意义的检察制度建立于法国大革命之后。大革命胜利后，法国设置了民选“公诉人”一职,以替代原来的“国王代理人”。1808 年,法国颁行《拿破仑治罪法典》,在“公诉人”的基础上,将侦查和追诉犯罪的权限授予更名为“共和国代理人”的检察官,奠定了现代检察制度的基石。进而,肩负指挥侦查、刑案追诉等职责的检察官成为政府公务人员,在职务执行中代表国家行使检察权。检察官在职业活动中需要遵循相应的礼仪规范,以塑造与维护检察官公正严明、刚正不阿的职业形象。

现代意义的检察制度直至清末,才通过“变法修律”、司法改革等运动由西方引入我国,且在民国时期才得以真正实行。相应地,检察官礼仪规范也在检察制度建立之后才逐渐探索形成。当时,我国检察官的主要职责是代表国家追诉犯罪,并行使法律监督等职权,其职业形象须符合庄重、主动、干练、明快的要求。以检察官制服为例,民国时期的检察官制服采用黑色,彰显检察官职权行使的权威感和严肃性,其领、袖(其实是无领宽袖)及对襟采紫红色(初年为紫绒),寓意检察官须以热情、主动为其心态和行为特征。

位于北京西交民巷的大理院

小知识:中国古代行政与司法不分,并无专司检察职责的部门或官员。清光绪三十二年(1906 年),清廷实行中央官制改革,正式引入并创建现代司法制度。同年,清廷颁行《大理院审判编制法》,改大理寺为大理院并将其作为最高审判机关,其中附设总检察厅,有厅丞一人,检察官六人。地方设高等、地方、初级等三级审判厅,均附设同级检察厅,其中设检察长一人,掌纠正同级审判,监督下级检察厅之责。此举首次实现检审分离,正式确立了检察制度,并成为检察官制度的开端。

宣统三年(1911 年),辛亥革命爆发,清政府随后退出历史舞台,其检察制度也随之被民国检察制度取代。

新中国成立后，检察制度经历了一番曲折发展。但自1978年恢复重建后，我国的检察制度伴随着改革开放的深化，得以健康、迅速发展。与此同时，社会各界对司法文明进而检察官职业形象与礼仪水平的要求日渐提高，检察理念从最初的“打击犯罪、维护秩序”逐渐向“立检为公、执法为民”，“人权保障与打击犯罪相结合”等转变。作为立法回应，国家于1995年颁行《检察官法》。2009年，为了加强检察官职业道德建设，最高人民检察院制定《检察官职业道德基本准则（试行）》。2010年，为了规范检察官基本行为，树立良好的司法职业形象，最高人民检察院颁行《检察官职业行为基本规范（试行）》《检察机关文明用语规则》。地方检察院也积极探索礼仪规范。例如，河南省商丘市检察院为规范干警言行，使干警行有规范、动有准则，保持良好的检察职业操守，自觉维护检察官的良好社会形象，出台了《检察干警文明礼仪规范》《检察机关文明礼仪公约》《检察干警职业行为基本规范》等多项规定，并将其纳入检察官职业道德教育考核体系；湖北省武汉市人民检察院要求全市基层检察院推广学习该市汉阳区人民检察院制定的《检察人员礼仪规范100条》；安徽省淮南市人民检察院将检察工作礼仪是否到位作为一项重要的考核内容；湖北省宜昌市人民检察院探索编写《宜昌检察礼仪50条》；安徽省马鞍山市博望区人民检察院编印《检察人员文明礼仪规范100条》；云南省文山壮族苗族自治州人民检察院出台《检察礼仪规范手册》；湖北省孝感市、甘肃省静宁县等地检察院纷纷出台《检察人员文明礼仪公约》；更多地方检察院还尝试向本院干警发出《人民检察院检察礼仪倡议书》，举办针对检察干警的礼仪培训、讲座等。

检察官礼仪日益受到重视，且逐渐形成比较系统、科学的检察官礼仪体系，涵盖了检察官个人形象与公务礼仪等多个方面，从服饰、仪容、语言、举止等多个角度对检察官职业形象的塑造提出了具体的礼仪要求。

三、检察官礼仪的原则

检察官是依法行使国家检察权的检察人员。检察官必须忠实执行宪法和法律，全心全意为人民服务。检察官依法履行职责，受法律保护。检察官礼仪作为一种职业礼仪，与司法活动密切关联。中国特色的检察官礼仪体系，其构建与实施都需要符合法律精神和司法规律，须遵循以下主要原则。

（一）独立原则

我国《宪法》规定，人民检察院依法独立行使检察权，不受行政机关、社会团体和个人的干涉。根据《检察官法》规定，我国检察官享有依法履行检察职责，不受行政机关、社会团体和个人干涉的权利。因此，作为检察权行使者，检察官也应在检务工作中保持独立，以保证执法活动的公正性。相应地，检察官礼仪也需遵循独立原则。无论是代表国家进行公诉、依法进行法律监督，还是对职务犯罪案件进行侦查或者履行法律规定的其他职责，检察官的立场、言行都应体现必要的独立性。检察官礼仪的宗旨是更好地保障检察公正，而检察官言行的独立性正是排除不当干扰、展现检察公正的重要内容。

（二）合法原则

检察官礼仪活动应符合宪法精神与法律要求，遵循合法原则。检察官是依法行使国家检察权的检察人员，其职责包括依法进行法律监督工作、代表国家提起公诉、进行职务犯罪侦查和预防等，旨在保障国家法制的统一与实施。检察官的履职活动须严格遵守宪法和法律；须以事实为根据，以法律为准绳，秉公执法，以维护国家利益、公共利益以及自然人、法人和其他组织的合法权益。检察官礼仪作为检察职务活动重要的外在呈现，必须符合检察官的职责要求，遵循合法原则，塑造其秉公执法的职业形象。

（三）服务原则

检察官作为国家司法人员，其职务活动属于国家为社会民众提供的公共服务之一。检察官通过依法公正行使检察权，实现打击犯罪、落实监督、保障人权、维护法制、捍卫国家稳定与社会秩序、实现公民教育等功能。作为国家为民众生活提供的强有力保障，检察官的职务活动在满足法律要求的同时，还需符合体现检察为民理念的礼仪规范。在具体的运用中，检察官礼仪应遵循服务原则，从维护民众的切身利益出发，促进检察官秉公执法、尊重人权、提高效率，充分体现检察为民的基本精神。

四、检察官礼仪的功能

检察官礼仪作为一种职业操守和行为规范，具备塑造检察官良好形象、提升检察官素质、规范检察官行为、促进司法公正和提升司法公信力等重要功能。

（一）塑造检察官形象

检察官礼仪是检察官内在修养与职业素质的外在表现，是对检察官学识、涵养、人格等个人魅力的立体展示。检察官礼仪既包括检察官的仪容、着装、言谈、举止等仪表礼仪，也包括提起公诉、受理检举、进行法律监督与职务犯罪侦查等公务礼仪。两者都直接体现在检察官与刑事案件当事人、社会民众等的交往中，能为民众所感受。检察官符合礼仪规范的仪容、言行、举止和职业表现，更易获得当事人与社会公众的认可、信任与褒扬，有助于塑造检察官清正廉明、忠于职守、秉公执法的良好职业形象。

（二）提升检察官素质

检察官的职业风采，不仅依赖其法律知识和实务经验的沉淀，也需要通过检察官高尚的人格、严谨的言谈、庄重的举止以及特定的制服予以呈现。检察官礼仪是检察官在长期的检务活动中积累形成的惯例，合乎检察官职业道德要求，反映检察官内在的职业素养与价值观念。作为检察官职业规范的重要组成部分，检察官礼仪已逐渐规范化，对检察官的着装言谈、举手投足等作出了明确的规定。检察官礼仪的规范、引导功能，有助于提升检察官综合素质，令其一言一行都合乎法治精神，呈现庄重、主动、干练、明快的仪容举止，进而有助于增强检察官履职的责任感与荣誉感。

（三）规范检察官行为

检察权的规范行使直接关系到国家法律制度的实施和保障，其本身具有较强的行业属性、法律属性和政治属性。而相对于一般的职业礼仪，检察官礼仪具有更强的约束性，甚至直接体现为法律、司法解释的明确规定，因此能够更好地规范检察官的职业行为，提升检察工作质量。践行检察官礼仪，有助于引导检察官严格依照法定程序办案，正确履行职权，实现严格执法，秉公办案，不偏不倚，不枉不纵，真正贯彻惩罚犯罪与保障人权的统一，进而实现理性执法、平和执法、文明执法和规范执法。

（四）促进司法公正

检察官作为国家法律监督机关的工作人员，其具体职责旨在捍卫国家法制的统一与正确实施，促进司法公正的实现。检察官的职业特性要求其必须遵守各项检察礼仪规范的要求，保持检务活动的庄重性、严肃性，从而体现和维护法律的权威。遵守检察官礼仪不仅是检务活动的形式要求，更是体现检察官文明程度甚至社会整体文明程度的重要方面。检察官严格遵守各项礼仪规范，是维护法制权威和检务尊严的客观要求。虽然检察官规范文明的言行看似对检务工作的结果没有直接影响，但事实上，通过对检察官礼仪的强调，有助于激发检察官内在的责任心，能够促使其认真对待案件，真正做到尊重人权、秉公执法。

（五）提升司法公信力

与法官礼仪一样，检察官礼仪的要求比一般职业礼仪更为严格。在世界范围内，检察官都被视为国家诉讼代理人，是代表国家提起公诉或实施法律监督权的主体,是国家利益与公共利益的捍卫人。因此,检务活动特别是作为检察核心工作的公诉活动一直根深蒂固地保留着庄重仪式,并与法官的审判礼仪相得益彰。在此,检察官仪式不仅能够体现检务活动的庄严性,唤起检察官的荣誉感,也能激发诉讼参与人与社会民众对司法活动以及法律的信任与敬畏之心。检察官在司法仪式中身着庄重的制服,于法庭之上代表国家对犯罪行为依法提出严正指控,并与被告人及其辩护人进行平等控辩,能够强化法律与司法程序的公正性,激发诉讼参与人与社会公众对司法的信赖,进而有助于维护司法权威、提高司法公信力。

第二节　检察官仪表礼仪

检察官仪表,是指检察官的姿态、容貌、表情、举止、服饰等给人们留下的总体印象。检察官仪表可以部分地反映其社会地位、学识涵养、人格品性与职业素养。符合礼仪规范的检察官仪表有助于展现检察官的综合素质,塑造良好的检察官形象。因此,检察官仪表礼仪构成检察官礼仪的重要方面,具体包括检察官的仪容礼仪、着装礼仪、言谈礼仪与举止礼仪。根据《检察官职业道德基本准则(试行)》的要求,检察官在检务活动中应做到执法理念文明、执法行为文明、执法作风文明、执法语言文明,须遵守各项检察礼仪规范,注重职业礼仪约束,仪表庄重、举止大方、态度公允、用语文明,保持良好的职业操守和风范,维护检察官的良好形象。

一、检察官仪容礼仪

检察官的仪容应与其职业相吻合,须符合检务活动严肃、廉洁、公正的特点,力求做到整洁大方、自然得体。根据最高人民检察院制定的《检察官职业道德基本准则(试行)》《检察官职业行为基本规范(试行)》《人民检察院检察制服着装管理规定》等规范文件,检察官仪容礼仪与法官仪容礼仪要求基本一致,具体应注重以下几个方面。

(一)面容整洁

工作期间,检察官应保持面容整洁,应按一般的仪容礼仪要求,保证面部整体干净,并注意眼部、鼻腔、耳朵与口腔的卫生。特别注意:办公时,不应佩戴墨镜或有色眼镜;进行讯问、询问或者出庭支持公诉等需与他人作口头交流的活动时，宜保持口气清新、牙齿洁净；在工作、办公场合不发出打哈欠、吐痰、清嗓、吸鼻、打嗝等不雅声响。

(二)头发修饰

检察官作为职业人士，其发型应当以整洁、简单、明快、较少修饰为主，应与其执法者的身份、气质相吻合，并与检察官个人的性别、脸型、肤色等相适应。

具体而言，男检察官的发型宜传统、庄重、得体、自然。一般而言，男检察官的头发不宜过长，其鬓角、刘海的长度不得盖住耳朵、眉毛和普通的衬衫领子。此外，为了保证其庄重形象，男检察官不得蓄胡须或者剃光头，也不得漂染彩发。女检察官的发型风格宜端庄、典雅、秀美、大方。总体而言，女检察官可以选择的发型较多，但不宜选择怪异前卫的发型，不宜漂染艳丽彩发，也不宜佩戴过分夸张的发饰品，办公时还不宜披头散发。

(三)正确化妆

女检察官可略施淡妆，这有助于展现其端庄大方的气质，也体现其对他人的尊重。总体而言，女检察官的化妆应适度，应做到修饰得法，避短藏拙且真实自然。在执法或政务场合，女检察官的妆容应以淡妆为主，注意与自身面貌、着装、身份等相协调，并注意遵守一般的化妆礼仪，如不当众或在异性面前化妆等。

(四)适度妆饰

适度妆饰可衬托仪表，体现个性，展示内在气质和高雅品位。但检察官的妆饰应与其职业身份相吻合。具体而言，男检察官整体呈现庄重、阳刚的气质，一般仅佩戴必要的领夹、皮带或手表，公务活动中也可携带一支钢笔(但应注意，笔应放在公文包内或西装上衣内侧的口袋内，不宜插在上衣左胸外侧的口袋里)。女检察官可适度佩戴首饰，但数量上以少为佳，款式也应简洁低调，不宜佩戴手链、手镯等夸张的饰品。此外，在公务活动中不宜佩戴首饰。

二、检察官着装礼仪

着装礼仪是检察官仪容礼仪的重要部分。最高人民检察院制定的《检察官职业道德基本准则(试行)》《检察官职业行为基本规范(试行)》，特别是《人民检察院检察制服着装管理规定》等文件对此作出了明确规定。根据《人民检察院检察制服着装管理规定》，我国检察人员实行统一着装，这是维护国家法治尊严，依法行使检察权的基本要求。

(一)制式服装及其着装要求

检察制服是检察人员依法履行职务时统一穿着的制式服装。检察人员在出席法庭、进行刑事案件现场勘查、到监管场所进行检察、执行死刑临场监督、接待来访群众、接受新闻媒体采访以及参与其他要求着装的公务活动时,都应当穿着检察制服,并佩戴检察徽章。当然,检察人员在执行案件侦查任务、非因公外出或因违纪违法被停职检查或因涉嫌犯罪被采取强制措施等不宜或不需要着装的情形中,一般不着检察制服。

检察制服是检察官代表国家行使检察权的标志。但从 1949 年到 1984 年,我国并未设计统一的检察制服。1984 年 1 月 14 日,经国务院批准,最高人民法院、最高人民检察院、财政部联合发出《关于人民法院、人民检察院干部穿着统一制服的几项规定》,首次在全国范围内统一配发检察制服。与当时的法官制服一样,84 式检察制服的军事色彩浓厚,其春秋季、夏季、冬季三种服装均佩以肩章、肩徽和带有国徽的大檐帽,属于"军队式制服"。1988 年,最高人民检察院、财政部联合下发《关于人民检察院整顿着装和换装的通知》,最高人民检察院还同时颁行《关于人民检察院干部穿着统一制服的暂行规定》,将 84 式检察制服统一为豆绿色化纤面料。1991 年,最高人民检察院发布《关于做好 1991 年检察服装换装工作的通知》,在 88 式检察制服的基础上另增检察领花。至此,检察制服经两次修改定格,整体上呈现出"军队式制服"的特点。

1984 式检察制服[1]

〔1〕 本章示例图片均由云南省大理白族自治州人民检察院提供(标注其他出处者除外)。本书已依法获得其使用、改编、出版之授权。

1991 式检察制服

2000 年,在广泛征求各级检察机关和社会各界对检察服装改革意见的基础上,我国检察制服改为藏蓝色西服样式。2001 年 2 月 21 日,最高人民法院、最高人民检察院、财政部发布《关于做好 2000 式审判服、检察服装换装工作的通知》,检察制服完成从款式到颜色的统一改革。2000 式检察制服为佩戴检察胸徽的藏蓝色西服式制服。检徽作为检察官的主要司法标志,取代了过去的大檐帽、肩章、肩徽、领花等颇具军事色彩的服饰。国际司法界常用的稳重严肃的藏蓝色也替代了之前颇有陆军风格的豆绿色。检察制服的变化,是与国际检察官着装风格的接轨,是对社会主义法治建设时期检察官形象的重新定位,同时折射出国家社会对于检察权、检察官理解的变化。

目前,我国检察官统一穿着的是在2000式制服基础上微调的2009式检察制服。根据《人民检察院检察制服着装管理规定》,检察制服的穿着要求具体如下:

1. 检察制服分为夏服、春秋服、冬服和防寒大衣,各套制服应当按照规范配套穿着,检察制服不得与非检察服装混穿。具体而言:

着夏服时,浅蓝色短(长)袖衬衣配夏裤(裙),扎系检察专用制式蓝色领带,夏服衬衣下摆扎系于裤(裙)腰内,不得露在外边敞穿。

着春秋服、冬服时,上身内穿白色长袖衬衣,扎系检察专用制式红色领带,衬衣下摆扎系于裤(裙)腰内。

着检察防寒大衣时,内穿检察春秋服或冬服;防寒大衣取下保暖内胆时,可作风衣穿着,内穿检察春秋服。

2. 穿着检察制服要着黑色皮鞋。男同志配穿深色袜,鞋跟一般不高于3厘米;女同志配穿肤色袜,鞋跟一般不高于5厘米。

2009式检察制服(夏装、春秋装、冬装)〔1〕

(二)检察徽章的佩戴

检察徽章是证明检察人员身份的专用标识。检察官在穿着制服执行公务时,需一并佩戴检察徽章。因此,检徽是检察制服不可分割的组成部分。

---

〔1〕 图片资料引用自最高检官微:《一图读懂检察官制服的历史》,中华人民共和国最高人民检察院:http://www.spp.gov.cn/jjtp/201410/t20141011_81760.shtml,访问时间:2015年12月30日。

小知识：检徽的含义

检徽全称为"检察官徽章"，基本图案由盾牌、五颗五角星、长城和橄榄枝图形构成。盾牌和五角星象征着司法机关在国家法治建设中担负着法律保障等重要职责；长城象征着中国，充分体现了司法机关的国家属性，也象征着国家对司法工作顺利开展的坚强保障力；橄榄枝代表着和谐，象征司法在维护社会稳定、促进社会和谐发展中的重要作用。

根据《人民检察院检察制服着装管理规定》，检察徽章应按下列规定佩戴：

1. 佩戴检察徽章的检察制服为：夏服、春秋服、冬服和大衣。

2. 出席法庭必须佩戴检察徽章，其他执法、政务场合也应佩戴检察徽章。

3. 检察徽章佩戴的位置为：夏服佩戴在左胸前口袋沿上方 1 厘米徽章佩戴标记处；春秋服或冬服应佩戴在左驳头装饰扣眼处；检察大衣佩戴在左胸前上方线迹中间位置。

4. 检察徽章不得在其他服装上佩戴，穿着检察制服也不得佩戴检察徽章以外的徽章。

（三）穿着制服的注意事项

检察制服、检察徽章是检察人员身份的标志。检察人员穿着制服时，应当做到服装整齐洁净，仪表端庄得体，注重礼仪规范，言行规范、整肃，凸显检察职业的基本属性与要求。

检察官着制服进行入职宣誓

制服穿着礼仪应注意以下方面：

1. 检察制服不得随处搭放或披在肩上。

2. 穿着检察制服时，不得敞怀、披衣、挽袖子、卷裤腿。

3. 穿着检察制服时，检察专用制式领带必须与制服衬衫紧贴，内衣、秋衣不得露出衬衫外。

4. 穿着检察制服时，衬衫衣领需扣紧第一颗扣子，衬衫领口必须与西服领口紧贴，衬衫袖口要比西服袖口长一点，若衬衫外加羊绒衫，领带要放在羊绒衫内。

5. 穿着检察制服时，不得系扎围巾，不得染彩发。男同志不得留长发（发长侧面不过耳，后面不过衣领）、剃光头、蓄胡须。女同志不得披散长发、染指甲、化浓妆，不得佩戴耳环、项链等首饰。

6. 穿着检察制服时，不得在外露的腰带上系挂钥匙或者饰物。

7. 穿着检察制服时，不得在公共场所吸烟、饮酒；非因工作需要，不得进入营业性娱乐场所。

三、检察官言谈礼仪

检察官的言谈应符合一定的礼仪规范和职业要求，应熟知语言表达的基本方式，掌握谈吐的基本礼节。

为此，《检察官职业道德基本准则（试行）》要求：检察人员做到执法语言文明；且在公共场合及新闻媒体上，不发表有损法律严肃性、权威性，有损检察机关形象的言论；未经批准，不对正在办理的案件发表个人意见或者进行评论。《检察官职业行为基本规范（试行）》要求：检察人员应遵守接待和语言礼仪，对人热情周到，亲切和蔼，耐心细致，平等相待，一视同仁，举止庄重，精神振作，礼节规范；应使用文明礼貌用语，表达准确，用语规范，不说粗话、脏话；谨慎发表言论，避免因不当言论对检察机关造成负面影响。此外，为了规范检察人员执法和工作文明语言，塑造检察队伍良好执法形象，最高人民检察院还颁行了《检察机关文明用语规则》，要求全国检察机关制定、推广和使用文明用语。

（一）言谈方式

言谈是重要的表达方式。检察官在人际交往，特别是与犯罪嫌疑人或其他诉讼参与人的交往中，应注意言谈方式。

1. 法言法语

法言法语是立法、司法、执法部门以及法律工作者所表述的专业用语，是法律职业特有的表意系统及其与其他职业相区分的表征之一。检察官的公务言谈，特别是涉及法律适用和阐明的言谈，应严格使用法言法语，以保证表意精准。

2. 严谨简洁

检察官的言谈，特别是其在公务活动中的谈吐，一定要严谨、审慎、规范。检察官除了正确适用法言法语，还要注意恰当措辞，以保证意思的准确传达。此外，检察官的言谈还应做到提纲挈领、简洁明了。

3. 清晰易懂

检察官使用法言法语时，也不宜故作高深，应在保证意思转达准确的基础上，尽量使用通俗易懂的口语，而非生硬难懂的书面用语，可采用举例子、打比方等多种方式，促进与他人的良好沟通。

（二）言谈礼节

言谈体现一个人的礼仪修养，需要遵守一定的礼仪规范。主要的言谈礼节包括以下几个方面。

1. 态度端正

检察官在执法、政务活动中的言谈态度应端正，应做到热情诚恳、严谨稳重、平等待人。热情诚恳是言谈的基本态度，以诚为本、热情自然、诚心待人，才能引发对方的共鸣，获得听者的信任。严谨稳重的言谈能给人安全感，增加可信程度，是保障检务活动严肃性、体现检察人员专业性的必然要求。平等待人则体现检察官对他人的尊重，也是拉近与听者距离，促成良好沟通的有效途径。

2. 神情专注

检察官在接待检举申诉、讯问、询问等公务谈话中，应集中精力，不可心不在焉、左顾右盼，不能边说边做其他事情，以免影响对方谈话，打消交谈的热情，降低对方特别是当事人对检务工作的信任感。常见的一边谈话一边翻书、看报、批阅文件等，都是不礼貌的。

3. 内容适宜

检察官进行讯问、询问等公务谈话以及日常办公谈话，都应注意内容的适宜性。例如，不得在讯问、询问中透露案件情况；不得在公共场合及新闻媒体上发表有损法律严肃性、权威性和检察机关形象的言论；不得对正在办理的案件发表个人意见或者进行评论等。此外，从维护职业形象出发，检察官与他人的交谈不应涉及低级庸俗、耸人听闻、荒诞离奇、令人反感的话题，不得议论领导同事甚至拨弄是非。

4. 表达得体

检察官的言谈应注意表达得体，即做到用恰当的言辞、口吻以及姿态来传达言谈的本意。不同场合、不同对象、不同内容应当有不同的语气措词、语调声态和肢体语言。总体上，检察官在办公场合尤其是进行询问、讯问、出庭等公务活动时，应注意其言谈表达的严肃性与公正性。

（三）语言文明

检察官在言谈时，应注意语言文明。为此，最高人民检察院专门颁布《检察机关文明用语规则》，以规范检察人员执法和工作语言，塑造检察队伍良好形象。根据该规则，检察人员在履行法律监督职责及从事相关活动中，应当自觉使用文明规范用语。检察文明用语应当遵循宪法和法律规定，尊重和保障人权，体现社会主义法治理念要求和人文关怀，符合法律监督工作特点，在以普通话为基本载体的同时，尊重、使用少数民族语言、聋哑人语言以及地方方言，尊重民族、宗教及社会风俗习惯。

检察机关文明用语包括检察业务和综合工作中涉及的接待、询问、讯问、出庭、宣传和群众工作等执法和工作用语，具体包括以下方面：

1. 接待用语应当文明、礼貌、亲和、诚恳。做到主动问候，热情周到，细心询问，耐心解释，明确告知权利义务、检察机关的职责范围和取得答复及处理结果的方式、途径，礼貌送别。

2. 通讯语言应当使用礼貌称谓，做到准确通报本单位名称和个人身份，认真询问或者说明来电、去电事由，问话和气简洁，答话明确具体，结束通话客气礼貌。

3. 询问用语，应当明示身份，告知权利义务，明确询问事由，笔录送阅或者宣读，应全面细致，告诉联系方式，做到言语得体，态度和蔼。

4. 讯问用语，应当合法、规范，称谓严肃。应当依法表明身份，明确告知权利义务，讯问案情客观严谨，笔录应当送阅或者宣读。

5. 出席法庭用语应当严谨、理性、规范。宣读起诉书、发表公诉意见声音洪亮，吐字清晰。尊重法庭、服从审判长主持庭审活动，出示证据，询问证人、质证，讯问被告人时用语规范、文明。尊重辩护人，答辩合法、礼貌、说理。

6. 宣传用语应当准确、生动，富有亲和力、感染力、说服力，诠释法律和检察业务规范严谨、周密，发布检察工作、案件或事件信息客观、真实。

7. 群众工作用语应当适应群众工作的特点和变化，以法为据、以理服人、以情感人,态度亲近平和,表达通俗易懂,让群众听得懂、听得进、听得信服。

8. 检察人员不得使用不文明语言,避免和防止因不当用语、不良表达使公众对检察机关执法公信力产生不良影响。

四、检察官举止礼仪

检察官代表国家行使法律监督权,其举止应规范自然、庄重严肃、简洁明快,令人肃然起敬。总体而言,检察官的表情应和蔼敬人、站有站姿、坐有坐态、行走仪态优雅大方。

(一)表情

检察官在公务活动中应呈现庄重得体的表情,谨记自己代表的检察形象,通过合适的眼神与笑容促进与他人的良好沟通。

1. 眼神

检察官在公务活动中,特别是与当事人、律师等交流时,应注意运用合适的眼神,符合一定的礼仪规范。鉴于检察官的职业性质要求其在执法、政务活动中呈现庄重严肃的形象,在与他人交谈时,检察官应注视对方,以表示尊重与关切,同时注意遵循以下礼仪。

(1)从事讯问犯罪嫌疑人、出庭公诉等严肃的职务活动时,检察官的眼神应集中在"严肃注视区域",即以对方的双眼为底线,额中为顶点所构成的三角区域。注视这一区域,会令检察官显得严肃、庄重、威严、客观,不含任何感情色彩。接待检举申诉、来访人员,或询问被害人、证人时,检察官的眼神一般应集中在"社交注视区域",即对方的双眼至上嘴唇的三角区域。注视该区域,通常传递一种友好、尊重、亲切、温和的信息,令对方有一种平等、轻松的感觉。

(2)在日常办公或一般执法活动的交流中,检察官注视对方的时间宜控制在全部谈话时间的30% ~60% 。具体注视时间视场合、对象、事务而定。一般而言,注视时间占全部相处时间的比例越大,表明关注度越高。但除了讯问犯罪嫌疑人等严肃的检务活动,注视时间超过2/3 的全部相处时间,也是一种失礼行为。

总体上,检察官眼神的运用,应遵循一般的表情礼仪要求,并体现其职业的严肃性。

2. 笑容

检察官多以严肃公正的形象示人,但在接待检举申诉、来访人员,询问被害人、证人或进行法制宣传时,亦可适当微笑。总体上,检察官的微笑应透露出友善、真诚、谦逊、和蔼的信息，反映出检察官内在的自信、涵养与健康的心理状态。

检察官接访活动

（二）手势

根据其职业的特殊性，检察官的手势使用应遵循以下基本原则：使用规范化手势；注意区域性差异；手势宜少不宜多；手势力度和幅度适当；亲切而自然。

检察官运用手势应遵循一般的手势礼仪，并特别注意以下细节：检察官的手势幅度不宜过大，以免给人以浮躁、不稳重的印象；与他人交谈时切忌用手指指指点点，特别是指着对方面部，以免造成轻视对方的误解；在各种场合应避免诸如打响指、转笔等手势习惯，以维护检察官形象的庄重严肃性，同时体现对他人的尊重。

（三）站姿

检察官的站姿应给人以挺拔舒展、精力充沛、充满自信的感觉。具体而言，男检察官站姿要求“站如青松”，刚毅洒脱，可立直身体，双臂自然下垂于身体两侧，或者右手握在左手手腕上，轻搭在小腹前；两腿分开，两脚平行比肩略窄。女检察官的站姿则应端庄优雅，一般要求身体立直，双臂自然下垂于身体两侧，两手自然放松，或者右手搭在左手手指上，自然贴在腹部；双腿立直、并拢，脚跟相靠，脚尖微张呈“V”字形，或者右脚略向前靠在左脚上成“丁”字步。

检察官应保持正确的站姿，在正式场合，不可袖手、抱臂或将双手插在裤袋里；忌歪倚斜靠、站立不直、形态慵懒；忌探脖、塌腰、耸肩、抖腿、频繁变换双腿姿势或随意摆弄手指等。

检察官站姿示范

（四）坐姿

坐姿应注意不同场合的要求。检察官的日常办公中只要符合基本的坐姿礼仪即可。但在庭审等公开、严肃的仪式性场合，检察官的坐姿应特别注意端正庄严，应给人以沉着、稳重的感觉，体现检察工作的公正、威严，切忌坐立时出现摆弄手指、整理服装、拨弄头发等懒散随意的举止。

检察官坐姿示范

检察官坐姿示范

（五）行姿

行姿也需要注意不同场合的具体要求，因地因人因事而异。总体而言，检察官的行姿应稳健大方、从容和缓，给人庄重自信的美感。男检察官应步伐矫健，彰显阳刚之美。女检察官则应轻盈从容，体现柔和之美。具体而言，检察官的行姿除了应符合一般的行姿礼仪，还应注意以下方面：行走时不宜大甩双臂、左摇右摆，给人以轻浮的印象；不宜低头、弓腰、拖脚行走，给人萎靡的感觉；忌高昂头颅、摇头晃脑、晃臂扭腰、蹦蹦跳跳等行走姿态，给人目中无人、心浮气躁的印象；不宜与他人勾肩搭背、搂搂抱抱，或相距过近，给人狎昵不庄重的感觉。

第三节 检察官公务礼仪

检察官公务礼仪是检察官从事职务犯罪侦查、职务犯罪预防、提起公诉、进行法律监督等主要检务活动时应当遵循的礼仪规范。广义的检察官公务礼仪还包括办公礼仪，但本书第二章已对此做出介绍，此处不再赘述。总体上，集中体现在检务活动中的检察官公务礼仪不仅是检察文明的要求，更是检察职业道德、职业责任、职业纪律和职业技能的综合体现。检察官公务礼仪不仅展示检察官的个人风貌，更彰显检察队伍的整体素质，显示检察官代表国家依法行使检察权的威仪和法律尊严。检察官公务礼仪主要包括职务犯罪侦查礼仪、职务犯罪预防礼仪、公诉礼仪、诉讼监督礼仪等方面。

一、职务犯罪侦查礼仪

侦查礼仪是指检察官在职务犯罪案件侦查过程中应当遵循的一系列礼仪规范。严格意义上的侦查仅指正式立案之后的侦查活动。结合当前的职务犯罪侦查实践,负责侦查的检察官(以下简称侦查人员)在进行讯问犯罪嫌疑人,询问证人、被害人,调取、查封、扣押证据,采取强制措施等活动时,都应遵循相应的礼仪。此外,鉴于职务犯罪立案前往往需要进行初查,本部分还纳入了职务犯罪初查阶段的礼仪规范。

(一)初查礼仪

初查是检察机关自侦部门在对职务犯罪立案前,对各类相关案件线索材料进行分析、鉴别,并对该线索进行秘密调查的活动。初查活动中,侦查人员应遵循以下礼仪要求。

初查期间,可以询问举报人和有关人员,但应当出示工作证件,告知其权利义务,并做好记录,征得其同意后,可以进行录音录像。

初查过程中不得直接出示举报材料,不得暴露举报人。

初查一般按秘密原则进行,不宜着检察制度开展调查。

初查一般不得接触被查对象,更不得对被查对象采取强制措施,不得查封、扣押、冻结被查对象的财产。

初查应当遵循刑事诉讼法关于回避的规定,侦查人员认为需要回避的,应当主动提出回避申请。

开展初查调查活动时,侦查人员不得少于二人,必须出示工作证件,应当告知所接触人员其权利义务,不得限制或变相限制相关人员的人身权利。

初查源于错告,且对被控告人、被举报人造成不良影响的,可以向有关部门澄清事实,挽回不良影响。

(二)讯问礼仪

讯问是侦查部门通过问话的方式对犯罪嫌疑人进行审讯的活动。尽管犯罪嫌疑人是因涉嫌犯罪而受到刑事追诉的人,但和罪犯不同,根据无罪推定的原则,在经审判确定有罪之前,犯罪嫌疑人应被视为无罪。因此,检察官在讯问过程中,应体现对犯罪嫌疑人人格的尊重和人权的保障,遵循相关讯问礼仪。除了侦查部门,检察机关负责审查起诉、侦查监督等职能的部门也可根据工作需要进行讯问，适用相同的礼仪规范。

检察官讯问职务犯罪嫌疑人

讯问犯罪嫌疑人，由侦查人员进行。讯问时，侦查人员不得少于二人，且穿着检察制服。

讯问女犯罪嫌疑人，应当有女性侦查人员参加。

讯问犯罪嫌疑人，应当个别进行。

犯罪嫌疑人是聋哑人或者不通晓汉语的少数民族、外国人、无国籍人的，应当聘请翻译人员参加。翻译人员应当在笔录上签名或者盖章。

应当对犯罪嫌疑人讯问过程进行全程同步录音录像。

第一次讯问犯罪嫌疑人，侦查人员应当告知其权利和义务，告知其可以聘请律师为其提供法律咨询、代理申诉、控告或者为其申请取保候审。同时告知其如果经济困难，可以向法律援助机构申请法律援助。侦查人员应当首先查明其基本情况，讯问其是否人大代表、政协委员，及有无犯罪行为，让其陈述有罪的事实或者进行无罪的辩解，然后向其提出问题。严禁刑讯逼供和以引诱、威胁、欺骗及其他非法的方法获取供述。对其检举、揭发的事项，应当依照线索管理和管辖规定处理。

讯问笔录应当字迹清楚，详细具体，忠实原话，并经主审人员审阅后，交犯罪嫌疑人阅读核对。对于没有阅读能力的，应当向其宣读。如果记载有遗漏或者差错，应当在笔录上予以更正或补充。犯罪嫌疑人认为讯问笔录没有错误的，应在笔录上逐页按要求签名或者盖章。讯问人员也应当在笔录上签名。

犯罪嫌疑人拒绝签名或者盖章的，应当在笔录上注明。

犯罪嫌疑人请求自行书写供述的，侦查人员应当准许。必要时，侦查人员也可以要求犯罪嫌疑人亲笔书写供词。

讯问不满十八周岁的犯罪嫌疑人，侦查人员应当填写《未成年犯罪嫌疑人法定代理人到场通知书》，通知其法定代理人到场。

讯问规范用语

×××，我们是××检察院工作人员×××、×××，现在依法对你进行讯问，你要如实回答。

你可以进行有罪的陈述或者无罪的辩解，对与本案无关的问题，你有权拒绝回答。

根据我国法律规定，你有权聘请律师，为你提供法律咨询、代理申诉、控告，申请取保候审。你要聘请律师吗?

根据我国法律规定，你有申请回避的权利。你要求我们回避吗?

请仔细核对笔录是否和你说的相符，如果有遗漏或者差错，可以补充或者改正；认为笔录没有错误，请在笔录上逐页签名按指印或者盖章。

今天讯问就到这里。如果你对讯问工作有什么意见，可以向我们提出，也可以向检察院有关部门反映。

（三）询问礼仪

询问是侦查部门通过问话的方式向证人、被害人调查取证、了解情况的活动。区别于讯问，询问主体与对象在人格上是平等的，负责询问的检察官应充分体现对证人、被害人的尊重，遵循相关询问礼仪。其他检察职能部门的检察官根据工作需要进行询问时，适用相同的礼仪规范。

在侦查过程中，侦查人员应当及时询问证人，并且告知证人作证的权利和义务。应当保证证人有客观、充分地提供证据的条件，并为其保守秘密。

询问证人应当个别进行。询问时，侦查人员不得少于二人；严禁使用暴力取证。

询问女证人，应当有女侦查人员在场。

证人是聋哑人或者不通晓汉语的少数民族、外国人、无国籍人的，侦查人员应当填写《聘请书》，为其聘请翻译人员，并在笔录中注明。翻译人员应当在询问笔录上签名或者盖章。

询问证人，可以到证人所在单位、住所进行，也可以通知其到人民检察院接受询问。证人不同意在上述场所作证的，可以在其认为合适的场所进行，但应当在笔录中注明。

侦查人员询问证人时，应当出示《询问通知书》和工作证件。证人必须如实签署姓名和被询问的时间，证人拒绝签名或者盖章的，侦查人员应当在《询问通知书》上注明。

第一次询问证人，应当问明证人的基本情况以及与当事人的关系，并且告知其应当如实提供证据、证言和有意作伪证或者隐匿罪证要负的法律责任，告知或宣读《证人权利义务告知书》并要求其签字。

询问证人，应当制作《询问笔录》。询问笔录应当采取问答式，对侦查人员的提问和证人的回答应当如实记录。

对案件有关的问题，应当让证人充分陈述，侦查人员不得影响、误导证人的陈述。

询问结束后，经主询问人员审阅后，应当将笔录交证人审阅。对于没有阅读能力的，应当向其宣读。如果证人认为记录有遗漏或者差错，应当允许其补充或者更正。笔录经核对无误后，按要求注明确认并逐页签名或盖章。如果笔录内容有添改，应当在添改处附加签名或者盖章。负责询问的侦查人员也应当在笔录上签名。

证人如果愿意书面陈述的，应当准许，必要时可要求证人亲笔书写证词。

询问中涉及证人隐私的，侦查人员应当为其保密。发现证人受到打击报复的，侦查人员应当予以阻止，并协助有关部门对打击报复人依法处理。

询问证人需要录音、录像的，应当在征得其同意后才能进行。

询问不满十八周岁的证人，侦查人员应当填写《未成年证人法定代理人到场通知书》，通知证人的法定代理人到场。

询问被害人，适用询问证人的规定。被害人由于犯罪嫌疑人的犯罪行为而遭受损害的，应当告知其有提起附带民事诉讼的权利。

询问规范用语

×××,我们是××检察院工作人员×××、×××,今天依法向你调查取证,请给予配合。

根据我国法律规定,证人有如实作证的义务,故意作伪证、隐匿罪证或者窝藏、包庇他人,应当负法律责任。

对××一案(一事),请如实谈谈知道的情况。如果担心安全问题,我们会依法采取必要的保护措施。

请仔细核对笔录是否与你说的相符,如果有遗漏或者差错,可以补充或者改正;认为笔录没有错误,请逐页签名按指印或者盖章。

今天先谈到这里。你对今天的调查取证工作有什么意见或建议,可以向我们提出,也可以向检察院有关部门反映。

这是我们的联系电话,如果有什么情况想补充,或者因调查取证工作遇到困难及问题,请随时与我们联系。再见。

(四)调取、查封、扣押证据礼仪

在侦查活动中,为了收集、保全案件证据,侦查人员可依法对可以证明犯罪嫌疑人有罪、无罪或者犯罪情节轻重的各类财务资料、文件等予以调取、查封或扣押。此类活动应遵循以下礼仪要求。

侦查人员向有关单位和个人调取、查封、扣押能够证实犯罪嫌疑人有罪、无罪或者犯罪情节轻重的证据材料,须凭人民检察院出具的证明文件。

查封、扣押财物和文件,应当经检察长批准,由两名以上检察人员执行。检察人员应当出示相关证明文件和工作证件。

查封、扣押财物和文件,应当会同在场见证人和被查封、扣押物品持有人查点清楚,当场开列查封、扣押清单一式四份,注明查封、扣押物品的名称、型号、规格、数量、质量、颜色、新旧程度、包装等主要特征,由检察人员、见证人和持有人签名或者盖章,一份交给文件、资料和其他物品持有人,一份交被查封、扣押文件、资料和其他物品保管人,一份附卷,一份保存。持有人拒绝签名、盖章或者不在场的,应当在清单上记明。

查封、扣押贵重物品,支付凭证,易损毁、灭失、变质以及其他不宜长期保存的物品,应遵循《人民检察院刑事诉讼规则(试行)》的相关规定。

查封不动产和置于该不动产上不宜移动的设施、家具和其他相关财物,以及涉案的车辆、船舶、航空器和大型机械、设备等财物,必要时可以扣押其权利证书,经拍照或者录像后原地封存,并开具查封清单一式四份,注明相关财物的详细地址和相关特征,同时注明已经拍照或者录像及其权利证书已被扣押,由检察人员、见证人和持有人签名或者盖章。持有人拒绝签名、盖章或者不在场的,应当在清单上注明。

查封不动产和置于该不动产上不宜移动的设施、家具和其他相关财物,以及涉案的车辆、船舶、航空器和大型机械、设备等财物,应当在保证侦查活动正常进行的同时,尽量不影响有关当事人的正常生活和生产经营活动。

扣押犯罪嫌疑人的邮件、电报或者电子邮件,应当经检察长批准,通知邮电部门或者网络服务单位将有关的邮件、电报或者电子邮件检交扣押。

查封单位的涉密电子设备、文件等物品,应当在拍照或者录像后当场密封,由检察人员、见证人、单位有关负责人签名或者盖章。启封时应当有见证人、单位有关负责人在场并签名或者盖章。对于有关人员拒绝按照前款有关规定签名或者盖章的,应当在相关文书上注明。

对于查封、扣押在人民检察院的物品、文件、邮件、电报,应当妥善保管,不得使用、调换、损毁或者自行处理。经查明确实与案件无关的,应当在三日以内作出解除或者退还决定,并通知有关单位、当事人办理相关手续。

(五)搜查礼仪

为了收集犯罪证据、查获犯罪嫌疑人,侦查人员可对犯罪嫌疑人的人身,以及可能隐藏犯罪嫌疑人或者犯罪证据的物品、住处、工作地点等进行搜查。搜查活动应遵循以下礼仪。

搜查须凭借由检察长签发,并加盖人民检察院印章的《搜查证》。

在执行拘留、逮捕时,遇有紧急情况,没有《搜查证》也可以进行搜查。搜查结束后,侦查人员应当及时补办有关手续,并记录归档。

搜查应当在侦查人员主持下进行,可以有司法警察、检察技术人员参加。搜查住宅、工作地点,可以邀请当地公安机关或者有关单位协助进行。

搜查时,应当有被搜查人或其家属、邻居或者其他见证人在场。侦查人员应当对被搜查人及其家属说明阻碍搜查、妨碍公务应负的法律责任。

搜查妇女身体,应当由女性侦查人员进行。

执行搜查任务时,侦查人员应当向被搜查人或者他的家属出示工作证件和《搜查证》,并由被搜查人或者家属签名,被搜查人或者家属不在场或者拒绝签名的,应当在《搜查证》上注明。

搜查应当全面、细致、及时、安全,并应当指派专人严密注视搜查现场的动向,如遇阻碍,可以强制进行搜查。对以暴力、威胁方法阻碍搜查的,应当制止。

搜查情况应当制作《搜查笔录》,由侦查人员和被搜查人或其家属、邻居、其他见证人签名或者盖章。如果被搜查人或其家属不在场或者拒绝签名、盖章的,应当在《搜查笔录》中记明。

(六)勘验、检查礼仪

为查明案情,侦查人员需要就案件专门性问题进行勘验、检查或者需要对犯罪相关场所、人身、物品、尸体实施勘验、检查。相关活动应遵循以下礼仪要求。

侦查人员和勘验、检查人员应当持《勘查证》进行勘验、检查,并出示相关工作证件。

勘验、检查时,侦查人员应当邀请两名与案件无关的人员在场见证。

解剖死因不明的尸体时,应当通知死者家属到场,并让其在《解剖尸体通知书》上签名或者盖章。死者家属无正当理由拒不到场或者到场后拒绝签名、盖章的,不影响解剖的进行,但是应当在《解剖尸体通知书》上注明。对于身份不明的尸体,无法通知死者家属的,应当记明笔录。

为了确定被害人、犯罪嫌疑人的某些特征、伤害情况或者生理状态,侦查人员可以对人身进行检查。

犯罪嫌疑人如果拒绝检查,侦查人员认为必要时,可以强制检查。

检查妇女的身体,应当由女工作人员或者医师进行。

侦查人员对勘验、检查的情况,应当制作《勘验笔录》《检查笔录》,由参加勘验、检查人员和见证人签名或者盖章。

(七)强制措施适用礼仪

根据案件情况和侦查工作需要,检察院对犯罪嫌疑人可采取拘传、取保候审、监视居住、拘留、逮捕等强制措施。在以上强制措施的具体适用中,检察官应遵循以下礼仪规范。

拘传应当经检察长批准,签发拘传证。

执行拘传的人员不得少于两人。犯罪嫌疑人为女性,应当有女侦查人员协助执行。

拘传时,应当向被拘传的犯罪嫌疑人出示拘传证。对抗拒拘传的,可以使用械具,强制到案。

拘传期间,侦查人员不得离开被拘传人。被拘传人需暂离讯问场所的,侦查人员应予监护,防止被拘传人自伤、自杀、行凶或者脱逃。

拘传中,严禁对犯罪嫌疑人刑讯逼供、变相体罚。讯问时必须进行全程同步录音录像。

对于取保候审的犯罪嫌疑人,应当向其宣读取保候审决定书,由犯罪嫌疑人签名、按指印或者盖章,并责令犯罪嫌疑人遵守《刑事诉讼法》第 69 条的规定,告知其违反规定应负的法律责任;以保证金方式担保的,应当同时告知犯罪嫌疑人一次性将保证金存入侦查机关指定银行的专门账户。

犯罪嫌疑人在取保候审期间没有违反《刑事诉讼法》第 69 条的规定,或者发现不应当追究犯罪嫌疑人刑事责任的,变更、解除或者撤销取保候审时,应当告知犯罪嫌疑人可以凭变更、解除或者撤销取保候审的通知或者有关法律文书到银行领取退还的保证金。

对于监视居住的犯罪嫌疑人,应当向其宣读监视居住决定书,由犯罪嫌疑人签名、捺指印或者盖章,并责令犯罪嫌疑人遵守《刑事诉讼法》第 75 条的规定,告知其违反规定应负的法律责任。

监视居住应当在犯罪嫌疑人的住处执行。对于犯罪嫌疑人无固定住处或者涉嫌特别重大贿赂犯罪在住处执行可能有碍侦查的,可以在指定的居所执行。

采取指定居所监视居住的,不得在看守所、拘留所、监狱等羁押、监管场所以及留置室、讯问室等专门的办案场所、办公区域执行。

指定居所监视居住的,不得要求被监视居住人支付费用。

根据侦查情况,不需要继续监视居住、监视居住期限届满、发现不应当追究犯罪嫌疑人刑事责任的,应当立即解除或者撤销监视居住。

拘留必须出示拘留证。

对犯罪嫌疑人作出逮捕决定的,侦查人员应当将《逮捕决定书》送达公安机关签发《逮捕证》,并由公安机关执行逮捕。

逮捕犯罪嫌疑人后,侦查人员应当制作《逮捕通知书》,将逮捕的原因和羁押的处所,在 24 小时内通知被逮捕人的家属或者其所在单位。

对被逮捕的犯罪嫌疑人,应当在逮捕后 24 小时内进行讯问,同时告知其权利义务、逮捕羁押期限,讯问其对逮捕决定有何意见,告知其如不服逮捕决定可以要求重新审查。

(八)保密要求

举报材料、初查报告等侦查材料以及检察机关内部研究讨论案件的记录、各级领导对有关案件的批示等材料,应指定专人保管,未经批准,不得随意查阅。

未经批准,任何人不得复制、摘抄举报信和控告材料。不得将举报内容泄露给被举报人。

制定初查和侦查工作计划时,要同时制订具体的保密措施甚至保密方案。

要案线索的初查应秘密进行,严格控制知情面。

参与办案的人员,严禁询问与自己负责的工作无关的案件内容。

传唤、拘传、拘留、逮捕、搜查、扣押等侦查措施的实施方法、时间,在实施前应严格保密。

正在侦查的案件,一般不对外宣传报道,确因特殊情况需要报道时,必须经检察长或主管副检察长批准,但不得泄露举报人、侦查措施及新发现的案件线索等涉密内容。

检察官不得在公共场所和家属子女、亲友等不应知悉涉密事项的人员面前谈论检察工作涉密事项和有关案件的情况,不准携带涉密文件和案件材料离开工作场所。

接待律师应当在本院接待室进行,接待人员不得少于二人。侦查人员只负责向其介绍犯罪嫌疑人涉嫌的罪名和相关的法律;涉嫌多个罪名,按定罪证据充分的罪名答复,不得泄露侦查意图,并应制作接待记录。

到外地工作时,除特殊情况外,一律不得携带涉密文件和密件材料原件;赴境外调查取证需要携带涉密材料时,必须按国家保密局、海关总署《关于国家秘密文件、资料和其他物品出境的管理规定》执行。

检察官及相关工作人员应对涉密材料加强保管,严防丢失。不得使用明码传真传输检察工作涉密事项。

未经批准,检察官不得在个人著作中引用检察工作涉密事项和尚未公开的案件情况。

检察工作不宜公开的事项,未经批准不得在公开发行的刊物或资料上刊载或发表。

侦查部门承办涉案文件,必须注明密级;由专人负责保管涉密文件,严防丢失、泄密。

工作中如发生泄密情况,有关人员要在向领导报告的同时,及时采取有效措施补救,防止扩散。

其他检务活动中的保密工作,同样适用以上规范。

二、公诉礼仪

公诉礼仪是指检察官提起公诉以及出庭支持公诉活动中所应遵循的一系列礼仪规范和程式要求。公诉活动是检察工作的窗口，是检务工作中公开程度最高的部分，其礼仪要求也最为全面、具体。在整个公诉过程中，特别在出庭时，作为公诉人的检察官应仪表规范、用语文明，保持威严肃穆。

为规范公诉人出庭支持公诉行为，树立国家公诉人良好形象，保障公诉人正确履行出庭支持公诉职责，最高人民检察院制定印发了《公诉人出庭行为规范》。该规定作为公诉礼仪的范本，包括以下方面：

（一）庭前准备

公诉人在出庭前应进一步熟悉案情，研究与本案有关的法律政策问题以及审判中可能涉及的专业知识，认真做好出庭预案，熟悉讯问、询问、举证、质证和答辩提纲。

公诉人出庭支持公诉应备齐出庭所需的案件卷宗、出庭预案及相关法律法规文件和示证所需的设备。

公诉人出庭支持公诉应当按照最高人民检察院《关于人民检察服装管理规定（试行）》中的规范要求着装，佩戴检徽和制式领带。做到仪表整洁，举止得体，并遵守下列规定：

不得挽袖子、卷裤腿、穿拖鞋；

不得染彩发、化浓妆、涂彩色指甲；

不得戴耳环、佩项链及其他饰物，男同志不得留长发、剃光头、蓄胡须；

不得佩带除检察胸徽以外的徽章；

不得有其他与公诉人形象不符的服饰、发型和举止。

（二）出席法庭

检察官作为公诉人出席法庭审理活动，应当尊重庭审法官，遵守法庭规则，维护法庭审判的严肃性和权威性。

1. 一般礼仪要求

公诉人出席法庭的职责，是代表国家指控、揭露和证实犯罪，对审判活动是否合法进行监督，维护诉讼参与人的合法权利，同时结合案情进行法制宣传和教育。

公诉人出庭支持公诉，除在少数民族聚居或者多民族杂居的地区使用当地通用的语言外，应当使用普通话。发言时应做到用语规范，语速适中，吐字

检察官出庭公诉

清晰，声音洪亮。

公诉人出席法庭应携带按照最高人民检察院规定统一制发的出庭文件夹。法庭书记员宣布“请公诉人入庭”后，公诉人应手持出庭文件夹精神饱满步入法庭，并向旁听席露出文件夹上的检察徽章。多名公诉人出庭的，应按顺序进入法庭，第一公诉人坐在靠近审判席的一侧。如案件材料较多，可将有关材料先行放到公诉席上。

公诉人出庭支持公诉应当尊重审判人员，尊重审判长依法进行的诉讼指挥，遵守法庭纪律，维护诉讼参与人的合法权益。不得随意离开法庭。确实需要离开法庭的，应当经审判长同意或提请法庭休庭。

公诉人出庭支持公诉，对合议庭组成人员应当分别称“审判长”“审判员”“人民陪审员”或统称“合议庭”。向法庭提出要求时应当称“审判长”；当某阶段活动完毕或发表公诉意见时应当称“审判长、审判员（人民陪审员）”。

多名被告人聘请辩护人的，应当称“被告人×××的辩护人”，一名被告人聘请两名辩护人的，应当称“被告人×××的第一辩护人”“被告人×××的第二辩护人”。

在讯问中，对被告人应当称“被告人×××”，也可以根据具体情况称“你”。

公诉人做上述称呼时，应当正视上述人员。

公诉人可以自称为“公诉人”或者“本公诉人”。

公诉人出庭支持公诉发现法庭审理案件严重违反法律规定的诉讼程序或严重侵犯诉讼参与人合法权益，影响案件公正审理的，应当在庭后及时向本院检察长报告，并根据需要提出意见。但是如不当庭指出可能严重影响公正审判或者可能造成难以弥补损失的，公诉人可以当庭指出并于庭后及时向本院检察长报告。

2. 法庭调查阶段的礼仪

公诉人宣读起诉书时，应保持姿势端正。宣读起诉书应从“×××人民检察院起诉书”开始至“检察员×××”结束。宣读完毕后，应面向审判长告知：“审判长，起诉书宣读完毕。”

检察官宣读起诉书

讯问被告人，应首先告知其应当如实回答讯问。询问被害人应当告知其应当如实陈述和有意作虚假陈述要承担的法律责任。

公诉人当庭讯问被告人，或者当庭询问被害人、证人、鉴定人及搜查、勘验、检查等活动的见证人或负责侦查的人员时，应在起诉书指控的范围内，围绕对被告人的定罪和量刑进行讯问/询问，同一事实，一般不应重复讯问/询问（确需强调的除外），不得使用有损人格或带有人身攻击性的语言进行讯问/询问，不得采取威胁、诱导等不正当方式进行讯问/询问。

在法庭调查阶段，如遇被告人的供述与案件无关或答非所问的，被告人使用污言秽语或者攻击国家机关、社会团体或其他公民的，辩护人或者诉讼代理人采取威胁、诱导等不正当方式进行提问的,被告人的供述或者辩护人、诉讼代理人的发言可能泄露与案件无关的国家机密的,公诉人应根据情况自己或提请审判长制止或者建议休庭。

公诉人提请审判长制止的方式可以是:“反对。审判长,刚才……(例:辩护人向被告人提问是诱导性的。)”或“审判长……(例:被告人当庭使用污言秽语,有损法庭庄严的形象,应予制止。)”

讯问暂时告一段落时,公诉人应向审判长说明:“审判长,对被告人×××的讯问暂时到此。”

法庭调查过程中,如果需要继续对被告人讯问的,应当向审判长申请:“审判长,公诉人需要补充讯问被告人×××。”得到准许后再讯问。前述申请不得打断辩护人、诉讼代理人正在进行的提问。

公诉人应当根据庭审情况合理安排举证顺序,遵循一事一证、证明同一事项的证据同组出示的原则,做到条理清楚、层次分明。一般应先出示定罪证据,后出示量刑证据,先出示主要证据,后出示次要证据。特殊情况下,公诉人可以按照有利于指控犯罪的原则排列举证顺序。

公诉人出示、宣读、播放每一份(组)证据前,应先就该证据的来源、特征及所要证明的内容向法庭做概括说明,书证、物证宣读或出示完毕后,应提请法庭交由法警让当事人、证人辨认。

未到庭被害人、证人的证言笔录、陈述笔录,未到庭鉴定人、勘验人、检查人的鉴定结论、勘验笔录、检查笔录,公诉人可直接宣读。

公诉人每出示、宣读或播放一份(组)证据后,应说明“×××证据出示、宣读或播放完毕”。

使用多媒体示证的,公诉人应向法庭简要说明该示证方式。

所有证据出示完毕后,公诉人应向审判长说明:“审判长,本案的有关证据现已全部出示完毕,以上证据确实、充分,足以证明起诉书指控的犯罪事实和情节,请合议庭依法采信。”

对于被告人、辩护人向合议庭提交的证据,公诉人应认真审查。认为该证据不具备证据的合法性、客观性或关联性的,应当及时向法庭提出。

前述证据如果对被告人的定罪、量刑有重大影响,当庭难以准确判断,符合延期审理条件的,公诉人应当提请法庭延期审理。

3. 法庭辩论阶段的礼仪

在法庭辩论阶段,公诉人应根据法庭调查的情况,概述法庭质证情况、各

证据的证明作用,并运用各证据之间的逻辑关系说明被告人的犯罪事实已经得到充分证明,期间言行应符合以下规范:

根据法庭情况,在揭露被告人犯罪行为社会危害性的基础上,做必要的法律宣传教育工作。

公诉意见发表完毕,公诉人应告知审判长:“审判长,公诉意见发表完毕。”

辩护人发表辩护意见后,公诉人应有针对性地答辩。答辩应当重点突出,条理清晰,说理充分,论证严谨。

对控辩双方争议的焦点问题,公诉人必须答辩。答辩前应先向审判长表明坚持公诉意见的态度,同时表明将针对被告人或辩护人的辩护观点,做出答辩。

公诉意见已经阐明,但被告人(或其辩护人)仍重复公诉人已经答辩过的意见时,公诉人应向法庭说明:“审判长,被告人(或其辩护人)所提意见,公诉人已在上一轮的论辩中作出答辩,鉴于被告人(或其辩护人)没有提出新的意见,公诉人不作重复答辩。”

对于控辩双方认识基本一致,或被告人及其辩护人提出的意见不影响对被告人定罪量刑或者与案件无关时,公诉人可以不辩论或者只做简单说明。

被害人及其代理人的意见与公诉意见不一致的,公诉人应参照前述规范进行答辩。

法庭辩论阶段,公诉人认为需要恢复法庭调查的,应当向法庭提出申请。

法庭辩论阶段,公诉人还有新的答辩意见,而审判长未征求公诉人意见即结束法庭辩论时,公诉人应向审判长提出:“审判长,公诉人的答辩意见还没有发表完毕,请恢复法庭辩论或者允许公诉人补充进行答辩。”

4. 延期审理及宣判阶段的礼仪

在法庭审理过程中,遇有法定延期情形,公诉人应当要求法庭延期审理:“审判长,鉴于……情况,根据《中华人民共和国刑事诉讼法》第 198 条的规定,特提请法庭延期审理。”

宣告判决时,公诉人和书记员应当按照法庭要求起立。

宣告判决后,公诉人一般不发表意见。如果审判长征求公诉人意见,公诉人可以回答:“审判长,根据刑事诉讼法第 219 条规定,本院将依法对本案的判决进行审查,如有意见,将由本院在法定期限内正式提出。”

三、检察监督礼仪

检察监督是检察机关以国家的名义,为维护国家法律的统一实施,保护国家、社会和公民的合法权益，依法行使检察监督权，对其他国家机关在诉讼程序中行使法律权力，被监督对象遵守法律和执行法律的情况进行察看、督促，以产生一定法律效果的监督活动。检察官在依法行使检察监督权的过程中，应当遵守相关礼仪。

（一）侦查监督礼仪

侦查监督工作涉及审查逮捕、刑事立案监督、侦查活动监督等方面，检察官的履职活动应遵守以下礼仪：

1. 审查逮捕礼仪

侦查监督部门办理审查逮捕案件，应当指定专门的检察官进行审查。

办案检察官应当审阅案卷材料和证据，必要时，可以询问证人、被害人、鉴定人等诉讼参与人，并制作笔录附卷。询问证人、被害人、鉴定人等诉讼参与人，遵循上文侦查礼仪部分的询问礼仪。

审查逮捕中，一般应对被拘留的犯罪嫌疑人予以讯问，不予讯问的，应当送达听取犯罪嫌疑人意见书，由犯罪嫌疑人填写后及时收回审查并附卷。

经审查发现应当讯问犯罪嫌疑人的，应当及时讯问。

讯问犯罪嫌疑人时，检察人员不得少于两人，且应身着检察制服。

犯罪嫌疑人被送交看守所羁押后，讯问应当在看守所内进行。

讯问时，应当首先查明犯罪嫌疑人的基本情况，依法告知其诉讼权利和义务，认真听取其供述和辩解，并根据案件具体情况，特别是发现的疑点，确定需要核实的问题。

犯罪嫌疑人检举揭发他人犯罪线索的，应当予以记录，并依照有关规定移送有关部门处理。

讯问犯罪嫌疑人应当制作讯问笔录，并交犯罪嫌疑人核对或者向其宣读，经核对无误后逐页签名、盖章或者捺指印并附卷。

当面讯问犯罪嫌疑人有困难的，可以通过检察专网进行视频讯问。视频讯问时，应当确保网络安全、保密。

办案检察官可要求侦查机关、侦查部门随卷移送讯问犯罪嫌疑人录音、录像，经审查讯问犯罪嫌疑人录音、录像，发现侦查机关、侦查部门讯问不规范，讯问过程存在违法行为，录音、录像内容与讯问笔录不一致等情形的，应当逐一列明并向侦查机关、侦查部门书面提出，要求其予以纠正、补正或者书面做出合理解释。

审查逮捕过程中，犯罪嫌疑人已经委托辩护律师的，办案检察官可以听取辩护律师的意见;辩护律师要求陈述意见的,应当听取辩护律师的意见;对辩护律师的意见应当制作笔录附卷。

辩护律师提出不构成犯罪、无社会危险性、不适宜羁押、侦查活动有违法犯罪情形等书面意见的,办案检察官应当认真审查,并在审查逮捕意见书中说明是否采纳及其理由。

外国人、无国籍人涉嫌危害国家安全犯罪的案件或者涉及国与国之间政治、外交关系的案件以及在适用法律上确有疑难的案件,认为需要逮捕犯罪嫌疑人的,分别由基层人民检察院或者分、州、市人民检察院检察官审查并提出意见,以院方名义呈报最高人民检察院审查。最高人民检察院经审查认为需要逮捕的,经征求外交部的意见后,作出批准逮捕的批复;经审查认为不需要逮捕的,作出不批准逮捕的批复。基层人民检察院或者分、州、市人民检察院根据最高人民检察院的批复,依法作出批准或者不批准逮捕的决定。

呈报过程中,上级人民检察院经审查认为不需要逮捕的,应当作出不批准逮捕的批复,报送的人民检察院根据批复依法作出不批准逮捕的决定。

外国人、无国籍人涉嫌其他犯罪案件,决定批准逮捕的人民检察院应当在作出批准逮捕决定后48小时以内报上一级人民检察院备案,同时向同级人民政府外事部门通报。

审查逮捕外国犯罪嫌疑人的案件材料,需要使用电传报送的,应当使用密码电传。

案件承办人在阅卷、复核证据后,应当制作审查逮捕意见书,提出批准或者决定逮捕、不批准或者不予逮捕的意见,经部门负责人审核后,报请检察长批准或者决定。

2. 刑事立案监督礼仪

检察机关对公安机关应当立案侦查而不立案侦查,不应当立案侦查而立案侦查,行政执法机关应当移送而不移送涉嫌犯罪案件的情形实施刑事立案监督。检察官在立案监督过程中,遵循以下行为规范与礼仪要求:

被害人及其法定代理人、近亲属认为公安机关对其控告或者移送的案件应当立案侦查而不立案侦查,或者当事人认为公安机关不应当立案而立案,向人民检察院投诉的,检察院应当受理并安排专门的检察官进行审查。

经审查,认为有证据证明公安机关应当立案侦查而不立案侦查,或者不应当立案侦查而立案侦查的,应经检察长批准,要求公安机关按规定书面说明不立案或者立案的理由。

检察官可对相关证据进行调查核实,可以询问办案人员和有关当事人,查阅、复制公安机关刑事受案、立案、破案等登记表册和立案、不立案、撤销案件、治安处罚等相关法律文书及案卷材料。

调查要严格依法进行,遵循询问礼仪,一般不接触被调查对象,严禁使用强制措施。

办案检察官代表检察院履行立案监督职责,与公安机关的公务往来应适用正式法律文书,如《要求说明不立案理由通知书》《要求说明立案理由通知书》《通知立案书》《通知撤销案件书》《立案监督案件催办函》等,并按相关法律、司法解释要求,及时送达公安机关。

办案检察官就相关情形进行审查后,应将审查结果以及依法处置各环节的具体情形及时告知投诉人。刑事案件不属于被投诉公安机关管辖的,检察官还应将有管辖权的机关告知投诉人,并建议向该机关控告。

3. 侦查活动监督礼仪

检察机关的侦查活动监督旨在审查侦查活动的合法性并纠正其中的违法行为。检察官履行侦查活动监督职责时,应遵循以下行为规范和礼仪要求:

公安机关侦查活动中存在违法行为,情节较轻的,可由办案检察官以口头方式向侦查人员或者公安机关负责人提出纠正意见,并及时向本部门负责人汇报;必要时,由作为部门负责人的检察官提出纠正意见。

对于情节较重的违法情形,检察官应报请检察长批准后,向公安机关发出《纠正违法通知书》。构成犯罪的,移送有关部门依法追究刑事责任。

检察官经检察院选派参加公安机关对于重大案件的讨论和其他侦查活动,发现侦查中的违法行为,参照上述做法按情节轻重分别做出处理。

无论以口头还是书面方式,对于违法情形提出的纠正意见或通知都应及时向侦查人员、公安机关负责人或公安机关发出,并监督落实。

办案检察官就侦查行为合法性进行调查后,应将调查结果以及依法处置各环节的具体情况及时回复申诉人、控告人。

公诉部门审查移送起诉的案件,也应当对侦查机关(部门)的侦查活动是否合法进行监督,相关活动适用相同的行为规范和礼仪要求。

4. 检察法律文书说理礼仪

侦查监督是检察机关法律监督工作的重要部分,也是与民众交往较多的工作环节。为了提升检察执法公信力,防范和化解社会矛盾,各级检察机关侦查监督部门应在依法就监督事项送达相关决定或者进行答复时,依照《关于加强检察法律文书说理工作的意见(试行)》的规定,向犯罪嫌疑人、被害人、投诉人等阐明法理、释疑解惑。检察官的说理活动应符合以下礼仪要求:

检察官应依法说理。说理应当以法律、司法解释及相关规定为依据。

检察官应讲究说理方法。说理应当在严谨、准确的基础上,围绕案件的事实、证据和争议焦点,采取说理对象易于理解和接受的方法进行。对犯罪嫌疑人、被害人、投诉人等相关人员的说理,语言应当通俗易懂。

检察官应保守秘密。说理应当注意保守国家秘密、侦查秘密、商业秘密,保护个人隐私。

检察官应注重说理效果。向犯罪嫌疑人、被害人、投诉人等相关人员说理,应当注重情、理、法结合,消除误解,化解矛盾,促进和谐。

(二)刑事审判监督礼仪

检察机关依法对法院的审判活动是否合法实行监督。检察官履行相关职权时,应遵循以下行为规范和礼仪要求:

在审判活动监督中,发现人民法院或者审判人员审理案件违反法律规定的诉讼程序,应当向人民法院提出纠正意见。

出席法庭的检察人员发现法庭审判违反法律规定的诉讼程序,应当在休庭后及时向本院检察长报告。

为了捍卫法院公正形象与司法权威,对违反程序的庭审活动提出纠正意见,一般应在庭审后提出。

对于审判过程中轻微违反程序的行为,采用口头方式足以纠正的,或者审判活动正在进行当中,应当及时指出错误的,检察人员可以采用口头方式进行监督,但应当将监督情况记录在案。其他违法行为,可以采用《纠正审理违法通知书》《检察建议书》的形式进行监督。

对于审判活动中严重的违法行为,经依法监督未及时纠正,或者发现法院在审判活动中有较严重而又具有普遍性的违法行为,可以向同级党委、人大报告,或者通过上级人民检察院向其同级人民法院通报。

检察院依法对人民法院的刑事判决、裁定是否正确实行监督,对确有错误的刑事判决、裁定,应当依法向上一级人民法院提出抗诉。检察官的抗诉活动参照适用公诉礼仪。

(三)刑罚执行监督礼仪

检察机关的刑罚执行监督旨在依法对刑罚执行和监管活动实行监督,维护刑罚执行和监管活动的公平公正,维护监管秩序稳定,维护被监管人合法权益，保障国家法律统一正确实施。

刑罚执行监督涉及面广，包括对监狱、看守所执行刑罚和监管活动是否合法实行监督；对人民法院裁定减刑、假释是否合法实行监督；对死刑执行是否合法实行临场监督；对公安机关、社区矫正机构管理监督监外执行罪犯活动是否合法实行监督；对强制医疗执行活动是否合法实行监督等。其中，对看守所的检察监督还涉及侦查监督方面的内容，但由于其监督方式与礼仪要求与监狱检察类似，故在此做一并讨论。检察官在履行刑罚执行监督职权时，应遵循以下行为规范和礼仪要求：

1. 监所监督礼仪

驻监所检察官、巡回检察官、巡视检察官发现监狱、看守所在收押、管理罪犯、犯罪嫌疑人以及狱政管理、教育改造等活动中有违反程序规定、不利人权保障的行为时，应当依法提出纠正意见。

对罪犯生活、学习、劳动的现场和会见室进行实地检察和巡视检察是重要的监督途径。巡视检察由对监管场所担负直接监督职责的检察院的上级检察院进行。开展巡视检察需成立专门的巡视检察组，成员不得少于三人。组长一般由监所检察部门负责人或者相当级别检察官担任，必要时可以由分管副检察长担任。

为了了解到真实情况，巡视检察明确要求事先不应当通知被检察的单位。巡视检察中，巡视检察组成员应着检察制服。

驻监检察官讯问服刑人员

检察官对犯罪嫌疑人、服刑人员的讯问或约见也是重要的监督途径。

讯问或约见犯罪嫌疑人、服刑人员时,应有两名检察官在场。检察官应着制服、佩戴检察徽章,并出示工作证件。

检察官应向犯罪嫌疑人、服刑人员表明身份、阐明权利义务、了解清楚情况。鉴于讯问工作主要通过问话完成,检察官在讯问或约见时,应注意语气的亲和、诚恳、规范。

监所监督规范用语

"我们是××人民检察院派驻××监狱(看守所)检察室的工作人员×××、×××,负责对监狱(看守所)的监管执法情况进行法律监督";

"请问你的姓名、年龄,在什么时间、因涉嫌(犯)什么罪被关押";

"根据我国法律规定,你在被监管期间主要有以下权利和义务。现在向你送达权利义务告知卡。如果监管场所内发生侵犯你合法权益的事情,可以随时向派驻检察官反映";

"你在关押期间(被关押前)是否受到过殴打、体罚虐待(刑讯逼供)或者其他不公正待遇,请你如实讲。对你反映的情况我们负责保密";

"你约见我们,有什么情况需要反映,请讲";

"你对××监狱(看守所)监管执法工作和派驻检察室的监督工作有什么意见和建议。欢迎通过检察信箱或者约见我们反映";

"今天找你谈话,主要是了解有关情况,你要如实回答";

"对你反映的问题,我们将认真进行调查,依法做出处理,调查结果会向你反馈";

"请仔细核对谈话笔录是否与你说的相符,如有遗漏或者差错,可以补充或者改正;如果没有错误,请在谈话笔录上逐页签名按指印或者盖章"。

2. 社区矫正监督礼仪

社区矫正是对犯罪行为较轻、符合法定情形的对象实施的非监禁性矫正刑罚。具体执行方式是将符合法定条件的罪犯置于社区内,由司法行政机关负责监督管理和教育帮助,在判决、裁定或决定确定的期限内,整合各界力量,矫正罪犯的犯罪心理和行为恶习，促使其顺利回归社会。我国刑法明确规定对判处管制、缓刑以及假释的罪犯依法实行社区矫正，明确检察机关对社区矫正各执法环节依法实行法律监督。相关履职活动中，检察官应遵循以下行为规范和礼仪要求：

检察官发现社区矫正的交付执行与执行活动违反法律和《社区矫正实施办法》规定的，可以区别情况提出口头纠正意见、制发纠正违法通知书或者检察建议书。相关行为规范和礼仪要求，可参照侦查监督礼仪部分的内容。

检察官可查阅社区矫正机构对监外执行罪犯监督管理和教育帮助的相关档案；向协助社区矫正机构监督管理和教育帮助罪犯的单位、基层组织和个人了解、核实有关情况；与社区矫正罪犯及其亲属谈话，了解情况，听取意见。

向协助单位、基层组织和个人了解、核实有关情况的，检察官应着制服、佩戴检察徽章，并出示工作证件。

与社区矫正罪犯及其亲属谈话时，检察官应着制服、佩戴检察徽章，并出示工作证件。与社区矫正罪犯的谈话不同于讯问，语气宜亲和、诚恳，应允许其充分陈述服刑情况和相关意见。谈话内容可部分参照监所监督规范用语。

其他监外执行监督礼仪，可参照适用本部分内容。

3. 强制医疗执行监督礼仪

我国刑事诉讼法规定，实施暴力行为，危害公共安全或者严重危害公民人身安全，经法定程序鉴定依法不负刑事责任的精神病人，有继续危害社会可能的，可以予以强制医疗。强制医疗的决定机关为法院，执行机关为公安机关，执行监督机关是检察院，具体由检察院刑事执行检察部门负责。该部门检察官在履行相关监督职责时，应遵循以下行为规范与礼仪要求：

检察官发现强制医疗的交付执行机关存在未及时交付执行等违法情形的，应当依法提出纠正意见。

在强制医疗执行监督中发现被强制医疗的人不符合强制医疗条件或者需要依法追究刑事责任，法院作出的强制医疗决定可能错误的，应及时报经检察长批准，将有关材料转交作出强制医疗决定的法院的同级检察院。

收到材料的检察院公诉部门应及时审查，并将审查情况和处理意见反馈负责强制医疗执行监督的检察院。

检察官发现强制医疗机构存在违法情形的，应当依法提出纠正意见。

4. 死刑执行临场监督礼仪

检察机关依法对执行死刑实行临场监督，保证执行死刑工作依法、准确、文明和规范进行。死刑监督礼仪特指检察官履行临场监督执行死刑工作时应遵守的礼仪规范，具体包括以下方面：

负责临场监督的检察官应当核实本院是否在交付执行三日前接到执行人民法院临场监督通知，并应进一步熟悉本案案情，做好相关准备工作。

检察官临场监督时，应当配备书记员担任记录，根据需要还应当配备司法警察负责临场监督人员进入和离开执行现场前后的安全保卫工作。

负责临场监督的检察官不得将与执行任务无关的人员带入执行现场。

检察官应认真核实执行法院是否收到最高人民法院核准死刑的判决或者裁定和最高人民法院院长签发的执行死刑命令。

检察官应依法监督执行死刑的场所、方法和执行死刑的程序是否合法。

检察官发现不应当执行死刑情形的，应建议执行人民法院停止执行。

指挥执行的审判人员对罪犯验明正身，讯问有无遗言、信札时，检察官应当在场监督。

执行死刑完毕，法医验明罪犯是否死亡时，检察人员应当在场监督。检察人员对法医出具的结论有疑问的，应当立即向指挥执行的审判人员提出。

在执行死刑过程中，负责临场监督的检察人员根据需要可以进行拍照、摄像，对形成的资料要严格按照保密规定进行保存和管理。

执行死刑后，临场监督的检察人员应当在执行人民法院的相关文书上签名确认，同时应当填写死刑临场监督笔录，签名后入卷归档。

（四）民事行政检察监督礼仪

检察院依法独立行使检察权，通过开展民事、行政检察工作，对法院的民事诉讼、行政诉讼实行法律监督，维护司法公正和司法权威，保障国家法律统一正确实施。检察官履行民事行政检察职权时，应遵循以下行为规范与礼仪要求：

民事、行政案件当事人依据法定情形，向检察院申请检察建议或者抗诉的，检察官按控申检察礼仪予以接待。

对当事人反映的情况，检察官应依法及时审查，作出提出或者不予提出检察建议或者抗诉的决定，及时回复民事、行政案件当事人。

办案检察官审查民事、行政案件，应当就原审案卷进行审查。非确有必要时，不另行调查。

对于已经发生法律效力的判决、裁定、调解书，符合法定情形的，可以向当事人或者案外人调查核实。调查核实工作可参照适用询问证人相关礼仪。

检察官认为申诉人应当提供证据材料证明其申诉主张的，可以要求申诉人在指定的期限内提交证据材料。对当事人提供的证据原件,检察官核对无误后应复制存卷,证据原件即时退还。

民事、行政检察监督中对案件情况的调查,应当由两名以上检察官共同进行,可参照适用侦查活动中调查取证相关礼仪。

民事案件属于私权纠纷,在审查民事申诉案件过程中,检察官发现当事人有和解意愿的,遵循自愿、合法原则,可以建议当事人和解,但损害国家利益、社会公共利益或者第三人合法权益的除外。

对作出不支持监督申请决定案件,检察官应当向申诉人说明理由和依据,引导当事人服判息诉。

发现已经发生法律效力的判决、裁定符合法定抗诉情形的,以及已经发生法律效力的民事调解、行政赔偿调解损害国家利益、社会公共利益的,应当提出抗诉。

检察院向法院提出抗诉后,法院裁定再审之前,申诉人书面申请撤回申诉或者确认涉案当事人已达成和解协议并提交该协议,经检察院审查,认为涉案当事人达成的和解协议不损害国家、集体和第三人利益的,可以撤回抗诉。

撤回抗诉,应当制作《撤回抗诉决定书》,送达同级法院,通知当事人,并报送上一级检察院。

法院开庭审理抗诉案件,检察院应当派员出席再审法庭。

受理抗诉的法院指令下级法院再审的,提出抗诉的检察院可以指令再审法院的同级检察院派员出席再审法庭。

检察官出席抗诉案件再审法庭,相关活动可参照适用公诉礼仪。

办理民事、行政申诉案件,发现法院、行政机关有违反法律规定,可能影响公正审判的,应当向法院、行政机关提出检察建议。相关活动参照公文信函基本礼仪。

(五)未成年人案件检察礼仪

为全面贯彻对涉罪未成年人的“教育、感化、挽救”方针,落实“教育为主、惩罚为辅”原则和“两扩大、两减少”政策,检察机关实行特殊的未成年人案件检察制度,设立独立的未成年人案件检察机构,实行捕(批捕)、诉(起诉)、监(监督)、防(预防)、保(保护)一体化工作模式以及民行合一的办案方式,由同一承办人负责同一案件的批捕、起诉、诉讼监督和预防帮教等工作,涉及未成年人的民事案件和刑事案件,均由未成年人检察机构统一办理。为了与涉案未成年人顺利沟通,从事未成年人案件检察工作的检察官应懂得未成年人心理、富有爱心、耐心细致、善于做思想工作，既要具有一定生活阅历和教育经验，也要充满朝气活力、了解时尚潮流、熟悉网络语言，还应在具体的未检工作中遵循相关礼仪规范。

未检检察官应加强同公安机关、法院、政府有关部门、共青团、妇联、工会等人民团体以及学校和未成年人保护组织的联系和配合，加强对涉罪未成年人的教育和挽救，共同做好未成年人犯罪预防。

检察官对未成年人开展预防犯罪宣讲

办理未成年人刑事案件，除有碍案件办理的情形外，可以应犯罪嫌疑人家属、被害人及其家属的要求，告知其审查逮捕、审查起诉的进展情况，并对有关情况予以说明和解释。

办理未成年人刑事案件，应当对涉案未成年人的资料予以保密，不得公开或者传播涉案未成年人的姓名、住所、照片、图像及可能推断出该未成年人的其他资料。

办理刑事案件，应当依法保护未成年被害人、证人以及其他与案件有关的未成年人的合法权益。

办理未成年人刑事案件，应当考虑未成年人的生理和心理特点，根据其平时表现、家庭情况、犯罪原因、悔罪态度等，实施针对性教育。

受理案件后，应当向未成年犯罪嫌疑人及其法定代理人了解其委托辩护人的情况，并告知其有权委托辩护人。

未成年犯罪嫌疑人没有委托辩护人的,检察院应当书面通知法律援助机构指派律师为其提供辩护。

根据情况可以对未成年犯罪嫌疑人的成长经历、犯罪原因、监护教育等情况进行调查,并制作社会调查报告,作为办案和教育的参考。调查活动可参照适用调查取证相关礼仪。

犯罪时不满 18 周岁,被判处 5 年有期徒刑以下刑罚的,应当在收到法院生效判决后,对犯罪记录予以封存。

拟封存的未成年人犯罪记录、卷宗等相关材料应装订成册,加密保存,不予公开,并建立专门的未成年人犯罪档案库,执行严格的保管制度。

除司法机关为办案需要或者有关单位根据国家规定进行查询的以外,检察官不得向任何单位和个人提供封存的犯罪记录,并不得提供未成年人有犯罪记录的证明。

对未成年犯罪嫌疑人作出不起诉决定后,应当对相关记录予以封存。

审查逮捕中,检察官应当讯问未成年犯罪嫌疑人,听取辩护人的意见,并制作笔录附卷。

讯问未成年犯罪嫌疑人,除了遵循一般讯问礼仪,还应当通知其法定代理人到场,告知法定代理人依法享有的诉讼权利和应当履行的义务。

未成年人案件工作

无法通知、法定代理人不能到场或者法定代理人是共犯的,可以通知其他合适成年人到场,并将有关情况记录在案。

讯问女性未成年犯罪嫌疑人,应当有女性检察人员参加。

询问未成年被害人、证人,参照适用讯问未成年犯罪嫌疑人的相关规定。

讯问未成年犯罪嫌疑人一般不得使用械具。确有人身危险性,必须使用械具的,在现实危险消除后,应当立即停止使用。

对未成年犯罪嫌疑人作出批准逮捕决定前,应当注意听取其本人、法定代理人、律师、被害人等有关人员的意见。

《审查逮捕意见书》中对未成年犯罪嫌疑人是否具备有效监护条件或者社会帮教措施应进行具体说明。

对未成年犯罪嫌疑人、未成年被害人或者其法定代理人提出聘请律师意向,但因经济困难或者其他原因没有委托辩护人、诉讼代理人的,应当帮助其申请法律援助。

审查起诉未成年犯罪嫌疑人,应当听取其父母或者其他法定代理人、辩护人、未成年被害人及其法定代理人的意见。

检察院审查起诉未成年人刑事案件,应当讯问未成年犯罪嫌疑人。

对于犯罪情节较轻,符合法定情形的未成年犯罪嫌疑人,一般应当依法作出不起诉决定或附条件不起诉决定。相关决定书应当向被不起诉的未成年人及其法定代理人公开宣布,并阐明不起诉的理由和法律依据,告知其依法享有的权利。

作出附条件不起诉决定的,还应告知未成年人及其法定代理人考验期限,在考验期内应当遵守的规定以及违反规定应负的法律责任,并制作笔录附卷。

审查未成年人与成年人共同犯罪案件,一般应当将未成年人与成年人分案起诉。对不宜分案起诉的案件,对未成年人应当采取适当的保护措施。

公诉人出席未成年人刑事审判法庭,应当遵守公诉人出庭行为规范要求,发言时应当语调温和,并注意用语文明、准确,通俗易懂。

公诉人一般不提请未成年证人、被害人出庭作证。

在法庭审理过程中,公诉人的讯问、询问、辩论等活动,应当注意未成年人的身心特点。对于未成年被告人情绪严重不稳定,不宜继续接受审判的,公诉人可以建议法庭休庭。

公诉人在依法指控犯罪的同时,应当剖析未成年被告人犯罪的原因、社会危害性,适时进行法制教育及人生观教育,促使其深刻反省,吸取教训。

对未成年被害人、证人,特别是性犯罪被害人进行询问时,应当依法选择有利于未成年人的场所,采取和缓的询问方式进行,并通知法定代理人到场。

对女性被害人进行询问,一般应当由女性办案人员进行或者有女性办案人员到场。

在刑罚执行监督中，发现关押成年罪犯的监狱收押未成年罪犯的，或者对年满 18 周岁后余刑在 2 年以上的罪犯没有转送监狱的，应当依法提出纠正意见。

在看守所检察中，发现没有对未成年犯罪嫌疑人、被告人与成年犯罪嫌疑人、被告人分管、分押或者对未成年罪犯留所服刑的，应当依法提出纠正意见。

四、职务犯罪预防礼仪

预防职务犯罪是反腐工作的重要环节，要求遵循“标本兼治、综合治理、惩防并举、注重预防”的方针，坚持“教育、制度、监督并重”的原则。不同于以责任追究或诉讼监督为主的其他检务工作，职务犯罪预防职责的履行强调对职务犯罪类型、特征、趋势等信息的调研梳理，倡导对公务人员进行警示教育或提供建议。

预防职务犯罪形象标志

2012 年，最高人民检察院职务犯罪预防厅正式推出预防职务犯罪形象标志，以统一检察机关预防职务犯罪的公共形象，提升社会公众对预防工作的认同感。该标志以“正”字为蓝本，将预防的拼音首字母“Y”和“F”融入其中，表达了预防职务犯罪、抵制不正之风的主题思想，标志颜色选用醒目的红色，寓意时刻警示公职人员做人要正直，为官要清廉。

根据《人民检察院预防职务犯罪工作规则（试行）》等文件，职务犯罪预防实行主办检察官制，检察官在履职活动中应遵循以下行为规范和礼仪要求。

检察官围绕可能引发职务犯罪的隐患、非规范职务行为以及职务犯罪衍化的宏观、微观因素，可以根据需要单独或者联合有关行业、部门、单位开展预防调查。与有关行业、部门、单位联合调查的，应遵循部门间协作礼仪，注意事前预约、确定调查主题、明确参与人员、遵守时间安排、尊重相关单位规章制度等。

预防调查中，应当注意发现并依照规定作好职务犯罪线索移送等工作。预防调查结束后，应当提交调查报告，并依据调查结果提出和制定预防措施。

检察官应当定期开展职务犯罪发案情况和典型案例分析，具体可通过查阅有关案件卷宗、档案，向有关单位、人员了解情况，旁听案件的法庭审理以及邀请有关专家和专业人员座谈等方式完成。

预防调查和犯罪分析中，检察官与公职人员、各系统群众甚至因职务犯罪已被追究刑事责任收监管理的人员交往,都应遵守相应的社交礼仪。具体内容详见本书第二章。

检察官根据预防调查和犯罪分析结果,提出预防职务犯罪建议的,应当采用最高人民检察院规定的检察建议文书格式。经检察长审核签发,并报上一级人民检察院预防职务犯罪部门备案。

检察官应当为部门、单位或者公职人员提供职务犯罪预防咨询,应要求为有关部门、单位所制定的规范性文件提出意见。具体咨询应遵守相关登记、管理和审核制度。

预防调查和犯罪分析的成果,可适时用于在一定区域、行业、单位开展警示教育和预防宣传。预防宣传可以运用新闻媒体、文化载体和网络媒体等形式开展。

警示教育可以组织专人专题宣讲,主要宣讲职务犯罪的危害、惩治和预防职务犯罪的法律、政策、措施和成效,增强公职人员抵御职务犯罪的意识、能力,提高公众同职务犯罪斗争的积极性。

预防职务犯罪宣讲

检察官履行职务犯罪预防职责,应当严格遵守检察工作纪律和检察人员行为准则。严禁干预有关行业和单位的正常管理活动,干预市场主体合法的经营活动,为单位或者个人谋取私利,隐瞒、包庇违法犯罪行为,私自办理案件或者干预办案，泄露案情或者其他国家秘密、商业秘密、个人隐私。

五、控申、信访接待礼仪

（一）控告申诉接待礼仪

检察机关依法受理和处理公民和单位的报案、举报、控告和申诉，包括普通公民与单位的报告、举报，民事、行政案件当事人的申诉，刑事被害人的控告，犯罪嫌疑人甚至罪犯的申诉等。在接待上述人员时，检察院各职能部门的检察官应做到主动问候、热情周到、细心询问、耐心解释、礼貌送别。

具体礼仪包括以下方面：

检察官接待民行案件当事人、刑事被害人时，用语应当文明、礼貌、亲和、诚恳，应向相关人员明确告知其权利义务。

检察官接待用语包括："您好，请坐""欢迎您向检察机关反映问题""根据我国法律规定，公民有权向检察机关如实反映问题，但不得诬告陷害他人，否则要承担相应法律责任""您反映的情况，检察机关会依法处理，结果会向您反馈""再见，请慢走"等。

如果相关人员反映的问题不属于检察机关主管或管辖，也不得生硬推辞，应向申诉、控告者做出必要说明："根据我国法律规定，您反映的情况属于××单位管辖。您递交的材料我们会转给他们，您也可以直接向该单位反映。"

如果对方通过电话反映情况，检察官应做到：在通讯语言中使用礼貌称谓；准确通报本单位名称和个人身份；认真询问或者说明来电、去电事由；问话和气简洁，答话明确具体，结束通话客气礼貌。

检察官接待群众申诉

检察官电话通讯用语包括:“您好,这里是××人民检察院××科室,我是×××”“请问您有什么事?(或说明去电事由)”“我说清楚了吗”“请留下联系方式,有需要我们会与您联系”“再见”等。

(二)信访接待礼仪

检察机关受理的多是与其法律监督职责或执法活动相关的涉法信访。这是人民群众通过来信、来电或直接到访的方式,向检察院反映具体情况与个人意愿的重要方式。在此类信访工作中,检察官代表国家法律监督机关出面接待来访者,并与人民群众进行沟通、对话,必须掌握并遵守基本的信访礼仪,才能有助于信访工作的有序开展。

1.信访接待地点、人员和程序

检察机关应设置专用的来访接待室。来访专用的接待室应干净整洁,保持肃静,并易于保密。没有信访接待室的,检察官也可在满足以上要求的办公室里接待来访人员。

负责接待的检察官应根据来访问题的性质与内容做具体安排。具体部门的业务问题应由相关部门的检察官接待处理;综合性问题则可由检察机关内设的信访部门检察官或工作人员负责接待。

群体性来访者,一般应由业务部门或检察机关负责人出面处理。

检察官接待来访人员时,应意识到自己是国家法律监督机关的代表,应做到礼貌、亲和、热情、诚恳。在任何情况下,都不允许对来访者不理不睬、怠慢轻视、推诿搪塞甚至讥讽训斥。

检察官正式接待来访者时,需遵守必要的接待程序,以示接待的正规化和对来访者的尊重。具体包括:来访者抵达时,应起身相迎,以尊称相称,出示证件,握手问候,并为其让座;来访者反映问题时,应认真倾听,做好笔录,必要时可请对方核对并在笔录上签名;对来访者提出的要求,不宜急于表态,而应遵守规定,告知将依法依规尽快处理;对方告辞时,应起身相送、道别,切不可逐客;来访者人数众多时,宜分别接待,或者要求对方推选代表与检察官沟通。

检察官接待群众来访

总体而言,检察官与来访者交谈时,要认真、负责,不失礼貌。检察官在问、答、听、记时,宜耐心而谦恭,不得居高临下,随意打断、训斥来访者,或是表现得心不在焉,极不耐烦。交谈中,无论来访者态度与情绪如何,检察官都应冷静理性、平和诚恳,不可草率应答、敷衍了事,也切忌不经核实即随意应承,而应依法依理,询问清楚并耐心释明。

2. 来信、来电的处理

来信处理亦称办信。检察官在办信时,应及时查阅、处理、答复。

检察官应做到当日接信,当日拆阅。拆信时应加盖日戳或注明日期,应对信件进行编号,以便日后查阅。注意保持信件的完整,不可丢失相关附件。

检察官拆启来信后,应尽早认真阅读,应以客观冷静的心态,全面了解来信内容,并整理相关问题重点。对来信按轻重缓急和不同性质进行分类,按归口办理原则转办,重要问题呈报有关领导阅批或参阅。转信应符合规定,不可转给来信直接所涉之人。

阅信处理之后,检察官应对来信认真登记,登记事项包括收信日期、来信人、来信人单位、受信人、内容摘要、来信性质、发信编号、处理方式、处理日期等。

对于来信,检察官应在一定期限内给予合理答复。如果相关问题一直悬而未决,也应在合理期限内给予说明和解释。若来信已报转,可告知来信者来信的下落。

来信处理结案之后,检察官应将其整理归档,以备查考。同时,检察官应对来信予以保密,来信者的姓名、来信的内容等都不得随意向外界公开,特别是不得告知被反映人。

检察官在接听电话举报或情况反映时应符合礼仪要求,显示司法人员的素质修养和司法机关的良好形象。

检察官应在来电铃响三声内接听电话,接起电话后应以语速适中、表达清楚、吐字清晰的普通话主动通报自己的单位、姓名,接听群众电话时应热情礼貌、语气平和。

对来电反映的问题,应予以重视,并注意保密。在接听电话时,检察官应做好记录,对可当即解决的简单问题应立即回复,暂不能解决的问题应及时交办、转办,并告诉来电者具体联系方式。

接听电话时,无论对方情绪、态度如何,检察官都应冷静耐心,不得与对方争执甚至对骂。对不属于检察机关职责范围内的事项,应说明情况,告知对方应向有权职能部门反映。

检察官应参照办信规则,对来电做好记录,对来电情况逐项登记。

六、突发事件的处理

根据《突发事件应对法》,结合检察机关工作实际,本部分所称突发事件是指在检察机关工作场所或者工作过程中突然发生,造成或者可能造成重大的人员伤亡、财产损失、办公办案秩序混乱以及严重社会影响,需要调度检察机关力量予以处置的紧急事件。检察官在处置突发事件时,应遵循基本的流程。此外,根据目前的检务实践,在突发事件集中爆发的办案、信访或舆情传播过程中,检察官更应注意在处理相关突发事件时,遵循相应的礼仪要求。

(一)突发事件处理基本流程

检察官处理突发事件时,应遵循依法、迅速、有效、确保安全、积极负责的基本原则,旨在保障人民群众生命、财产安全,维护法律尊严,确保检务活动有序进行。鉴于多数检察机关已经成立统一领导和指挥突发事件处置的“应急处置突发事件工作领导小组”（以下简称应急处突领导小组），甚至针对专门事项的“专项应急处置组”（以下简称应急处置组），检察官在参与突发事件处置时，应及时向上述小组上报信息，服从小组调度，并积极执行小组决定的应急安排。

具体的应急处置流程包括：

1. 突发事件发生后，检察人员应及时将真实情况上报突发事件应急处置组或应急处突领导小组的组长、副组长，最迟不得超过30分钟。

2. 应急处置组组长和副组长应立即赶赴现场或通过电话了解起因和当前状况，提出解决方案，应根据突发事件的不同情况，组织力量，采取有效措施，严防事态扩大、蔓延和发生新的事故。

3. 参与突发事件处置的检察人员应服从应急处置组的安排，积极落实小组决定的应急方案，保持24小时通讯工具畅通，确保处置工作顺利进行。

4. 必要时，检察官需依靠法警加强突发事件现场的警戒，加强对重点人员、场所、部位的安全保护和控制。

5. 关于突发事件的处置，检察人员不得私下接受新闻媒体采访，不得在网络上、群众中散布相关信息。

6. 检察官应配合应急处置组处理突发事件处置后的善后事宜以及必要的信息发布工作。

（二）办案安全突发事件的处理

办案安全突发事件是指在办案过程中突然发生，危害或者可能危害案件当事人及诉讼参与人、办案人员和机关其他人员人身安全的紧急事件，以及其他妨害办公办案正常进行，引起严重危害和后果的突发事件，主要包括：涉案人员突发严重疾病、自伤、自残、自杀，发生死亡、严重受伤，可能引发涉案人员家属到检察机关集体上访等行为的；办案中出现群体性事件；办案人员在办案中遭受围攻或者暴力、威胁且情势危急等。

检察官遭遇以上突发事件，除了按照应急流程处置外，还需及时采取有效措施，具体包括：

1. 涉案人员突发严重疾病、自伤、自残、自杀的处置

（1）检察人员发现涉案人员突发严重疾病、自伤、自残、自杀，发生死亡、严重受伤的，应立即控制现场，制止自伤、自残、自杀行为，在确保自身安全前提下，根据现场不同情况，分别采取解除自伤、自残、自杀器物、切断电源、控制毒源等手段及时制止行为的继续，并稳定涉案人员的情绪。

(2)检察人员应立刻拨打120急救电话或者迅速将涉案人员送往就近的医疗机构,同时进行现场取证,及时记录事故发生、抢救过程。

(3)司法警察进入警戒状态,协助将涉案人员送往医院并做好医治期间的警卫工作。

(4)检察官应告知案件相关处室对可能引发的次生突发事件(如控告来访)做好准备。

2.办案中发生群体性事件的处置

(1)检察官应仔细、耐心听取群众的诉求,迅速调查引发事件的原因,找出矛盾的症结。

(2)检察官应加强办案部门与控申科之间的合作,迅速判断事态发展情况,根据危急程度协作解决。

(3)检察官在调查的同时做好群众心理安抚工作,尽量消除来访人的对立情绪,缓解矛盾,化解纠纷。

(4)法警要时刻警戒,采取有效措施保证机关工作人员和群众的人身安全。

(三)信访突发事件的处理

信访突发事件是指在接待来访过程中,突然发生,造成或者可能造成人员伤亡、财产损失,有一定社会影响的危及公共安全的紧急事件,主要包括,发生的来访人大规模聚集、集体静坐、缠访、闹访、群体访、上访人自伤、自残、自杀;持械威胁或殴打检察人员、非法限制检察人员人身自由;滞留滋事、打砸烧以及将生活不能自理的人弃留等造成或者可能造成一定社会影响、危及公共安全的行为。

检察官遭遇以上突发事件,除了按照应急流程处置外,还需及时采取有效措施,具体包括:

检察官应协助应急处置组全面掌握事态发生、发展的全过程及相关情况,了解突发事件的原因,所存在的主要矛盾,以及主要参与人员等,并提出处理建议,为应急决策提供依据。

检察官应根据应急处突领导小组或应急处置组的指示,参与或协助相关部门进行应急处理,包括:对人、财、物等及时采取抢救、保护、转移、疏散和撤离,进行现场取证,参与善后处理,及时上报相关信息等。

如遇信访人员自伤、自残、自杀,或者发生群体性事件的,可参照实施办案过程中突发类似情况的处置措施。

（四）重大负面舆情事件的处理

重大负面舆情事件是指因上述突发事件及其他公众舆论，严重影响本院的形象和声誉，需要本院与媒体、公众之间立即进行交流，以减少和消除谣言及负面信息不良影响的情形。

检察官遭遇以上突发事件，除了按照应急流程处置外，应切记信息发布工作应由检察机关主要负责人或专门科室完成。检察官个人不得在公共场合或新闻媒体上对尚未处置完毕的突发事件擅作评价，或传播小道消息、片面信息。而检察机关对此，应及时准确，正面引导，快报事实，慎报原因，力争在适当时机发布权威信息，把握新闻舆论的主动权。根据实际情况，检察长可批准召开突发事件新闻发布会、记者通气会等。相关部门还应加强舆情分析，制定应对方案，有针对性地发表文章、短评、网评等，澄清事实、解疑释惑、引导舆论。

第五章　律 师 礼 仪

第一节　律师礼仪概述

一、律师礼仪的内涵和特征

(一)律师礼仪的内涵

律师礼仪是指律师在接受法律咨询、会见当事人、参与庭审或仲裁等执业活动中应当遵守的礼节和仪式。它是法律精神对律师群体内在职业道德要求的外化表现形式,是提升律师队伍形象的重要举措。律师是法律职业共同体的重要成员,律师礼仪也是法律职业礼仪的有机组成部分。

根据现代礼仪理论,礼仪由主体、客体、媒体与环境等四项基本要素构成。律师礼仪同样如此。律师礼仪的主体,是指律师礼仪活动的操作者和实施者,包括从事各项诉讼与非讼业务的执业律师。律师礼仪的客体,是指律师礼仪活动的指向者和承受者,具体是指需要律师提供法律帮助或者与律师执业活动相关的各类主体,包括当事人、家属、司法工作人员等。律师礼仪的媒体,是指律师礼仪所依托的媒介,包括律师的仪容、服饰、举止、语言、行为等表意形式。律师礼仪的环境,则是指律师进行礼仪行为和活动的特定时间和空间条件,如在法院或仲裁庭参加开庭、在看守所会见犯罪嫌疑人等。

法官、检察官和律师都是法律职业共同体的成员,法官礼仪、检察官礼仪和律师礼仪具有某些共性要求,但律师礼仪与法官礼仪、检察官礼仪相比在适用主体、适用范围和适用目的方面呈现出明显的差异。

1. 适用主体特殊

律师礼仪的主体是执业律师,旨在通过礼仪规范的引导,规范、约束律师的执业行为,减少律师的不当言行,塑造良好的律师职业形象。而法官礼仪的适用主体是法官,检察官礼仪的适用主体是检察官。

2. 适用范围特殊

律师礼仪主要是律师在执业活动中应当遵守的礼仪规范,主要表现在提供法律咨询、会见犯罪嫌疑人和被告人、参与庭审或仲裁等执业活动中。而法官礼仪主要适用于审判或执行等诉讼活动中，检察官礼仪主要适用于检察业务活动中。

3. 适用目的特殊

律师是社会法律服务工作者，通过授权委托或指定为特定当事人提供法律服务。律师礼仪的适用目的在于通过礼仪规范律师的执业行为，其核心在于突出律师的专业性和服务性。这与作为国家公务员的法官、检察官礼仪要求完全不同。法官礼仪强调法官的中立性，而检察官礼仪则更为强调其公正性。

（二）律师礼仪的特征

律师礼仪是律师职业群体应当共同遵守的执业行为规范和准则，它外化于律师执业的言行举止之中，呈现出以下基本特征：

1. 职业性

律师礼仪作为一种特定的职场礼仪，职业性是其首要特征。律师礼仪的职业性体现在两个层面：首先，律师礼仪的适用主体具有职业性。律师礼仪的适用主体主要是执业律师，包括专职律师和兼职律师。律师事务所其他从业人员和实习人员也应当参照适用。律师在执业时与法官、检察官、当事人等其他主体交往时，律师礼仪仅适用于律师，而不对其他主体产生约束力。其次，律师礼仪的适用范围具有职业性。律师礼仪主要适用于律师提供法律服务等执业活动过程中，在律师的日常生活中并不适用。

2. 规范性

律师礼仪的规范性，是指律师礼仪对律师的各类执业行为具有规范、约束的效用。律师礼仪的规范性内源于律师职业道德准则，外化为具体的执业行为规范，最终实现对律师执业行为的指引与约束。这就要求律师必须认真学习并严格遵照礼仪规范行事，在执业中违反律师礼仪，会招致负面评价，甚至会承担违纪处分或法律责任。

3. 系统性

律师礼仪的系统性主要体现在律师礼仪的具体内容和适用依据两个方面。首先，律师礼仪的具体内容具有系统性，涵盖律师仪容礼仪、服饰礼仪、言谈礼仪、会见礼仪、接受法律咨询礼仪、会见礼仪及参与庭审或仲裁礼仪等多项内容。其次，律师礼仪通过《中华人民共和国律师法》《律师执业行为规范》《律师职业道德基本准则》《司法部关于实行律师出庭统一着装制度的通知》《中华人民共和国人民法院法庭规则》等一系列规范性文件予以规定，基本形成较为系统的律师职业礼仪规范体系。

4. 实用性

律师礼仪的实用性，是指律师礼仪规范的设计应当具有可操作性，可以有效引导、约束律师在执业活动中的具体行为模式。部分律师执业规范性文件对律师礼仪作出规定，如《律师执业行为规范》对律师参与诉讼或仲裁活动时的庭审仪表和语态作出指导性规定。部分地方律师协会和律师事务所也出台了《律师礼仪规范》，引导律师规范的执业行为。还有的地方对律师会见等执业活动出台专门规定，一方面保障律师的合法执业权利，另一方面对律师的执业行为做出规范性指导。

二、律师礼仪的起源与演变

律师礼仪起源于西方国家，它伴随着律师职业和律师制度的发展不断得以完善。我国现代律师制度是清末司法改革借鉴西方制度的产物，律师礼仪也是不折不扣的“舶来品”。

（一）国外律师礼仪的起源与发展

一般认为，雅典共和国时期的辩护士或保护人是律师的雏形。公元前3世纪，罗马皇帝以诏令的形式确定了“大教侣”从事“以供平民咨询法律事项”的职业。同时，还允许委托他人代理诉讼行为，于是，“职业律师”正式出现了。当时虽然对“律师”的管理较为严格，但并无专门的“律师”礼仪规范。

近代意义的律师制度是十七八世纪资产阶级革命的产物，各国先后以宪法和法律规定了被告人的辩护权，正式确立了律师制度的合法性基础。英国是其中的典型代表。英国对律师礼仪有严格的规定。英国从17世纪开始，律师在出庭时必须穿着律师袍，佩戴用马鬃编织而成的厚厚的假发。其意义在于以庄重的服饰象征着法律的尊严，同时，用假发掩饰律师个人身份，使法官或陪审团不会因律师的年龄、性别和外貌等因素而左右裁判。此外，律师的不当言行可能会被判藐视法庭并受到相应的惩处。英国对律师服饰等礼仪规定对英联邦国家和地区产生深远影响，加拿大、澳大利亚、新西兰等国家的律师出庭时一般也要穿着律师袍，并佩戴假发。

伴随传统的逝去，在出庭穿着律师袍的国家，也面临律师袍存废的争论。比如澳大利亚，如今很多律师已经习惯了不再穿律师袍和戴假发出庭。英国也在2008年之后规定，除了审理刑事诉讼案的法官外，全国大多数法官和律师在法庭上可以不再戴假发。[1]

安德鲁·巴肯饰演的英国著名律师威廉加罗爵士[2]

(二)我国律师礼仪的规范化历程

现代律师制度,通过清末"变法修律"、司法改革等运动由西方引入我国。清王朝1910年完成起草的大清刑事民事诉讼法草案中,有律师参加诉讼的规定。1912年,北洋军阀政府制定了《律师暂行章程》和《律师登记暂行章程》,这是中国第一部关于律师制度的成文立法。国民党南京政府建立后,于1927年公布了新的《律师章程》,1941年又正式公布了《律师法》。同年还颁布了《律师法施行细则》《律师登录规则》《律师惩戒规则》等,对律师的执业行为和礼仪规范做出较为明确的规定。民国时期律师出庭时需要穿着法服,黑袍镶着白颜色的滚边,戴方形黑帽。

新中国成立后,根据1954年《宪法》关于"被告人有权获得辩护"的规定,1954年到1956年,我国在一些大、中城市成立了律师协会和法律顾问处,初步开展了律师业务。改革开放以后,经济发展和法治建设推动了律师行业的快速发展,民众对律师的职业形象与礼仪水平也有了更高的期待。为此,我国于

〔1〕 参见《只能穿律师袍戴假发?扫描当代全球律师法庭着装》,央广网:http://china.cnr.cn/qqhygbw/20150120/t20150120_517475895.shtml,访问时间:2016年7月9日。

〔2〕 图片资料引用自《历史可以这样看——〈加罗律师〉的一些解读》,http://group.mtime.com/velvetgoldmine/discussion/1294541/,访问时间:2016年6月10日。

1980年8月通过《律师暂行条例》，对律师制度做出较为系统的规定。1996年5月颁行《律师法》，先后经过2001年和2007年两次修订。2002年经司法部批准，全国律协颁布了《律师出庭服装使用管理办法》和《律师协会标识使用管理办法》，规定自2003年1月1日起，律师担任辩护人、代理人出庭时，必须着全国统一律师出庭服装、佩戴律师出庭徽章。2004年，全国律协为了规范律师执业行为，树立良好的律师行业形象，颁行了《律师执业行为规范（试行）》。2009年12月27日第七届中华全国律师协会第二次理事会修订了《律师执业行为规范》，相比2004年的试行规范，对司法礼仪的规定更加简洁实用，在第五章“律师参与诉讼或仲裁规范”第三节“庭审仪表和语态”中，对律师参与法庭、仲裁庭审理时的职业形象、庭审语言等提出了具体要求。2014年全国律协又出台了《律师职业道德基本准则》，进一步对律师职业道德予以规范。此外，地方律协也对完善律师礼仪规范展开积极探索。例如，石家庄市律协为规范律师执业，塑造律师形象、维护律师职业尊严，专门制定了《石家庄市律师礼仪规范》。全国各地许多律师事务所也先后出台本所律师执业礼仪规范。这些规定为我国律师礼仪的规范化提供了有力的制度支持。

总之，我国律师制度起步较晚，发展过程中又屡遭波折，近年来在制度建设中虽然取得了一定成绩，但行业发展现状并不理想。现有规定虽然对律师的服饰、仪容、言谈、举止、执业行为等礼仪规范有所涉及，但这些规定在实践中并未严格落实，这严重影响了律师职业整体形象。与法官礼仪和检察官礼仪相比，律师礼仪建设相对落后，主要表现为礼仪规范内容少、受重视程度不高等问题。在全面推进依法治国的时代背景下，律师的角色不可或缺，其职业形象亟待提升，这也对律师礼仪建设提出了更高要求。

三、律师礼仪的原则

律师是为当事人提供法律服务的执业人员，律师礼仪作为一种职业礼仪，与国家整体司法环境和法治发展水平密切相关。确立符合国情的律师礼仪体系，应当符合司法客观规律和律师行业发展水平，并遵循以下主要原则。

（一）合法原则

合法原则是确定律师礼仪的首要原则。合法原则要求律师礼仪规范必须符合宪法与相关法律对律师职业定位和执业行为的基本规定。律师是法律职业共同体的一员，律师对维护当事人的合法权益、确保法律的正确实施、推进国家法治建设、实现社会公平和正义具有重要价值。因此，律师礼仪规范应当符合法律规定和法治精神对律师职业和执业活动的基本要求。律师礼仪作为律师自身素养和执业活动重要的外在呈现，必须遵循合法原则，塑造其专业性、服务性、受托性的职业基本特征。

(二)服务原则

我国《律师法》第 2 条对律师的职业定位是“为当事人提供法律服务的执业人员”，其通过自身的专业知识和法律技能获得报酬。这从立法上明确了律师与当事人之间的服务关系性质。律师的执业活动在遵守法律和职业道德规范的同时，还应当符合为服务对象提供优质法律专业服务的礼仪规范。确定律师礼仪应充分考量律师职业的服务属性，在执业活动中，应当从有利于维护委托人的合法权益出发，妥善处理与承办案件的法官、检察官、当事人、家属和新闻媒体的关系。

(三)平等原则

平等原则要求律师在执业活动中对待法官、检察官、当事人、家属等主体时应当平等相待。这要求律师对待法律服务对象要以礼相待，耐心细致地提供法律服务，要做到与当事人平等互利，不要以专业人士的身份对案件当事人或亲属颐指气使，招致服务对象的反感。同时，律师在庭审中面对法官、检察官等司法工作人员时，虽然法官是庭审的主导者，控辩角色也存在天然的立场对立，但律师不要为了胜诉委曲求全，应当做到不卑不亢，依据事实和法律为当事人提供专业服务。

(四)兼顾国情原则

律师礼仪标准的宽严程度应当与法治发展状况和国民法律意识水平相适应。各国对律师礼仪均有较为严格的规定，但各国法治发展水平不同，对律师礼仪要求的严格程度也不同。以律师制度最为发达的美国为例，美国律师协会早在 1908 年就制定了律师职业道德标准，经过一百多年的发展，对律师职业道德和执业礼仪都提出了系统的要求。相较而言，我国在律师总数、人均律师数量比、分布均衡度等方面与美国等法治发达国家存在较大差距。在确定我国律师礼仪规范时，应当充分考虑我国法治发展水平和律师业发展现状，盲目照搬域外经验、脱离国情的礼仪规范在实践中将难以被遵照执行。

四、律师礼仪的功能

律师礼仪是律师应当遵守的职业操守，具有塑造良好的职业形象、展现个人素质、促进纠纷有效化解、增强司法公信力等重要功能。

（一）塑造律师职业形象

良好的礼仪有助于塑造良好的职业形象。律师礼仪是律师个人内在修养与综合素质的外化表现，是对律师的学识、修养、风度、人格等个人魅力的全方位展示。律师礼仪既包括律师的仪容、服饰、言谈、举止等仪表礼仪，也包括提供法律咨询、会见当事人、参与庭审或仲裁等执业礼仪。这些都直接体现在律师与案件当事人、家属、法官、仲裁员、检察官等主体的交往活动中，能够为上述主体所感受和评价。律师符合礼仪规范的仪容、言谈、举止和执业表现，更容易获得司法工作人员、当事人、家属的认可与信赖，有助于塑造律师作为专业法律服务提供者的良好职业形象。

（二）展现律师个人素质

律师的个人素质，不仅包括自身执业所需的法律知识和实务经验等专业素养，还包括在执业过程中合乎礼仪的仪容、服饰、言谈举止等个人内在素质。律师礼仪是律师群体在长期的执业活动中积累形成的职业惯例，很多内容并非成文性的。它合乎律师职业道德要求，反映律师内在的职业素养与价值观念。对法律执业中的专业问题很多委托人可能无法深入了解，但律师通过仪容、服饰、言谈、举止等展现的外在仪表礼仪，可能会直接影响到委托人对律师个人素质的判断。“细节决定成败”，通过礼仪展现律师个人素质高低，将很大程度上直接决定委托人是否选择委托以及委托后对律师工作的评价。律师礼仪的规范、引导功能，有助于展现并提升律师个人素质，使其执业言行合乎法律规定和职业道德要求。

（三）促进纠纷有效化解

通过司法裁判获得当事人的认可，从而促进纠纷有效解决。这并不仅仅是法官的职责，作为代理人或辩护人的律师在其中也会扮演重要角色。律师通过当事人的委托或有关单位的指定提供法律专业服务，在当事人或其家属心目中，律师的专业水准及执业表现基本获得信赖。律师的执业行为会对当事人的态度产生至关重要的影响。律师在参与庭审或仲裁活动时，情绪激动，与法官、仲裁员、检察官等发生冲突，这会增加当事人对司法裁判合法性的质疑。律师遵守律师礼仪可以稳定当事人的情绪，使当事人对司法裁判产生信赖感，相信法律的公正性，从而自觉服从并愿意履行法院作出的司法裁判，使纠纷获得有效解决。

（四）增强司法公信力

司法礼仪较之一般职业礼仪要求更为严格，体现了司法的仪式性要求。

司法仪式不仅能够展现司法的庄严性，增强法律职业主体的责任感和使命感，也能激发诉讼参与人、社会公众对法律以及司法活动的敬畏之心。增强司法公信力对法律职业共同体而言责无旁贷，律师作为法律职业共同体的成员，律师在参与庭审活动中，遵守服饰、仪容、言谈、举止等各种礼仪规范，能够使庭审活动充满庄严感和程序性，使司法正义以看得见的方式得到实现。严格的法律仪式不仅使律师本人，也使其他公众自觉依从于法律程序的要求，强化法律的神圣性，有助于维护法律权威，提高司法公信度。

第二节　律师仪表礼仪

律师仪表礼仪，是指律师在仪容、服饰、言谈、举止等方面应当遵守的礼节和仪式。符合礼仪规范的律师仪表有助于展现其社会地位、学识涵养、人格品性与职业素养等综合素质，有助于塑造良好的律师职业形象。因此，律师仪表礼仪是律师礼仪的重要内容，具体包括律师的仪容礼仪、服饰礼仪、言谈礼仪与举止礼仪。

一、律师仪容礼仪

仪容，是指个人的外观与容貌，是塑造良好礼仪形象的基本要素。在人际交往中，仪容作为“第一印象”，将影响到他人对自己的整体评价。良好的仪容有利于促进交流对象彼此间的沟通。

律师的仪容既应与其法律专业服务提供者的职业形象相吻合，又要符合执业活动专业严谨的特点。整洁大方、自然得体是律师仪容礼仪的整体要求。律师仪容礼仪首先要做到仪容美，包括仪容自然美、仪容修饰美和仪容内在美三个层次，应当做到三者有机统一。仪容的修饰美是律师礼仪关注的重点。律师仪容礼仪应注重以下几个方面。

（一）面容整洁

律师首先应保持面容清洁，使之干净清爽，无其他不洁之物。还应注意以下细节。

1. 注意眼部保洁

眼部的分泌物应当及时清除。若佩戴眼镜，眼镜应端正且清洁明亮。在会见当事人、参与庭审或仲裁等执业活动中不应佩戴墨镜或有色眼镜。

2. 注意鼻腔卫生

注意清除鼻孔中不洁的分泌物。鼻腔应做到鼻孔干净,鼻腔通畅,不流鼻涕,不外露鼻毛。特别注意对鼻腔的保洁工作不能当众进行。不可随处擤鼻涕,不可当众挖鼻孔。

3. 注意耳朵卫生

在洗澡、洗头、洗脸时不要忘记清洗耳朵。耳朵应做到耳廓内外干净,无耳屎,不可当众掏耳朵。

4. 注意口腔卫生

律师在执业中经常与法官、当事人等做口头交流,应特别注意保持口腔卫生,具体包括以下方面:

(1)无异味

口腔应保持没有异味。为此,执业中特别是接受法律咨询、会见当事人、调取相关证据、参与庭审或仲裁之前,不要饮酒,应避免食用葱、蒜等带有特殊气味的食物,以免招致他人反感。如因身体健康原因导致口腔异味,则应使用口香糖、漱口水等保持口气清新。

(2)护理牙齿

牙齿应保持洁净。除了养成好的卫生习惯,坚持每日早晚刷牙漱口之外,最好形成饭后漱口的习惯。至少应在饭后检视一下牙齿是否洁净,以免在与法官、当事人交流时,因牙齿不净甚至有食物残留而留下不好的印象。

(3)避免发出异响

律师在工作场合,不宜发出打哈欠、吐痰、清嗓、吸鼻、打嗝等不雅的声响。如不慎发出异响,应及时向身旁的人示以歉意。

(二)头发修饰

律师作为法律专业人士,其发型应与其身份、气质相吻合,并与其性别、脸型、发质等相适应。头发修饰的总体要求是整洁、简单、得体、适度修饰。

1. 头发清洁

律师应保持头发洗净、理好、梳整齐。应养成定期洗发的习惯,避免头发油腻和异味或者头屑过多,给人以肮脏邋遢的形象。还应勤于梳理,保持整齐、服帖的发型。此外,在办公场所不宜披头散发。

2. 男律师的发型

男律师的发型风格要求严肃稳重、自然、得体。男律师的发型不可过于前卫,头发不宜过长,其鬓角、刘海等不得盖住耳朵、眉毛和衬衫领子。此外,为了保证其庄重形象,男律师不得蓄胡须或者剃光头,也不得漂染彩发。

3. 女律师的发型

女律师的发型风格宜端庄、知性、大方。女律师不宜选择怪异前卫的发型,如不得留寸头,不宜漂染过于夸张的艳丽彩发。此外,女律师对头发的修饰也应适当,不宜佩戴过分夸张的发饰品。

(三)正确化妆

女律师可以适度化妆,这有助于美化自身形象、增添个人魅力,也体现出对交往对象的尊重。化妆的基本要求是浓淡相宜、整体协调、扬长避短。具体而言,女律师的化妆应淡雅为主,切忌浓妆艳抹。应做到修饰得法,扬长避短且真实自然,注意与自身面貌、服饰、身份等相协调。并注意遵守一般的化妆礼仪,如不当众或在异性面前化妆或补妆等。

(四)适度修饰

个人通过修饰手部、佩戴饰物等方法,可达到衬托仪表,体现个性,展示内在气质和高雅品位的效果。但律师对手部的美化与饰物的佩戴都应适度。

1. 手部美化

律师应保持双手清洁,养成勤洗手的习惯。应经常修剪、洗刷指甲,不宜让污垢残存。此外,还应注意不能当众修剪指甲或者用牙齿啃咬指甲,不宜留长指甲或者涂染指甲。

2. 佩戴饰物

饰物佩戴应与职业、身份、气质相吻合。注意区分场合、考虑性别、宁缺毋滥等使用原则。

男律师整体呈现庄重、阳刚的气质,佩戴饰物以必要为宜,如领带夹、婚戒或手表等。在工作场合一般不应当带帽子。

女律师可适度佩戴首饰,但数量上以少为佳,尽可能限制在三种之内,点到为止,款式也应简洁低调。稍显夸张、容易分散他人注意力的饰品不宜佩戴。

二、律师服饰礼仪

服饰礼仪是律师仪容礼仪的重要部分,全国律协制定的《律师执业行为规范》《律师出庭服装使用管理办法》等文件对此均作出明确规定。律师在执业中穿着得体的服饰,可以突出律师的职业形象,彰显其良好的文化素养和审美品位。郭沫若曾说:"衣裳是文化的表征,衣裳是思想的形象。"所以,遵守律师服饰礼仪,既是律师执业行为的外在要求,又是使律师获得当事人、法官等良好评价的客观需要。

(一)律师服饰礼仪的基本原则

律师服饰的选择,除了符合日常着装礼仪,还应当根据律师的职业特点、执业场合等合理做出选择。

1. 符合身份

律师为客户提供的是法律专业服务,因此,律师在服装上应当向当事人展现法律专业人士的个人形象。此时,服饰的选择体现了律师对于自我定位是否准确。根据律师职业特点,着装上应当保守干练、修饰清爽。女性律师尤其应当突出自身的专业性而非女性柔美的特质。

2. 区分场合

律师平时需要面对的场合多种多样,需要针对不同场合选择不同的服饰。例如根据规定,律师参加法庭审理时,应当穿着律师袍,佩戴律师徽章。但在其他任何时间、场合不得穿着律师袍,佩戴律师徽章。律师虽然没有统一的制服,但服装选择必须以当事人能够准确识别你的律师身份为基本要求。

3. 三色原则

律师行业的专业、严谨、庄重的职业特点,要求服装颜色上应当偏向于保守。律师全身的颜色最好不要超过三种,原则上以蓝、黑、白三色为基调。即包括上衣、裤子、衬衫、领带、鞋子、袜子在内,全身颜色应该被限定在三种之内。律师着装颜色过多,会给人留下杂乱无章、华而不实的印象,进而影响到当事人对律师形象的评价。女律师可以在服装之外选择一两件饰品作为点缀。

(二)律师袍

2002年10月18日司法部批准了全国律协制定的《律师出庭服装使用管理办法》,规定从2003年1月1日起,中国律师出庭时将穿上统一的律师袍。律师袍是律师职业的重要表征。律师穿着律师袍出席庭审,能够直观地彰显律师独特的职业形象,增添法庭的威严与肃穆气氛,体现了对庭审人员、当事人的尊重,也有助于获得当事人对律师专业水准的认可。同时也提醒律师,铭记自己的职责,增强律师的社会责任感。

律师袍的设计,坚持以庄重的色调、鲜明标识、大方的款式为基本理念,辅之以简洁实用、便于携带等特点。服装主体设计均为黑色宽松式短袍,前摆呈开放式,以适合于各种体形,便于起坐。同时,也有别于法官的黑色长款法袍和检察官的深色西装。胸前佩戴律师徽章，领口配有深红色领巾。律师出庭服装外不得穿着或佩带其他衣物或饰品。

律师出庭的职业服装〔1〕

在司法实践中，特别是在基层法院审理案件时，律师袍长期受冷遇，使用频率并不高。在绝大多数案件庭审时，律师更愿意穿着正装而非律师袍。为了规范庭审着装，2016 年 4 月 13 日最高人民法院公布了最高人民法院《关于修改〈中华人民共和国人民法院法庭规则〉的决定》，规定出庭履行职务的人员，应当按照职业着装规定着装。从 2016 年 5 月 1 日起，律师出庭必须穿着律师袍。

（三）律师徽章

2002 年 10 月 18 日司法部批准了全国律协制定的《律师协会标志使用管理办法》，规定从 2003 年 1 月 1 日起，中国律师出庭时将佩戴律师徽章。律师徽章是证明律师身份的专用标识。律师在参与庭审穿着律师袍时，需要一并佩戴律师徽章。因此，律师徽章可视为是律师庭审着装不可分割的组成部分。

---

〔1〕本章示例图片均由北京大成（重庆）律师事务所提供（标注其他出处者除外）。本书已依法获得其使用、改编、出版之授权。

小知识:律师徽章的含义

律师徽章以蓝色为主色调,配以浅黄色对应,其外形与内形为一大一小两个同心圆,象征凝聚力与向心力;内圆上部均匀排列五颗五角星,凸显了中国含义;内圆下方有三组正反相背的“L”,代表律师,外在形式上像相互支持的“人”字形,取众志成城之意。

根据《律师协会标志使用管理办法》,律师徽章应按下列规定佩戴:

1. 出庭穿着律师袍或其他服装时应当佩戴律师徽章;

2. 其他任何时间和场合不得佩戴律师徽章;

3. 律师徽章不得用于任何以营利为目的的商标、商业广告;不得用于与律师执业无关的任何个人活动。

(四)律师着装具体要求

律师出庭时,应内着浅色衬衣,佩带领巾,外着律师袍,律师袍上佩带律师徽章。下着深色西装裤、深色皮鞋,女律师可着深色西装套裙。

律师在其他执业场合,不得穿着律师袍,应当选择套装、套裙、长袖衬衫、长裤、长裙等格调庄重的服装。

律师着装要干净整齐,不穿奇装异服。女律师不穿过于暴露的服装;男律师在正式场合、办公场所不穿短裤、无袖衫和拖鞋。

三、律师言谈礼仪

言谈可以反映一个人的思想水平、知识修养和道德品质,是仪容礼仪的重要内容。《律师执业行为规范》要求律师在法庭或仲裁庭发言时应当用词文明、得体。律师在执业中的言谈应符合礼仪规范和职业特点,除了遵循基本的言谈礼节,还应注意以下方面。

(一)言谈的基本要求

言谈是人类重要的表达方式。语言表达能力是律师才华的外在表现,律师能否把自己的意思用准确的语言表达出来,是律师的基本功。律师在执业活动中,言谈应做到以下基本要求。

1. 严谨准确

律师的言谈,一定要严谨规范。律师在会见当事人、出席庭审时应当准确使用法言法语,恰当措辞,保证表达意思的完整、准确。应当针对案件现有证据和法律规定,为当事人及其家属客观分析案情,提供专业的咨询意见和案件处理方案,不可做出保证胜诉等虚假承诺。

2. 简洁明了

律师在执业中言谈要突出要点,简洁明了。例如在会见犯罪嫌疑人时,应当事先准备好提问内容,问题简洁清晰。啰嗦含混的提问,既不利于全面准确了解案情,也浪费了会见的时间。这将难以实现会见的预期效果,也会让律师在当事人及其家属心中留下不良印象。庭审发言同样应当简洁,在法庭调查中针对当事人举示证据的证据能力和证明力进行质询和辩驳,法庭辩论针对案件争点结合事实和法律提出简洁有力的辩论意见。

3. 清晰易懂

律师使用法言法语旨在保证意思传达准确,在此基础上,言谈应尽量使用口语,清晰易懂,可采用举例子、打比方等多种易于理解的表达方式,促进与当事人的良好沟通。特别是在会见当事人时,如果当事人对专业的法言法语理解有困难,需要用准确严谨的日常词汇为其做出必要的解释和说明,保证信息沟通的准确性和完整性。

(二)言谈的礼仪规范

言谈体现出个人的礼仪修养,需要遵守相应的礼仪规范。言谈礼仪主要包括以下几个方面。

1. 态度真诚

律师接受当事人的委托或法院指定提供法律服务,正确的态度应该是热情诚恳、严谨稳重、平易、不卑不亢。热情是言谈的重要要求,欠缺热情的言谈没有感染力,无法取得预期效果。真挚诚恳是言谈的基本态度,以诚为本,诚心待人,才能取得听者的信任,应避免虚伪做作,华而不实。律师的言谈还必须严谨稳重,严谨是保障司法活动庄严性的必然要求,稳重是成熟的表现。只有稳重严谨的言谈,才能给当事人安全感,增加可信程度,任何轻佻的语言和表情、动作都应当避免。平易能与听者拉近距离,应避免傲慢无礼、狂妄自大、盛气凌人。庭审时应不卑不亢,自觉服从审判长的引导,适时发表法庭言论,不可抢话、插话。

2. 神情专注

神情专注是与人交流时的基本礼仪,能表达出对交流者的尊重。律师提供法律咨询、会见当事人、参与庭审或仲裁时,应神情专注、精力集中,不能左顾右盼，也不能边交流边翻阅文件。神情专注同样不意味着交流时眼神呆滞，死盯对方，这会让交流对象产生不适感，违反言谈礼仪要求。如果与多人交谈，应不时用目光与众人逐一交流，增进彼此的亲近感。

3. 内容适宜

内容适宜是指律师与交流对象的言谈不违背法律规定和职业道德准则要求，内容言之有物，逻辑性强。谈话内容要相对集中，层次分明，重点突出，不能东拉西扯，不着边际。注意交谈话题的选择，应当不违背法律的规定和律师职业道德要求。例如不能随意向法官打探办案情况，向当事人或其近亲属做出不当承诺，不可诋毁其他律师以抬高自己。

4. 表达得体

表达得体要求使用恰当的词汇、语气以及姿态来表达自己的观点。区分不同场合、不同对象、不同内容选择合适的语气措词、语调声态和肢体语言。律师在与当事人沟通交流或法庭辩论中应当善于配合手势强化观点的表达，但手势不宜过多过大。在会见当事人时，不能以专业人士的姿态训斥当事人的无知。在参与庭审时，不可情绪过于激动，不能挑战审判人员的司法权威，不能鼓动听众的情绪。律师的言谈表达应自觉维护司法活动的严肃性与中立性。

5. 用词文雅

律师属于知识分子群体，在言谈中应使用文雅词汇，包括语言的内容文雅和形式文雅。语言的内容文雅要求律师执业行为中自觉维护当事人的隐私，不可随意张扬，杜绝使用粗话、脏话、大话等有损律师良好职业形象的语言。语言的形式文雅则要求措辞严谨、发音规范、语调平和、语速正常，避免生硬、急躁、轻慢的语气。律师在会见当事人时可以根据交流需要使用方言，在参与庭审活动中应尽量使用普通话。

四、律师举止礼仪

举止就是一个人的表情、动作、行为以及在活动时身体各个部分所呈现出的姿态，是一个人的性格、情感、气质、教养的集合。传递个人内涵与外在美的举止又被称为肢体语言。在社会交往中，个人的举止体现其道德修养、文化水平以及与他人交往的诚意，关系到个人良好形象的塑造。律师优雅得体的举止，可以增加当事人对律师的信任感。《律师执业行为规范》要求律师在法庭或仲裁庭发言时应当举止庄重、大方。

（一）表情友善

律师在执业中表情运用讲求自然、亲切、友善、沉稳。在丰富的表情之中，眼神和笑容最具有代表性，是律师举止礼仪的重要内容。

1. 眼神

眼神是面部表情的核心，是心灵的语言，是非语言交流的重要手段。眼神能够最明显、最准确反映出不同的情绪、心理活动等信息。在与他人交流时，眼神也往往折射出个人的态度或立场。因此，律师在执业中与当事人、法官等交流时，应注意运用合适的眼神，符合礼仪规范要求。

律师在参与庭审或仲裁时，注视的区域一般应集中在"严肃注视区域"。"严肃注视区域"是指以双眼为底线，额中为顶点所构成的三角区域。注视该区域，就会显得严肃、庄重，不含任何感情色彩。律师在接受法律咨询、会见当事人时，注视的区域一般应集中在"社交注视区域"。"社交注视区域"是指对方的双眼至上嘴唇的三角区域。注视该区域，通常传递一种友好、尊重、亲切、温和的信息，令交流对象有一种平等、轻松的感觉。律师在交流时不宜采用斜视，不宜注视对方的头顶、大腿、脚和手。交往对象是异性时，律师不应该注视其肩部以下，尤其不要注视胸部、裆部、腿部等部位。在交谈中，律师在对方说错或表达不清时，也不宜直视对方以免尴尬，也不宜直接扭转目光，以免显得轻视。总而言之，律师眼神的运用，应符合其职业的庄严感，同时体现对法官、当事人的尊重。

2. 笑容

笑容，可以表现出真挚友善的礼貌态度，彰显自信乐观的良好修养。雪莱曾说："微笑，是仁爱的象征，快乐的源泉，是亲近别人的媒介。"律师的笑容要求适度、真诚、注意场合和对象。

律师的微笑，应当透露出友善、真诚、和蔼、期待良好信息沟通等信息，这有助于促进律师与当事人、法官的正常沟通，塑造良好的律师职业形象。

律师在接受法律咨询、会见当事人时，一般应面带微笑，能够缩短与当事人的心理距离，为沟通营造和谐的气氛，也可以针对当事人阐释案情的变化适时调整为严肃、关切等表情。在法庭辩论中，应表情自然得体，不可面红耳赤。

律师在执业中切忌虚情假意，避免面带机械性微笑、冷笑、傻笑；对笑声也应当适当节制，不可随意大笑。

（二）手姿得体

手姿在身体语言中最丰富、最有表现力。西塞罗曾说："一切心理活动都伴有指手画脚等动作,手势恰如人体的一种语言,这种语言甚至连野蛮人都能理解。”律师运用位置、力度得当的手势,能增强表达的明晰度和感染力,促进彼此的沟通,加强印象。

在英美法系国家,法庭辩论时律师可以来回走动,用肢体、语言、手势等说明案件事实,说服陪审团做出有利己方的裁决。在我国庭审时,一般不允许律师在法庭上走动,但并不妨碍律师在庭审时适当使用手势取得事半功倍的效果。律师手势礼仪应当做到幅度适当、简洁准确、适时恰当。

为了维护律师形象的严肃性、专业性,同时体现对他人的尊重,律师运用手势应特别注意以下细节:手势幅度不宜过大,以免给人以浮躁、不稳重的印象;与他人交谈时切忌用手指指指点点,特别是指着对方面部,以免造成轻视对方的误解;在各种场合应避免诸如敲桌子、打响指、转笔、搔头、掏耳朵、抠鼻子等手势习惯。

(三)立姿端庄

立姿关乎个人的静态形象,是其他动态造型的基础。律师的立姿应体现舒展大方、挺拔笔直、精力充沛的职业形象。

男律师立姿要求稳健。可立直身体,重心放在两脚,双脚平行分开,两脚平行比肩略窄,以20厘米为宜。右手握在左手手腕上,叠放在背后或轻搭在小腹前。也可一手持公文包,另一只手自然垂放。

女律师的立姿要求优雅,使整体呈现亭亭玉立之感。可两脚并拢或两脚微张呈“V”字形,身体微侧呈45度,面朝前方,右手搭在左手手指上,自然贴在腹部,右脚略向前靠在左脚上成“丁”字步。

律师避免以下错误的姿势:在正式场合,不可袖手、抱臂或将双手插在裤袋里;站立时双腿不可叉开得过大;忌歪倚斜靠、站立不直、形态慵懒;忌探脖、塌腰、耸肩、抖腿、频繁变换双腿姿势或随意摆弄手指等。

(四)坐姿优雅

坐姿是个人非常重要的静态造型。入座时,动作要轻盈和缓,自然从容。具体包括入座、落座、起座的仪态以及坐立时的姿势。

坐姿应注意不同场合的不同要求。律师在日常工作、会见当事人时只要符合日常坐姿基本礼仪即可。但在参与庭审或仲裁时,律师的坐姿应端正庄严,不左顾右盼,体现出沉着、稳重、专业的职业形象,也表达对司法权威的尊重。

(五)行姿稳重

律师的行姿体现的是动态美,稳健优雅的行姿能反映出自信稳重的精神状态。男律师应步伐矫健，潇洒豪迈，彰显阳刚之美。女律师则应轻盈从容，端庄典雅，展示阴柔之美。

律师的行姿应注意以下方面：律师行走时应头正，目视前方；上身挺直，挺胸收腹，重心适度前倾；双臂自然摆动，手臂外开不超过30度；膝盖伸直；脚尖正对前方。

律师避免以下错误的行势：不宜大甩双臂、左摇右摆，给人以轻浮、不稳重的印象；不宜低头、弓腰、拖脚行走，给人缺乏自信的感觉；忌高昂头颅、摇头晃脑、左顾右盼、晃臂扭腰、蹦蹦跳跳等行走姿态，给人目中无人、心浮气躁的印象；不宜在行走中与他人勾肩搭背、搂搂抱抱，或相距过近，给人狎昵不庄重的感觉。

第三节　律师执业礼仪

律师执业礼仪是指律师在接受法律咨询、会见犯罪嫌疑人或被告人、参与庭审或仲裁等执业活动中所应遵循的基本礼节和仪式。这不仅是对律师执业行为的规范性要求，更能综合体现律师的职业道德、职业责任、执业纪律和执业技能。律师执业礼仪不仅展示律师的个人风貌，更能彰显律师行业的整体素质。

律师执业礼仪的具体内容主要以律师业务类型为确定依据。综合考虑律师业务范围[1]、业务性质、执业场所、交往对象等多种因素，将律师执业礼仪归纳为接受法律咨询礼仪、会见礼仪、参与庭审或仲裁礼仪以及与其他人员交往礼仪。

一、接受法律咨询礼仪

律师在接受法律咨询时遵守礼仪规范，可以在短时间内树立律师事务所和律师自身专业形象，尽快取得委托人的信任，成功获得案件代理。接受咨询应热情接待、细致周到、保守秘密、分工负责。律所接待客户的过程不仅要律师本人，律所的其他相关人员也要密切配合，帮助律师全面展现自己的良好形

---

〔1〕　我国《律师法》第28条对律师业务范围作出明确规定，结合实践中的做法，律师业务可以归纳为11个方面。具体包括担任法律顾问、民事诉讼代理、行政诉讼代理、刑事法律帮助、刑事辩护、刑事诉讼代理、申诉代理、仲裁代理、非讼法律事务、法律咨询和代书。

象和品格,使客户感受到律所的专业和用心。[1]

律师事务所接待前台

(一)电话咨询礼仪

通过电话咨询,律师可以大体了解案情,客户也会对咨询律师建立初步印象,决定是否进一步面谈或办理正式委托手续。

1. 热情得体的开场白

热情得体的开场白可以使双方迅速建立信任。律师应态度热情,使用职业的接待用语,避免出现不耐烦、生硬、粗暴的态度。律师应该在第一时间自报家门,要让对方第一时间记住律所名称和律师姓名,有利于后续的交流。

2. 归纳咨询重点

电话咨询时可以用笔记本简单记录案情要点。在聆听的过程中,律师需要引领对方思路,按照法律要件去陈述事实,获取有用的案情信息。当对方讲述偏离主题时,律师应礼貌地引导客户转移到正题上来。律师要在客户陈述完毕后简要复述,以确保自己的理解和客户陈述的案情基本一致。

3. 审慎解答专业问题

通过问题解答,应当使客户能够感受到律师的真诚态度和专业水准,进而

〔1〕 陈绍娟、徐浩然:《律师礼仪——从细节迈向成功》,中国政法大学出版社 2015 年版,第 91 页。

产生委托意愿。解答如果过于详尽,可能客户不用再来委托,反而选择自己处理案件。解答如果过于简单,会给客户留下敷衍或者不专业的印象,客户可能会选择其他律师。因此,律师应当准确使用法言法语慎重解答问题,客观指出案件办理存在的实体或程序难题。如果确实缺乏关键证据,应当明确提示诉讼风险。解答时语言简练准确、结论明确、富有逻辑。避免出现"这种事电话里说不清,建议来律所当面咨询"的敷衍回答。

(二)面谈咨询礼仪

客户到律所面谈咨询是最常见的咨询方式。有的客户会直接到律所来咨询,也有的是通过电话咨询预约进一步面谈相关事宜。

律师接受当事人咨询

1. 做好准备工作

律师应与客户预先确定面谈地点,最好选择自己执业的律所。律师可以就具体地址、交通方式,乘车路线,停车是否方便等信息与客户进行细致沟通。这会给客户留下热心、真诚的良好印象,有助于顺利完成案件委托。

提前布置会议室,提供良好的交流环境。事先和律所接待人员沟通好,客户到律所时热情迎候。夏、冬两季要提前打开空调,选择适宜温度;空气如有异味,应当净化处理;桌椅摆放整齐。

律师着装应符合律师服饰礼仪的要求,着正装。避免穿着休闲服装,过短的裤装或裙装,不得穿拖鞋。

准备记录本,记录本应干净整洁,不要给客户留下懒散邋遢的不良印象。

准备案件提问大纲,有针对性与客户开展交流,全面、准确了解案件情况。

2. 面谈注意事项

律师在咨询中要耐心倾听客户案情陈述,认真翻阅客户提供的证据材料,注意对客户叙述的引导,避免遗漏关键信息。如有必要,可以适度插话、补充发问。律师在客户陈述完案情后最好简要复述,确保自己的理解和案件具体情况基本一致。可以表述为:"通过您的陈述,我对案件有了大概了解,下面我简要重复一下,您看看我理解的对不对?如果我理解有误,请您纠正……"

律师应从专业角度做出较为细致、逻辑清晰的解答。可以从案件实体法律关系、程序规则、司法实践类似案例处理、律师建议等方面去解答。应当直接询问客户对案件处理期望达到的目标结果。通过解答让客户清晰准确认识到案件办理的法律风险,在此基础上对后续处理做出理性决定。

律师遇有不清楚的问题,可以向客户发问。在全面把握案情和证据材料后,对客户提出的问题,通过具体分析与综合考虑,从法律、法规或政策等角度抓住实质进行剖析。律师应自信、沉稳、客观地展示自己,以专业水准获得客户的认可。

3. 面谈后续工作及要求

如果成功获得委托,律师应在案件代理过程中与委托人积极保持联系,定期汇报案情进度;如果没有后续委托,律师也可以电话回访,争取使咨询者成为日后潜在的客户。

律师事务所召开案情讨论会

获得委托后,律师应注意以下要求:严格按照法律规定的期间、时效以及与委托人约定的时间办理委托事项;谨慎保管委托人或当事人提供的证据原件及其他材料;在授权委托范围内开展执业活动,不得超越委托事项;无正当理由不得拒绝辩护或代理或以其他方式终止委托;对已经出现和可能出现的不可克服的风险,应当及时通知委托人;禁止向当事人做出虚假承诺;禁止非法牟取委托人的利益。

律师从事法律顾问、非讼法律事务、代书等业务时,也会涉及与相关客户的谈判、咨询等行为,其礼仪规范可以参照律师接受法律咨询礼仪执行。

二、会见礼仪

刑事诉讼过程中,同犯罪嫌疑人、被告人会见权是法律规定的执业律师享有的重要权利,是对犯罪嫌疑人、被告人人权保障的重要内容。律师通过会见可以迅速了解案情,核对案件事实和证据,澄清案件疑点,理清辩护思路。律师会见犯罪嫌疑人、被告人时应遵守会见礼仪,这既是法律的明文规定,更是律师职业道德的基本要求。

(一)律师会见礼仪规范

1. 会见前准备礼仪

完成授权委托。与犯罪嫌疑人、嫌疑人的亲属通过面谈建立互信,办理委托代理手续,签订授权委托书,明确授权范围。为避免法律风险,律师应当认真核实委托人的身份信息,必要时可以让委托人出示与当事人的关系证明。

了解当事人及案件基本信息。通过与委托人交谈获得犯罪嫌疑人的姓名,民族,身份证号码,工作或学习单位,是否是党员、人大代表、政协委员,是否有过从军经历,是否学习过法律等个人基本信息。了解犯罪嫌疑人涉嫌的罪名、被拘留或逮捕的时间、羁押地点、办案机关等案件信息,判断案件办理进展。

预约会见时间。侦查阶段会见危害国家安全犯罪、恐怖活动犯罪、特别重大贿赂犯罪案件在押的犯罪嫌疑人须经过侦查机关批准;其余案件会见犯罪嫌疑人无需批准,但最好预约后会见。

准备会见提纲。律师会见前应当根据案情疑点、法律规定制作会见问题提纲,预先准备会见记录本。

与家属做好沟通。律师与犯罪嫌疑人会见前,最好先电话联络家属,或者约家属见面,将家属问候带给犯罪嫌疑人、被告人。但带话内容不能涉及案情,不能指示或暗示当事人作伪证。

携带必要文件。律师到看守所会见在押的犯罪嫌疑人、被告人,应携带律师执业证书、律师事务所证明和委托书或者法律援助公函,交看守所查验后会见。辩护律师带一名律师助理协助会见时,助理人员应当出示律师事务所证明和律师执业证书或申请律师执业人员实习证,供办案机关核实身份。辩护律师会见时需要翻译人员随同参加的,应当提前向办案机关提出申请,并提交翻译人员身份证明及其所在单位出具的证明。

2. 会见礼仪

选择适当称呼。律师对当事人的称呼应有利于双方建立信任,便于沟通交流。在问候时可以点名道姓,如"李某某你好"。如果是官员或公司高管,可以维持原来的称呼不变,以缓解其被羁押后的心理落差,维护其尊严。

选择合适服装。律师会见时应当穿着正装,突显稳重专业的职业形象。衣服选择尽量少选择花哨颜色,以白色、黑色或蓝色为主,不宜选择过于时尚、轻浮的服饰。

做好自我介绍。律师在等待会见时,要把会见提纲、记录本、笔、印泥等物品准备好。犯罪嫌疑人、被告人进入会见室时律师应起立,先点头示意。律师应先简单介绍自己及所在的律师事务所的基本信息。

合理利用时间。因为时间有限,在双方简单寒暄后,律师应当就案件的有关情况,根据会见提纲主动进行提问。要给对方留出足够的表达时间,不可随意打断对方,利用时机恰当发问,避免浪费时间。

把握会见内容。律师与犯罪嫌疑人、被告人会见应当围绕办理案件的基本情况进行交流,与案件无关的其他事实不必去了解。律师对在执业活动中知悉的委托人和其他人不愿泄露的情况和信息,应当予以保密。但是,委托人或者其他人准备或者正在实施的危害国家安全、公共安全以及其他严重危害他人人身、财产安全的犯罪事实和信息除外。

制作会见笔录。认真制作会见笔录,并要求犯罪嫌疑人、被告人确认无误后在笔录上签名。

(二)律师会见礼仪的注意事项

1. 律师最好避免单独会见。律师在会见时,为了自身安全以及避免产生不必要的意外,最好带一名助理共同会见。

2. 律师会见不要带犯罪嫌疑人、被告人家属。会见时,作为律师应该恪守自己的职业规范,不得以任何理由带家属会见犯罪嫌疑人或被告人。

3. 律师会见不可私自传递证据与信件。犯罪嫌疑人、被告人的供述与辩解材料最好由看守所工作人员审查以后带出。如果律师私自传递有关物品，可能被以辩护人毁灭证据、伪造证据、妨害作证罪追究刑事责任。

4. 律师会见应当征求犯罪嫌疑人、被告人是否同意为其提供法律服务。虽然律师事务所与犯罪嫌疑人、被告人的亲属签订了委托协议，也应当征求犯罪嫌疑人、被告人本人的意见。

5. 律师在会见时不可放过案件的任何疑点、难点。不管是程序性还是实体性的都应该与犯罪嫌疑人、被告人核对。

6. 遵守会见时间。律师应在有限时间内解决必要问题，达到会见目的。

三、参与庭审或仲裁礼仪

(一) 参与审判或仲裁礼仪

对于诉讼律师而言，法庭是集中展现其专业水准、诉讼技巧和个人智慧的竞技场。律师遵守法庭礼仪能够强化司法权威，让当事人和旁听者亲身感受到法律人之间、法律职业共同体的团结。

1. 庭前准备

庭前准备工作是否充分，是律师能否合乎礼仪规范应对庭审的关键环节。应做好以下工作。

(1) 全面细致了解案件基本情况。一审庭审前要了解基础案情，如果没有参加一审直接参加二审诉讼活动的，庭前要阅卷了解一审庭审情况，以免出现二审庭审时重复提出一审庭审已经解决的问题，或者重复调查事实浪费时间。

(2) 准备好出庭材料。根据已经了解的案情，结合自己对法律的理解，整理案件争议焦点。针对焦点问题，有针对性收集法律、法规、司法解释等规定及指导性案例，有的放矢去调查收集证据，向法院提出调查证据申请，及时申请证据保全。

(3) 完成庭审代理或辩护意见。要根据掌握了解的案件基本情况，围绕争点问题，言简意赅地完成庭审代理意见。可以将准备好的辩护词、代理词在开庭前交给法官，以便于发言时法官能全面了解辩护、代理观点。

(4) 整理好卷宗材料。关键时刻能够迅速找到所需要的材料，保持卷宗材料的整洁干净，将材料做好分类，制作好证据目录，写清名称、证明对象、页码等基本内容，需要时可以随时查看。

2. 庭审中礼仪

庭审环节是对律师的仪容、服饰、言谈、举止等礼仪规范的集中展示，也是对其专业水平和执业技能的全面衡量。律师参加庭审要求态度端正，庭审发言不能过于强势，要根据事实和法律说服法官，以理服人。

（1）遵守出庭时间、举证期限、提交法律文书期限及其他时限性规定。律师不得借故延迟开庭，确有正当理由不能按期出庭的，应请求法院在不影响案件审理期限的情况下，另行安排开庭时间。在民事诉讼中，律师无故缺席法庭审判，还有可能导致按撤诉处理或者缺席判决等不利后果。如确因客观原因迟到，应当在落座后及时向审判长说明迟到理由，并向法庭成员诚挚道歉。

（2）在开庭审理过程中，律师应当尊重法庭、仲裁庭及其他参与者。审判人员、仲裁员在庭审中居于主导地位，检察官与律师存在控辩的立场对立，因此律师与审判人员、仲裁员和检察官在庭审中产生冲突也时有发生。律师应当遵守法庭、仲裁庭的秩序，合理管控自己的情绪，意气用事可能会造成难以挽回的恶劣影响。律师出席庭审时眼神和表情要充满善意，要沉稳自信，要尊重他人发言，耐心倾听对方意见。律师在庭审中情绪要做到不卑不亢，自觉维护律师的职业形象。辩护律师向被告人发问的语气应当缓和、亲切，让被告人在相对宽松的氛围中充分阐述其供述事实和辩解意见，讲明自己罪轻、无罪的理由。

（3）律师在办案中，不得与所承办案件有关的司法、仲裁人员私下接触。律师因对事实真假、证据真伪及法律适用是否正确而与诉讼相对方意见不一致，或者为了向案件承办人提交新的证据，与案件承办人接触和交换意见应当在司法机关内指定场所。

（4）律师穿着得体服饰。律师庭审时应当穿着律师袍，佩戴律师徽标。具体要求前面服饰礼仪部分已有详尽叙述，此处不赘述。

（5）律师庭审用语文明得体。律师在庭审中应当有风度、有气魄，始终保持彬彬有礼的气质。律师在庭审中应使用法言法语展现自身的法律水准和执业技能。庭审礼仪要求律师说话庄重有分量，发言或总结陈词时，可以使用“尊敬的审判长、审判员”“代理人（辩护人）发言完毕，谢谢”“我有几个问题要询问一下，是否准许？”等语句。

庭审中，一般应当使用普通话表达。律师发表辩护、代理意见时，应注意整体逻辑清晰，繁简得当，观点鲜明，准确到位。最好不要照着辩护词、代理词念，这显得律师准备不够充分，欠缺必要的语言表达能力。注意把握庭审时的语速不可过快,要照顾到书记员记录庭审笔录的速度,避免遗漏关键内容。

律师参加庭审还应当注意:发音准确、声音洪亮;语速适当,有节奏感,重点突出;配以适当的肢体语言增强感染力;庭审发言时要和法官、检察官或对方代理人有目光交流;避免过于尖锐、激烈的用语;合理把握法庭发言时间,避免啰嗦;不得随意打断他人发言,需要发言可以举手示意。

(6)律师庭审举止庄重大方。律师在庭审中举止应当符合律师举止礼仪规范,举手投足间透露出律师专业水准和儒雅风范。在庭审中认真聆听,做好记录,归纳总结对方发言要点。针对对方上一轮的观点进行有的放矢的驳斥,不可简单重复己方已经充分阐述过的观点。律师可以用眼神向法官和对方表明自己坚定的立场,用眼神影响到对方的自信心,还可以通过观察法官了解法官对自己所述内容的关注程度,从而判断法官的观点。应当避免目光长时间和检察官或对方律师对视,以免给人造成挑衅感。

律师还应注意以下举止要求:不随地吐痰;切忌抖腿、跷二郎腿;不得拍桌子,不要用手指点对方;发言时不要摇头晃脑,不要坐立不安或者与旁边人窃窃私语。

3. 庭后礼仪

通过宣判以及必要的解释工作使当事人服判息讼,这虽然是法官的责任,但律师在其中也应当发挥积极作用。当事人委托律师作为代理人或辩护人,对律师存在一定的信赖感。案件宣判拿到裁判文书后,律师应当及时将诉讼结果告知委托人。律师应当从维护当事人合法权益出发,以客观公正的立场,就裁判文书中事实认定、法律适用和裁判主文等内容为当事人答疑解惑,特别是当裁判主文与原告诉讼请求存在较大偏差时,对当事人认为存在裁判错误的疑问要审慎回应,可以对是否应当提起上诉或者申请再审以及后续处理方案提出合理化建议。

(二)参与调解礼仪

调解,是指在第三方的主持下,双方当事人通过自愿协商、互谅互让,达成协议从而解决纠纷的一种活动。此处的调解主要是指律师参与法院调解或仲裁调解。此时调解的主体是审判人员或仲裁员,律师只是参与或配合的角色。

在调解的过程中,要秉承当事人利益最大化原则,不要因为个人情绪影响或自身利益考量而抵制对当事人有利的调解方案或武断建议当事人拒绝接受调解。在实践中,部分律师按照诉讼结果收费,律师为了多收取律师费,故意诱导当事人拒绝接受法院、仲裁庭调解。这不利于纠纷的有效化解,损害了当事人的合法利益。

在当事人出庭时，律师应当根据事实和法律，客观、全面分析当事人选择不同纠纷解决方式的利与弊，讲明法律后果，提出具体意见供当事人自己理性做出选择。如果当事人授权律师决定是否接受调解，律师也应当从维护当事人合法权益出发，理性判断后决定是否接受法庭、仲裁庭的调解建议。

法官、仲裁员在调解中如果有不当调解行为，律师为维护当事人的利益，应当及时向法院、仲裁委员会提出异议，督促改正不当调解行为。

律师在调解中，不得单方会见承办案件的法官或仲裁员。

2016年6月28日，最高人民法院发布《关于人民法院进一步深化多元化纠纷解决机制改革的意见》，提出推动律师调解制度。在律师调解中律师是调解人，这与法院调解的法官或仲裁调解的仲裁员角色相同。为了使当事人信服，增强纠纷解决效果，此时律师的调解礼仪应当参照法官或仲裁员作为调解人的礼仪规范执行。注意律师调解并不具有强制执行效力，调解达成协议后应当提醒当事人及时申请司法确认或者向法院申请制作调解书。

四、与其他人员交往礼仪

律师在执业中，还会涉及律师同行、新闻媒体等其他人员，在业务交往中都应当遵守相应的礼仪规范。

（一）与同行交往礼仪

根据《律师执业行为规范》的要求，律师与同行交往要做到尊重与合作、禁止不正当竞争行为。

1. 尊重客户选择

律师在处理法律事务时可能会与同行发生竞争，要摒弃“同行是冤家”的狭隘思想，不要在客户面前发表贬损同行抬高自己的言论，要尊重客户的选择权。“只有尊重别人的人，才有权受人尊敬”，理性的客户会根据案件复杂程度、面谈经历、自身经济状况，综合衡量后选择适合自己的律师。大多数客户并不会因为听到你对同行律师的不良评价而盲目相信，却反而可能对你的人品产生合理怀疑。

根据法律规定，委托人可以在同一个案件中聘请两名律师作为代理人或辩护人。而这两名律师可能执业律所、介入时间、代理权限等并不相同，这些都是委托人根据案件情况客观评估后做出的理性选择。两名律师要尊重客户的选择，互相密切合作，分工负责，顺利完成法律服务工作。

2. 尊重庭审对手

在庭审过程中各方律师应当互相尊重,不得使用挖苦、讽刺或者侮辱性的语言。虽然在案件中,双方的角色是对立冲突的,但这只是代理法律事务上的冲突,而非律师个人关系的对立。通过平等竞争可以使得律师迅速成长,不断提升自己的专业水平和执业技能。律师需要有合作共赢、开放包容的心态,不要在背后故意诋毁、诽谤作为庭审对手的其他律师。

3. 维护律师行业形象

律师同行之间应当互相尊重,律师基于自己对案件事实的认知和法律的理解,在制作法律文书或者庭审中结合争议焦点客观提出代理、辩护意见,反驳对方观点,希望以此获得利己裁判。但在发表观点时不得相互指责,进行人身攻击,不要挑拨律师同行的关系。律师或律师事务所不得在公众场合及媒体上发表恶意贬低、诋毁、损害同行声誉的言论,这会严重损害律师群体的声誉,抹黑整个律师行业。

4. 禁止不正当竞争

律师或律师事务所不得采用不正当手段进行业务竞争,损害其他律师及律师事务所的声誉或者其他合法权益。禁止做出下列行为:无正当理由,以低于同地区同行业收费标准为条件争揽业务或者采用承诺给予客户、中介人、推荐人回扣、馈赠金钱、财物或者其他利益等方式争揽业务;故意在委托人与其代理律师之间制造纠纷;向委托人明示或者暗示自己或者其属的律师事务所与司法机关、政府机关、社会团体及其工作人员具有特殊关系;就法律服务结果或者诉讼结果做出虚假承诺;明示或者暗示可以帮助委托人达到不正当目的或者以不正当的方式、手段达到委托人的目的。

(二)与媒体交往的礼仪

律师与媒体经常相互合作,律师通过媒体来营销推广自己,媒体通过律师来获取案件的报道信息。但两者在交往中也应当遵守相应的礼仪规范,避免损害当事人的合法权益,影响司法公正和权威。

我国立法文件和司法解释对律师的媒体宣传没有规定,但在 2004 年 3 月 30 日颁布的《律师执业行为规范(试行)》在第十章第四节规定了“谨慎司法评论”的内容,即律师不得在公共场合或向传媒散布、提供与司法人员及仲裁人员的任职资格和品行有关的轻率言论;在诉讼或仲裁案件终审前,承办律师不得通过传媒或在公开场合发布任何可能被合理地认为损害司法公正的言论。

但令人遗憾的是,在 2009 年修改出台的《律师执业行为规范》中,已经删除了相关规定。我们认为,伴随微博、微信等新媒体的兴起,律师与媒体的关系日益密切,两者交往礼仪应当予以规范。目前已有相关部门认识到了问题的重要性,出台有关规定予以规制。2007 年 7 月 30 日北京市律师协会宣传联络委员会出台了《关于律师事务所和律师与媒体业务合作的指引》,河南省司法厅也出台了《关于加强对律师办理重大、敏感、群体性案件指导监督的意见》,对律师的代理活动进行了规制,提出律师代理敏感案件,不得利用媒体进行炒作以引起国内外舆论的不良影响。

1. 律师利用媒体推广业务礼仪

目前,越来越多的律师利用媒体树立自己的职业形象,律师们接受各类节目采访,获取社会知名度和影响力。对此,律师应当积极参与,精心准备,针对相关专业问题做出专业且深入浅出的解答。这既可以树立自身良好职业形象,也能起到法制宣传的效果。

律师利用媒体宣传,不得歪曲事实和法律,可能让公众对律师产生不合理期待的宣传。律师和律所可以宣传从事的某一专业法律服务领域,但不得自我声明或者暗示其被公认或者证明为某一专业领域的权威或专家。律师和律所也不得进行律师之间或律所之间的比较宣传。

律师可以利用媒体推广业务广告,但广告应当具有可识别性,能够使社会公众辨明是律师广告。律师和律所不得以有悖律师使命、有损律师形象的方式制作广告,不得采用一般商业广告的艺术夸张手段制作广告。广告中不得出现违反律师协会有关律师广告管理规定的内容。

2. 律师应对媒体案件采访礼仪

维护当事人的利益、保护当事人隐私是律师执业的底线,这一点在与媒体交往中也不例外,任何时候都不允许律师以牺牲客户利益为代价进行自我宣传。少数律师为了获取关注度,将办案中了解到的个人隐私向媒体披露,造成恶劣社会影响。也有的律师故意捏造虚假信息或者有选择性披露案件信息,利用媒体炒作案件,扩大案件影响范围,试图鼓动舆论影响法院裁判。

律师不能将案件卷宗提供给媒体作为报道素材。律师对未决案件发表观点一定要慎之又慎,不能发表对案件判决结果的预测性结论,不能发表任何使公众对判决结果的公正性产生合理怀疑的言论。接受媒体采访时,要选择值得信任的媒体或记者,新闻写好后应当由律师本人阅读后才允许公开报道。

附录　法律职业礼仪相关规范性文件

《法官行为规范》

（最高人民法院2005年11月4日发布试行，2010年12月6日修订后发布正式施行）

为大力弘扬“公正、廉洁、为民”的司法核心价值观，规范法官基本行为，树立良好的司法职业形象，根据《中华人民共和国法官法》和《中华人民共和国公务员法》等法律，制定本规范。

一、一般规定

第一条　忠诚坚定。坚持党的事业至上、人民利益至上、宪法法律至上，在思想上和行动上与党中央保持一致，不得有违背党和国家基本政策以及社会主义司法制度的言行。

第二条　公正司法。坚持以事实为根据、以法律为准绳，平等对待各方当事人，确保实体公正、程序公正和形象公正，努力实现办案法律效果和社会效果的有机统一，不得滥用职权、枉法裁判。

第三条　高效办案。树立效率意识，科学合理安排工作，在法定期限内及时履行职责，努力提高办案效率，不得无故拖延、贻误工作、浪费司法资源。

第四条　清正廉洁。遵守各项廉政规定，不得利用法官职务和身份谋取不正当利益，不得为当事人介绍代理人、辩护人以及中介机构，不得为律师、其他人员介绍案源或者给予其他不当协助。

第五条　一心为民。落实司法为民的各项规定和要求，做到听民声、察民情、知民意，坚持能动司法，树立服务意识，做好诉讼指导、风险提示、法律释明等便民服务，避免“冷硬横推”等不良作风。

第六条　严守纪律。遵守各项纪律规定，不得泄露在审判工作中获取的国家秘密、商业秘密、个人隐私等，不得过问、干预和影响他人正在审理的案件，不得随意发表有损生效裁判严肃性和权威性的言论。

第七条　敬业奉献。热爱人民司法事业，增强职业使命感和荣誉感，加强业务学习，提高司法能力，恪尽职守，任劳任怨，无私奉献，不得麻痹懈怠、玩忽职守。

第八条　加强修养。坚持学习，不断提高自身素质；遵守司法礼仪，执行着装规定，言语文明，举止得体，不得浓妆艳抹，不得佩带与法官身份不相称的饰物，不得参加有损司法职业形象的活动。

二、立　　案

第九条　基本要求

（一）保障当事人依法行使诉权，特别关注妇女、儿童、老年人、残疾人等群体的诉讼需求；

（二）便利人民群众诉讼，减少当事人诉累；

（三）确保立案质量，提高立案效率。

第十条　当事人来法院起诉

（一）加强诉讼引导，提供诉讼指导材料；

（二）符合起诉条件的，在法定时间内及时立案；

（三）不符合起诉条件的，不予受理并告知理由，当事人坚持起诉的，裁定不予受理；

（四）已经立案的，不得强迫当事人撤诉；

（五）当事人自愿放弃起诉的，除法律另有规定外，应当准许。

第十一条　当事人口头起诉

（一）告知应当递交书面诉状；

（二）当事人不能书写诉状且委托他人代写有困难的，要求其明确诉讼请求、如实提供案件情况和联络方式，记入笔录并向其宣读，确认无误后交其签名或者捺印。

第十二条　当事人要求上门立案或者远程立案

（一）当事人因肢体残疾行动不便或者身患重病卧床不起等原因，确实无法到法院起诉且没有能力委托代理人的，可以根据实际情况上门接收起诉材料；

（二）当事人所在地离受案法院距离远且案件事实清楚、法律关系明确、争

议不大的,可以通过网络或者邮寄的方式接收起诉材料;

(三)对不符合上述条件的当事人,应当告知其到法院起诉。

第十三条 当事人到人民法庭起诉

人民法庭有权受理的,应当接受起诉材料,不得要求当事人到所在基层人民法院立案庭起诉。

第十四条 案件不属于法院主管或者本院管辖

(一)告知当事人不属于法院主管或者本院没有管辖权的理由;

(二)根据案件实际情况,指明主管机关或者有管辖权的法院;

(三)当事人坚持起诉的,裁定不予受理,不得违反管辖规定受理案件。

第十五条 依法应当公诉的案件提起自诉

(一)应当在接受后移送主管机关处理,并且通知当事人;

(二)情况紧急的,应当先采取紧急措施,然后移送主管机关并告知当事人。

第十六条 诉状内容和形式不符合规定

(一)告知按照有关规定进行更正,做到一次讲清要求;

(二)不得因法定起诉要件以外的瑕疵拒绝立案。

第十七条 起诉材料中证据不足

原则上不能以支持诉讼请求的证据不充分为由拒绝立案。

第十八条 遇到疑难复杂情况,不能当场决定是否立案

(一)收下材料并出具收据,告知等待审查结果;

(二)及时审查并在法定期限内将结果通知当事人。

第十九条 发现涉及群体的、矛盾易激化的纠纷

及时向领导汇报并和有关部门联系,积极做好疏导工作,防止矛盾激化。

第二十条 当事人在立案后询问证据是否有效、能否胜诉等实体问题

(一)不得向其提供倾向性意见;

(二)告知此类问题只有经过审理才能确定,要相信法院会公正裁判。

第二十一条 当事人在立案后询问案件处理流程或时间

告知案件处理流程和法定期限,不得以与立案工作无关为由拒绝回答。

第二十二条 当事人预交诉讼费

(一)严格按规定确定数额,不得额外收取或者随意降低;

(二)需要到指定银行交费的,及时告知账号及地点;

(三)确需人民法庭自行收取的,应当按规定出具收据。

第二十三条 当事人未及时交纳诉讼费

(一)符合司法救助条件的,告知可以申请缓交或者减免诉讼费;

(二)不符合司法救助条件的,可以书面形式通知其在规定期限内交费,并告知无正当理由逾期不交诉讼费的,将按撤诉处理。

第二十四条 当事人申请诉前财产保全、证据保全等措施

(一)严格审查申请的条件和理由,及时依法作出裁定;

(二)裁定采取保全等措施的,及时依法执行;不符合申请条件的,耐心解释原因;

(三)不得滥用诉前财产保全、证据保全等措施。

第二十五条 当事人自行委托或者申请法院委托司法鉴定

(一)当事人协商一致自行委托的,应当认真审查鉴定情况,对程序合法、结论公正的鉴定意见应当采信;对不符合要求的鉴定意见可以要求重新鉴定,并说明理由;

(二)当事人申请法院委托的,应当及时做出是否准许的决定,并答复当事人;准许进行司法鉴定的,应当按照规定委托鉴定机构及时进行鉴定。

三、庭　审

第二十六条 基本要求

(一)规范庭审言行,树立良好形象;

(二)增强庭审驾驭能力,确保审判质量;

(三)严格遵循庭审程序,平等保护当事人诉讼权利;

(四)维护庭审秩序,保障审判活动顺利进行。

第二十七条 开庭前的准备

(一)在法定期限内及时通知诉讼各方开庭时间和地点;

(二)公开审理的,应当在法定期限内及时公告;

(三)当事人申请不公开审理的,应当及时审查,符合法定条件的,应当准许;不符合法定条件的,应当公开审理并解释理由;

(四)需要进行庭前证据交换的,应当及时提醒,并主动告知举证时限;

(五)当事人申请法院调取证据的,如确属当事人无法收集的证据,应当及时调查收集,不得拖延;证据调取不到的,应当主动告知原因;如属于当事人可以自行收集的证据,应当告知其自行收集;

(六)自觉遵守关于回避的法律规定和相关制度,对当事人提出的申请回

避请求不予同意的，应当向当事人说明理由；

（七）审理当事人情绪激烈、矛盾容易激化的案件，应当在庭前做好工作预案，防止发生恶性事件。

第二十八条　原定开庭时间需要更改

（一）不得无故更改开庭时间；

（二）因特殊情况确需延期的，应当立即通知当事人及其他诉讼参加人；

（三）无法通知的，应当安排人员在原定庭审时间和地点向当事人及其他诉讼参加人解释。

第二十九条　出庭时注意事项

（一）准时出庭，不迟到，不早退，不缺席；

（二）在进入法庭前必须更换好法官服或者法袍，并保持整洁和庄重，严禁着便装出庭；合议庭成员出庭的着装应当保持统一；

（三）设立法官通道的，应当走法官通道；

（四）一般在当事人、代理人、辩护人、公诉人等入庭后进入法庭，但前述人员迟到、拒不到庭的除外；

（五）不得与诉讼各方随意打招呼，不得与一方有特别亲密的言行；

（六）严禁酒后出庭。

第三十条　庭审中的言行

（一）坐姿端止，杜绝各种不雅动作；

（二）集中精力，专注庭审，不做与庭审活动无关的事；

（三）不得在审判席上吸烟、闲聊或者打瞌睡，不得接打电话，不得随意离开审判席；

（四）平等对待与庭审活动有关的人员，不与诉讼中的任何一方有亲近的表示；

（五）礼貌示意当事人及其他诉讼参加人发言；

（六）不得用带有倾向性的语言进行提问，不得与当事人及其他诉讼参加人争吵；

（七）严格按照规定使用法槌，敲击法槌的轻重应当以旁听区能够听见为宜。

第三十一条　对诉讼各方陈述、辩论时间的分配与控制

（一）根据案情和审理需要，公平、合理地分配诉讼各方在庭审中的陈述及辩论时间；

(二)不得随意打断当事人、代理人、辩护人等的陈述;

(三)当事人、代理人、辩护人发表意见重复或与案件无关的,要适当提醒制止,不得以生硬言辞进行指责。

第三十二条　当事人使用方言或者少数民族语言

(一)诉讼一方只能讲方言的,应当准许;他方表示不通晓的,可以由懂方言的人用普通话进行复述,复述应当准确无误;

(二)使用少数民族语言陈述,他方表示不通晓的,应当为其配备翻译。

第三十三条　当事人情绪激动,在法庭上喊冤或者鸣不平

(一)重申当事人必须遵守法庭纪律,法庭将会依法给其陈述时间;

(二)当事人不听劝阻的,应当及时制止;

(三)制止无效的,依照有关规定作出适当处置。

第三十四条　诉讼各方发生争执或者进行人身攻击

(一)及时制止,并对各方进行批评教育,不得偏袒一方;

(二)告诫各方必须围绕案件依序陈述;

(三)对不听劝阻的,依照有关规定作出适当处置。

第三十五条　当事人在庭审笔录上签字

(一)应当告知当事人庭审笔录的法律效力,将庭审笔录交其阅读;无阅读能力的,应当向其宣读,确认无误后再签字、捺印;

(二)当事人指出记录有遗漏或者差错的,经核实后要当场补正并要求当事人在补正处签字、捺印;无遗漏或者差错不应当补正的,应当将其申请记录在案;

(三)未经当事人阅读核对,不得要求其签字、捺印;

(四)当事人放弃阅读核对的,应当要求其签字、捺印;当事人不阅读又不签字、捺印的,应当将情况记录在案。

第三十六条　宣判时注意事项

(一)宣告判决,一律公开进行;

(二)宣判时,合议庭成员或者独任法官应当起立,宣读裁判文书声音要洪亮、清晰、准确无误;

(三)当庭宣判的,应当宣告裁判事项,简要说明裁判理由并告知裁判文书送达的法定期限;

(四)定期宣判的,应当在宣判后立即送达裁判文书;

(五)宣判后,对诉讼各方不能赞赏或者指责,对诉讼各方提出的质疑,应

当耐心做好解释工作。

第三十七条　案件不能在审限内结案

（一）需要延长审限的，按照规定履行审批手续；

（二）应当在审限届满或者转换程序前的合理时间内，及时将不能审结的原因告知当事人及其他诉讼参加人。

第三十八条　人民检察院提起抗诉

（一）依法立案并按照有关规定进行审理；

（二）应当为检察人员和辩护人、诉讼代理人查阅案卷、复印卷宗材料等提供必要的条件和方便。

四、诉 讼 调 解

第三十九条　基本要求

（一）树立调解理念，增强调解意识，坚持“调解优先、调判结合”，充分发挥调解在解决纠纷中的作用；

（二）切实遵循合法、自愿原则，防止不当调解、片面追求调解率；

（三）讲究方式方法，提高调解能力，努力实现案结事了。

第四十条　在调解过程中与当事人接触

（一）应当征询各方当事人的调解意愿；

（二）根据案件的具体情况，可以分别与各方当事人做调解工作；

（三）在与一方当事人接触时，应当保持公平，避免他方当事人对法官的中立性产生合理怀疑。

第四十一条　只有当事人的代理人参加调解

（一）认真审查代理人是否有特别授权，有特别授权的，可以由其直接参加调解；

（二）未经特别授权的，可以参与调解，达成调解协议的，应当由当事人签字或者盖章，也可以由当事人补办特别授权追认手续，必要时，可以要求当事人亲自参加调解。

第四十二条　一方当事人表示不愿意调解

（一）有调解可能的，应当采用多种方式，积极引导调解；

（二）当事人坚持不愿调解的，不得强迫调解。

第四十三条　调解协议损害他人利益

（一）告知参与调解的当事人应当对涉及到他人权利、义务的约定进行修正；

（二）发现调解协议有损他人利益的，不得确认该调解协议内容的效力。

第四十四条 调解过程中当事人要求对责任问题表态

应当根据案件事实、法律规定以及调解的实际需要进行表态，注意方式方法，努力促成当事人达成调解协议。

第四十五条 当事人对调解方案有分歧

（一）继续做好协调工作，尽量缩小当事人之间的分歧，以便当事人重新选择，争取调解结案；

（二）分歧较大且确实难以调解的，应当及时依法裁判。

五、文书制作

第四十六条 基本要求

（一）严格遵守格式和规范，提高裁判文书制作能力，确保裁判文书质量，维护裁判文书的严肃性和权威性；

（二）普通程序案件的裁判文书应当内容全面、说理透彻、逻辑严密、用语规范、文字精炼；

（三）简易程序案件的裁判文书应当简练、准确、规范；

（四）组成合议庭审理的案件的裁判文书要反映多数人的意见。

第四十七条 裁判文书质量责任的承担

（一）案件承办法官或者独任法官对裁判文书质量负主要责任，其他合议庭成员对裁判文书负有次要责任；

（二）对裁判文书负责审核、签发的法官，应当做到严格审查、认真把关。

第四十八条 对审判程序及审判全过程的叙述

（一）准确叙述当事人的名称、案由、立案时间、开庭审理时间、诉讼参加人到庭等情况；

（二）简易程序转为普通程序的，应当写明转换程序的时间和理由；

（三）追加、变更当事人的，应当写明追加、变更的时间、理由等情况；

（四）应当如实叙述审理管辖异议、委托司法鉴定、评估、审计、延期审理等环节的流程等一些重要事项。

第四十九条 对诉讼各方诉状、答辩状的归纳

（一）简要、准确归纳诉讼各方的诉、辩主张；

（二）应当公平、合理分配篇幅。

第五十条 对当事人质证过程和争议焦点的叙述

(一)简述开庭前证据交换和庭审质证阶段各方当事人质证过程;

(二)准确概括各方当事人争议的焦点;

(三)案件事实、法律关系较复杂的,应当在准确归纳争议焦点的基础上分段、分节叙述。

第五十一条　普通程序案件的裁判文书对事实认定部分的叙述

(一)表述客观,逻辑严密,用词准确,避免使用明显的褒贬词汇;

(二)准确分析说明各方当事人提交证据采信与否的理由以及被采信的证据能够证明的事实;

(三)对证明责任、证据的证明力以及证明标准等问题应当进行合理解释。

第五十二条　对普通程序案件定性及审理结果的分析论证

(一)应当进行准确、客观、简练的说理,对答辩意见、辩护意见、代理意见等是否采纳要阐述理由;

(二)审理刑事案件,应当根据法律、司法解释的有关规定并结合案件具体事实做出有罪或者无罪的判决,确定有罪的,对法定、酌定的从重、从轻、减轻、免除处罚情节等进行分析认定;

(三)审理民事案件,应当根据法律、法规、司法解释的有关规定,结合个案具体情况,理清案件法律关系,对当事人之间的权利义务关系、责任承担及责任大小等进行详细的归纳评判;

(四)审理行政案件,应当根据法律、法规、司法解释的有关规定,结合案件事实,就行政机关及其工作人员所作的具体行政行为是否合法,原告的合法权益是否被侵害,与被诉具体行政行为之间是否存在因果关系等进行分析论证。

第五十三条　法律条文的引用

(一)在裁判理由部分应当引用法律条款原文,必须引用到法律的条、款、项;

(二)说理中涉及多个争议问题的,应当一论一引;

(三)在判决主文理由部分最终援引法律依据时,只引用法律条款序号。

第五十四条　裁判文书宣告或者送达后发现文字差错

(一)对一般文字差错或者病句,应当及时向当事人说明情况并收回裁判文书,以校对章补正或者重新制作裁判文书;

(二)对重要文字差错或者病句,能立即收回的,当场及时收回并重新制作;无法立即收回的,应当制作裁定予以补正。

六、执　　行

第五十五条 基本要求

（一）依法及时有效执行，确保生效法律文书的严肃性和权威性，维护当事人的合法权益；

（二）坚持文明执行，严格依法采取执行措施，坚决避免不作为和乱作为；

（三）讲求方式方法，注重执行的法律效果和社会效果。

第五十六条 被执行人以特别授权为由要求执行人员找其代理人协商执行事宜

（一）应当从有利于执行考虑，决定是否与被执行人的代理人联系；

（二）确有必要与被执行人本人联系的，应当告知被执行人有义务配合法院执行工作，不得推托。

第五十七条 申请执行人来电或者来访查询案件执行情况

（一）认真做好记录，及时说明执行进展情况；

（二）申请执行人要求查阅有关案卷材料的，应当准许，但法律规定应予保密的除外。

第五十八条 有关当事人要求退还材料原件

应当在核对当事人提交的副本后将原件退还，并由该当事人签字或者盖章后归档备查。

第五十九条 被执行财产的查找

（一）申请执行人向法院提供被执行财产线索的，应当及时进行调查，依法采取相应的执行措施，并将有关情况告知申请执行人；

（二）应当积极依职权查找被执行人财产，并及时依法采取相应执行措施。

第六十条 执行当事人请求和解

（一）及时将和解请求向对方当事人转达，并以适当方式客观说明执行的难度和风险，促成执行当事人达成和解；

（二）当事人拒绝和解的，应当继续依法执行；

（三）申请执行人和被执行人达成和解的，应当制作书面和解协议并归档，或者将口头达成的和解协议内容记入笔录，并由双方当事人签字或者盖章。

第六十一条 执行中的暂缓、中止、终结

（一）严格依照法定条件和程序采取暂缓、中止、终结执行措施；

（二）告知申请执行人暂缓、中止、终结执行所依据的事实和相关法律规

定，并耐心做好解释工作；

（三）告知申请执行人暂缓、中止执行后恢复执行的条件和程序；

（四）暂缓、中止、终结执行确有错误的，应当及时依法纠正。

第六十二条　被执行人对受委托法院执行管辖提出异议

（一）审查案件是否符合委托执行条件，不符合条件的，及时向领导汇报，采取适当方式纠正；

（二）符合委托执行条件的，告知被执行人受委托法院受理执行的依据并依法执行。

第六十三条　案外人对执行提出异议

（一）要求案外人提供有关异议的证据材料，并及时进行审查；

（二）根据具体情况，可以对执行财产采取限制性措施，暂不处分；

（三）异议成立的，采取适当方式纠正；异议不成立的，依法予以驳回。

第六十四条　对被执行人财产采取查封、扣押、冻结、拍卖、变卖等措施

（一）严格依照规定办理手续，不得超标的、超金额查封、扣押、冻结被执行人财产；

（二）对采取措施的财产要认真制作清单，记录好种类、数量，并由当事人签字或者盖章予以确认；

（三）严格按照拍卖、变卖的有关规定，依法委托评估、拍卖机构，不得损害当事人合法利益。

第六十五条　执行款的收取

（一）执行款应当直接划入执行款专用账户；

（二）被执行人即时交付现金或者票据的，应当会同被执行人将现金或者票据交法院财务部门，并及时向被执行人出具收据；

（三）异地执行、搜查扣押、小额标的执行或者因情况紧急确需执行人员直接代收现金或者票据的，应当即时向交款人出具收据，并及时移交法院财务部门；

（四）严禁违规向申请执行人和被执行人收取费用。

第六十六条　执行款的划付

（一）应当在规定期限内办理执行费用和执行款的结算手续，并及时通知申请执行人办理取款手续；

（二）需要延期划付的，应当在期限届满前书面说明原因，并报有关领导审查批准；

(三)申请执行人委托或者指定他人代为收款的,应当审查其委托手续是否齐全、有效,并要求收款人出具合法有效的收款凭证。

第六十七条 被执行人以生效法律文书在实体或者程序上存在错误而不履行

(一)生效法律文书确有错误的,告知当事人可以依法按照审判监督程序申请再审或者申请有关法院补正,并及时向领导报告;

(二)生效法律文书没有错误的,要及时做好解释工作并继续执行。

第六十八条 有关部门和人员不协助执行

(一)应当告知其相关法律规定,做好说服教育工作;

(二)仍拒不协助的,依法采取有关强制措施。

七、涉诉信访处理

第六十九条 基本要求

(一)高度重视并认真做好涉诉信访工作,切实保护信访人合法权益;

(二)及时处理信访事项,努力做到来访有接待、来信有着落、申诉有回复;

(三)依法文明接待,维护人民法院良好形象。

第七十条 对来信的处理

(一)及时审阅并按规定登记,不得私自扣押或者拖延不办;

(二)需要回复和退回有关材料的,应当及时回复、退回;

(三)需要向有关部门和下级法院转办的,应当及时转办。

第七十一条 对来访的接待

(一)及时接待,耐心听取来访人的意见并做好记录;

(二)能当场解答的,应当立即给予答复,不能当场解答的,收取材料并告知按约定期限等待处理结果。

第七十二条 来访人系老弱病残孕者

(一)优先接待;

(二)来访人申请救助的,可以根据情况帮助联系社会救助站;

(三)在接待时来访人出现意外情况的,应当立即采取适当救护措施。

第七十三条 集体来访

(一)向领导报告,及时安排接待并联系有关部门共同处理;

(二)视情况告知选派 1 至 5 名代表说明来访目的和理由;

(三)稳定来访人情绪,并做好劝导工作。

第七十四条　信访事项不属于法院职权范围

告知法院无权处理并解释原因，根据信访事项内容指明有权处理机关。

第七十五条　信访事项涉及国家秘密、商业秘密或者个人隐私

（一）妥善保管涉及秘密和个人隐私的材料；

（二）自觉遵守有关规定，不披露、不使用在信访工作中获得的国家秘密、商业秘密或者个人隐私。

第七十六条　信访人反映辖区法院裁判不公、执行不力、审判作风等问题

（一）认真记录信访人所反映的情况；

（二）对法院裁判不服的，告知其可以依法上诉、申诉或者申请再审；

（三）反映其他问题的，及时将材料转交法院有关部门处理。

第七十七条　信访人反复来信来访催促办理结果

（一）告知规定的办理期限，劝其耐心等待处理结果；

（二）情况紧急的，及时告知承办人或者承办部门；

（三）超过办理期限的，应当告知超期的理由。

第七十八条　信访人对处理结果不满，要求重新处理

（一）处理确实不当的，及时报告领导，按规定进行纠正；

（二）处理结果正确的，应当做好相关解释工作，详细说明处理程序和依据。

第七十九条　来访人表示不解决问题就要滞留法院或者采取其他极端方式

（一）及时进行规劝和教育，避免使用不当言行刺激来访人；

（二）立即向领导报告，积极采取适当措施，防止意外发生。

八、业外活动

第八十条　基本要求

（一）遵守社会公德，遵纪守法；

（二）加强修养，严格自律；

（三）约束业外言行，杜绝与法官形象不相称的、可能影响公正履行职责的不良嗜好和行为，自觉维护法官形象。

第八十一条　受邀请参加座谈、研讨活动

（一）对与案件有利害关系的机关、企事业单位、律师事务所、中介机构等的邀请应当谢绝；

（二）对与案件无利害关系的党、政、军机关、学术团体、群众组织的邀请，经向单位请示获准后方可参加。

第八十二条　受邀请参加各类社团组织或者联谊活动

（一）确需参加在各级民政部门登记注册的社团组织的，及时报告并由所在法院按照法官管理权限审批；

（二）不参加营利性社团组织；

（三）不接受有违清正廉洁要求的吃请、礼品和礼金。

第八十三条　从事写作、授课等活动

（一）在不影响审判工作的前提下，可以利用业余时间从事写作、授课等活动；

（二）在写作、授课过程中，应当避免对具体案件和有关当事人进行评论，不披露或者使用在工作中获得的国家秘密、商业秘密、个人隐私及其他非公开信息；

（三）对于参加司法职务外活动获得的合法报酬，应当依法纳税。

第八十四条　接受新闻媒体与法院工作有关的采访

（一）接受新闻媒体采访必须经组织安排或者批准；

（二）在接受采访时，不发表有损司法公正的言论，不对正在审理中的案件和有关当事人进行评论，不披露在工作中获得的国家秘密、商业秘密、个人隐私及其他非公开信息。

第八十五条　本人或者亲友与他人发生矛盾

（一）保持冷静、克制，通过正当、合法途径解决；

（二）不得利用法官身份寻求特殊照顾，不得妨碍有关部门对问题的解决。

第八十六条　本人及家庭成员遇到纠纷需通过诉讼方式解决

（一）对本人的案件或者以直系亲属代理人身份参加的案件，应当依照有关法律规定，平等地参与诉讼；

（二）在诉讼过程中不以法官身份获取特殊照顾，不利用职权收集所需证据；

（三）对非直系亲属的其他家庭成员的诉讼案件，一般应当让其自行委托诉讼代理人，法官本人不宜作为诉讼代理人参与诉讼。

第八十七条　出入社交场所注意事项

（一）参加社交活动要自觉维护法官形象；

（二）严禁乘警车、穿制服出入营业性娱乐场所。

第八十八条　家人或者朋友约请参与封建迷信活动

（一）不得参加邪教组织或者参与封建迷信活动；

（二）向家人和朋友宣传科学，引导他们相信科学、反对封建迷信；

（三）对利用封建迷信活动违法犯罪的，应当立即向有关组织和公安部门反映。

第八十九条　因私出国（境）探亲、旅游

（一）如实向组织申报所去的国家、地区及返回的时间，经组织同意后方可出行；

（二）准时返回工作岗位；

（三）遵守当地法律，尊重当地民风民俗和宗教习惯；

（四）注意个人形象，维护国家尊严。

九、监督和惩戒

第九十条　各级人民法院要严格要求并督促本院法官遵守本规范，具体由各级法院的政治部门和纪检监察部门负责。

第九十一条　上级人民法院指导、监督下级人民法院对本规范的贯彻执行，最高人民法院指导和监督地方各级人民法院对本规范的贯彻执行。

第九十二条　地方各级人民法院应当结合本院实际，研究制定具体的实施细则或实施办法，切实加强本规范的培训与考核。

第九十三条　各级人民法院广大法官要自觉遵守和执行本规范，对违反本规范的人员，情节较轻且没有危害后果的，进行诫勉谈话和批评教育；构成违纪的，根据人民法院有关纪律处分的规定进行处理；构成违法的，根据法律规定严肃处理。

十、附　　则

第九十四条　人民陪审员以及人民法院其他工作人员参照本规范执行，法官退休后应当参照本规范有关要求约束言行。

第九十五条　本规范由最高人民法院负责解释。

第九十六条　本规范自发布之日起施行，最高人民法院2005年11月4日发布的《法官行为规范（试行）》同时废止。

《中华人民共和国法官职业道德基本准则》

（最高人民法院2001年10月18日发布，2010年12月6日修订后重新发布）

第一章　总　　则

第一条　为加强法官职业道德建设，保证法官正确履行法律赋予的职责，根据《中华人民共和国法官法》和其他相关规定，制定本准则。

第二条　法官职业道德的核心是公正、廉洁、为民。基本要求是忠诚司法事业、保证司法公正、确保司法廉洁、坚持司法为民、维护司法形象。

第三条　法官应当自觉遵守法官职业道德，在本职工作和业外活动中严格要求自己，维护人民法院形象和司法公信力。

第二章　忠诚司法事业

第四条　牢固树立社会主义法治理念，忠于党、忠于国家、忠于人民、忠于法律，做中国特色社会主义事业建设者和捍卫者。

第五条　坚持和维护中国特色社会主义司法制度，认真贯彻落实依法治国基本方略，尊崇和信仰法律，模范遵守法律，严格执行法律，自觉维护法律的权威和尊严。

第六条　热爱司法事业，珍惜法官荣誉，坚持职业操守，恪守法官良知，牢固树立司法核心价值观，以维护社会公平正义为己任，认真履行法官职责。

第七条　维护国家利益，遵守政治纪律，保守国家秘密和审判工作秘密，不从事或参与有损国家利益和司法权威的活动，不发表有损国家利益和司法权威的言论。

第三章　保证司法公正

第八条　坚持和维护人民法院依法独立行使审判权的原则，客观公正审理案件，在审判活动中独立思考、自主判断，敢于坚持原则，不受任何行政机关、社会团体和个人的干涉，不受权势、人情等因素的影响。

第九条　坚持以事实为根据，以法律为准绳，努力查明案件事实，准确把握法律精神，正确适用法律，合理行使裁量权，避免主观臆断、超越职权、滥用职权,确保案件裁判结果公平公正。

第十条　牢固树立程序意识,坚持实体公正与程序公正并重,严格按照法定程序执法办案,充分保障当事人和其他诉讼参与人的诉讼权利,避免执法办案中的随意行为。

第十一条　严格遵守法定办案时限,提高审判执行效率,及时化解纠纷,注重节约司法资源,杜绝玩忽职守、拖延办案等行为。

第十二条　认真贯彻司法公开原则,尊重人民群众的知情权,自觉接受法律监督和社会监督,同时避免司法审判受到外界的不当影响。

第十三条　自觉遵守司法回避制度,审理案件保持中立公正的立场,平等对待当事人和其他诉讼参与人,不偏袒或歧视任何一方当事人,不私自单独会见当事人及其代理人、辩护人。

第十四条　尊重其他法官对审判职权的依法行使,除履行工作职责或者通过正当程序外,不过问、不干预、不评论其他法官正在审理的案件。

第四章　确保司法廉洁

第十五条　树立正确的权力观、地位观、利益观,坚持自重、自省、自警、自励,坚守廉洁底线,依法正确行使审判权、执行权,杜绝以权谋私、贪赃枉法行为。

第十六条　严格遵守廉洁司法规定,不接受案件当事人及相关人员的请客送礼,不利用职务便利或者法官身份谋取不正当利益,不违反规定与当事人或者其他诉讼参与人进行不正当交往,不在执法办案中徇私舞弊。

第十七条　不从事或者参与营利性的经营活动,不在企业及其他营利性组织中兼任法律顾问等职务,不就未决案件或者再审案件给当事人及其他诉讼参与人提供咨询意见。

第十八条　妥善处理个人和家庭事务,不利用法官身份寻求特殊利益。按规定如实报告个人有关事项,教育督促家庭成员不利用法官的职权、地位谋取不正当利益。

第五章　坚持司法为民

第十九条　牢固树立以人为本、司法为民的理念,强化群众观念,重视群众诉求,关注群众感受,自觉维护人民群众的合法权益。

第二十条　注重发挥司法的能动作用,积极寻求有利于案结事了的纠纷解决办法，努力实现法律效果与社会效果的统一。

第二十一条　认真执行司法便民规定，努力为当事人和其他诉讼参与人提供必要的诉讼便利，尽可能降低其诉讼成本。

第二十二条　尊重当事人和其他诉讼参与人的人格尊严，避免盛气凌人、"冷硬横推"等不良作风；尊重律师，依法保障律师参与诉讼活动的权利。

第六章　维护司法形象

第二十三条　坚持学习，精研业务，忠于职守，秉公办案，惩恶扬善，弘扬正义，保持昂扬的精神状态和良好的职业操守。

第二十四条　坚持文明司法，遵守司法礼仪，在履行职责过程中行为规范、着装得体、语言文明、态度平和，保持良好的职业修养和司法作风。

第二十五条　加强自身修养，培育高尚道德操守和健康生活情趣，杜绝与法官职业形象不相称、与法官职业道德相违背的不良嗜好和行为，遵守社会公德和家庭美德，维护良好的个人声誉。

第二十六条　法官退休后应当遵守国家相关规定，不利用自己的原有身份和便利条件过问、干预执法办案，避免因个人不当言行对法官职业形象造成不良影响。

第七章　附　　则

第二十七条　人民陪审员依法履行审判职责期间，应当遵守本准则。人民法院其他工作人员参照执行本准则。

第二十八条　各级人民法院负责督促实施本准则，对于违反本准则的行为，视情节后果予以诫勉谈话、批评通报；情节严重构成违纪违法的，依照相关纪律和法律规定予以严肃处理。

第二十九条　本准则由最高人民法院负责解释。

第三十条　本准则自发布之日起施行。最高人民法院2001年10月18日发布的《中华人民共和国法官职业道德基本准则》同时废止。

《中华人民共和国人民法院法庭规则》

(1993年11月26日最高人民法院审判委员会第617次会议通过,根据2015年12月21日最高人民法院审判委员会第1673次会议通过的《最高人民法院关于修改〈中华人民共和国人民法院法庭规则〉的决定》修正)

最高人民法院
2016年4月13日

第一条 为了维护法庭安全和秩序,保障庭审活动正常进行,保障诉讼参与人依法行使诉讼权利,方便公众旁听,促进司法公正,彰显司法权威,根据《中华人民共和国人民法院组织法》《中华人民共和国刑事诉讼法》《中华人民共和国民事诉讼法》《中华人民共和国行政诉讼法》等有关法律规定,制定本规则。

第二条 法庭是人民法院代表国家依法审判各类案件的专门场所。

法庭正面上方应当悬挂国徽。

第三条 法庭分设审判活动区和旁听区,两区以栏杆等进行隔离。

审理未成年人案件的法庭应当根据未成年人身心发展特点设置区域和席位。

有新闻媒体旁听或报道庭审活动时,旁听区可以设置专门的媒体记者席。

第四条 刑事法庭可以配置同步视频作证室,供依法应当保护或其他确有保护必要的证人、鉴定人、被害人在庭审作证时使用。

第五条 法庭应当设置残疾人无障碍设施;根据需要配备合议庭合议室,检察人员、律师及其他诉讼参与人休息室,被告人羁押室等附属场所。

第六条 进入法庭的人员应当出示有效身份证件,并接受人身及携带物品的安全检查。

持有效工作证件和出庭通知履行职务的检察人员、律师可以通过专门通道进入法庭。需要安全检查的,人民法院对检察人员和律师平等对待。

第七条 除经人民法院许可,需要在法庭上出示的证据外,下列物品不得携带进入法庭:

(一)枪支、弹药、管制刀具以及其他具有杀伤力的器具;

（二）易燃易爆物、疑似爆炸物；

（三）放射性、毒害性、腐蚀性、强气味性物质以及传染病病原体；

（四）液体及胶状、粉末状物品；

（五）标语、条幅、传单；

（六）其他可能危害法庭安全或妨害法庭秩序的物品。

第八条 人民法院应当通过官方网站、电子显示屏、公告栏等向公众公开各法庭的编号、具体位置以及旁听席位数量等信息。

第九条 公开的庭审活动，公民可以旁听。

旁听席位不能满足需要时，人民法院可以根据申请的先后顺序或者通过抽签、摇号等方式发放旁听证，但应当优先安排当事人的近亲属或其他与案件有利害关系的人旁听。

下列人员不得旁听：

（一）证人、鉴定人以及准备出庭提出意见的有专门知识的人；

（二）未获得人民法院批准的未成年人；

（三）拒绝接受安全检查的人；

（四）醉酒的人、精神病人或其他精神状态异常的人；

（五）其他有可能危害法庭安全或妨害法庭秩序的人。

依法有可能封存犯罪记录的公开庭审活动，任何单位或个人不得组织人员旁听。

依法不公开的庭审活动，除法律另有规定外，任何人不得旁听。

第十条 人民法院应当对庭审活动进行全程录像或录音。

第十一条 依法公开进行的庭审活动，具有下列情形之一的，人民法院可以通过电视、互联网或其他公共媒体进行图文、音频、视频直播或录播：

（一）公众关注度较高；

（二）社会影响较大；

（三）法治宣传教育意义较强。

第十二条 出庭履行职务的人员，按照职业着装规定着装。但是，具有下列情形之一的，着正装：

（一）没有职业着装规定；

（二）侦查人员出庭作证；

（三）所在单位系案件当事人。

非履行职务的出庭人员及旁听人员，应当文明着装。

第十三条　刑事在押被告人或上诉人出庭受审时，着正装或便装，不着监管机构的识别服。

人民法院在庭审活动中不得对被告人或上诉人使用戒具，但认为其人身危险性大，可能危害法庭安全的除外。

第十四条　庭审活动开始前，书记员应当宣布本规则第十七条规定的法庭纪律。

第十五条　审判人员进入法庭以及审判长或独任审判员宣告判决、裁定、决定时，全体人员应当起立。

第十六条　人民法院开庭审判案件应当严格按照法律规定的诉讼程序进行。

审判人员在庭审活动中应当平等对待诉讼各方。

第十七条　全体人员在庭审活动中应当服从审判长或独任审判员的指挥，尊重司法礼仪，遵守法庭纪律，不得实施下列行为：

（一）鼓掌、喧哗；

（二）吸烟、进食；

（三）拨打或接听电话；

（四）对庭审活动进行录音、录像、拍照或使用移动通信工具等传播庭审活动；

（五）其他危害法庭安全或妨害法庭秩序的行为。

检察人员、诉讼参与人发言或提问，应当经审判长或独任审判员许可。

旁听人员不得进入审判活动区，不得随意站立、走动，不得发言和提问。

媒体记者经许可实施第一款第四项规定的行为，应当在指定的时间及区域进行，不得影响或干扰庭审活动。

第十八条　审判长或独任审判员主持庭审活动时，依照规定使用法槌。

第十九条　审判长或独任审判员对违反法庭纪律的人员应当予以警告；对不听警告的，予以训诫；对训诫无效的，责令其退出法庭；对拒不退出法庭的，指令司法警察将其强行带出法庭。

行为人违反本规则第十七条第一款第四项规定的，人民法院可以暂扣其使用的设备及存储介质，删除相关内容。

第二十条　行为人实施下列行为之一，危及法庭安全或扰乱法庭秩序的，根据相关法律规定，予以罚款、拘留；构成犯罪的，依法追究其刑事责任：

（一）非法携带枪支、弹药、管制刀具或者爆炸性、易燃性、放射性、毒害性、腐蚀性物品以及传染病病原体进入法庭；

（二）哄闹、冲击法庭；

（三）侮辱、诽谤、威胁、殴打司法工作人员或诉讼参与人；

（四）毁坏法庭设施，抢夺、损毁诉讼文书、证据；

（五）其他危害法庭安全或扰乱法庭秩序的行为。

第二十一条　司法警察依照审判长或独任审判员的指令维持法庭秩序。

出现危及法庭内人员人身安全或者严重扰乱法庭秩序等紧急情况时，司法警察可以直接采取必要的处置措施。

人民法院依法对违反法庭纪律的人采取的扣押物品、强行带出法庭以及罚款、拘留等强制措施，由司法警察执行。

第二十二条　人民检察院认为审判人员违反本规则的，可以在庭审活动结束后向人民法院提出处理建议。

诉讼参与人、旁听人员认为审判人员、书记员、司法警察违反本规则的，可以在庭审活动结束后向人民法院反映。

第二十三条　检察人员违反本规则的，人民法院可以向人民检察院通报情况并提出处理建议。

第二十四条　律师违反本规则的，人民法院可以向司法行政机关及律师协会通报情况并提出处理建议。

第二十五条　人民法院进行案件听证、国家赔偿案件质证、网络视频远程审理以及在法院以外的场所巡回审判等，参照适用本规则。

第二十六条　外国人、无国籍人旁听庭审活动，外国媒体记者报道庭审活动，应当遵守本规则。

第二十七条　本规则自2016年5月1日起施行；最高人民法院此前发布的司法解释及规范性文件与本规则不一致的，以本规则为准。

《人民法院文明用语基本规范》

（最高人民法院2010年12月6日发布施行）

为规范法院工作人员工作用语，提高文明司法水平，树立法院工作人员良好职业形象，维护人民法院司法公信力，根据《中华人民共和国法官职业道德基本准则》和《法官行为规范》，制定本规范。

一、基 本 要 求

(一)法院工作人员应当树立以人为本、司法为民的理念,增强群众感情,增强工作责任心,加强职业素质修养,在审判、执行及其他工作中,自觉使用文明规范的工作用语。

(二)法院工作人员的工作用语,应当符合“公正、廉洁、为民”司法核心价值观的要求,体现对当事人及其他诉讼参与人的尊重和关切。

(三)法院工作人员对待当事人及其他诉讼参与人,应当做到称谓恰当、语言得体、语气平和、态度公允。

(四)法院工作人员应当使用规范的法律用语,根据不同对象的实际情况,必要时应当把法律语言转换成符合法律规定的群众语言,让当事人及其他诉讼参与人清楚明白地参与诉讼。

(五)法院工作人员应当避免盛气凌人、语言生硬、态度粗暴,严禁使用伤害群众感情、可能激化矛盾的语言,防止因用语不当对司法公信力产生不良影响。

二、接待来访用语规范

接待来访者,应当主动问候、语言礼貌、态度热情,解答问题清晰、准确,诉讼引导认真、耐心,不得对来访者的询问简单敷衍或者不予理睬,不得嘲讽、挖苦、训斥来访者。

在接待来访过程中,应当根据具体情况参考使用如下文明用语:

(一)你好！今天来访的人比较多,请你排队等候。

(二)你好,请问你来法院要办什么事情?

(三)请不要着急,有话慢慢讲,法院会依法处理的。

(四)如果你要起诉,请先看看诉讼须知,把有关材料准备齐全。如果有不清楚的地方,我们会为你提供帮助。

(五)起诉最好提交诉状,也可以口头起诉。如果你自己不会写诉状,可以委托他人代写。

(六)你要找的×××法官(同志)现在不在办公室。请你留下联系方式,我们将转交给他,请他和你联系。

(七)按照法院有关规定,当事人(代理人)不能到法官办公室。请你到××接待室等候,我们马上帮你约见法官。

(八)你反映的问题我们已经记录下来,请你留下联系方式,我们将按规定办理并及时给你答复。

(九)你提出的要求不符合法律规定,我们不能办理,请你理解。

(十)你提出的问题属于审判工作秘密,依照法律规定我们不能透露,请你理解。

三、立案用语规范

认真听取当事人的诉求,耐心释明相关法律规定,做好诉讼风险、诉讼程序等相关提示,不得拒绝回答当事人的合理疑问或者以简单语句敷衍应付,不得不讲明理由而简单拒绝立案,不得就证据效力、案件结果等实体性问题作出主观判断或者向当事人提供倾向性意见。

在立案过程中,应当根据具体情况参考使用如下文明用语:

(一)请问你是要立案吗?请把起诉材料交给我看一下。

(二)你的诉状格式不够规范。请参照样本修改后再来递交。

(三)你的起诉(申诉)材料不全,还缺少××材料,请补齐后再来办理立案(申诉)手续。

(四)自己提出的诉求应当有证据予以支持。如果没有证据或证据不足,可能要承担败诉后果,希望你认真考虑。

(五)你的案件尚未立案,正在审查之中,我们会在××天内给你答复,请你耐心等待。

(六)你的起诉材料已齐全,经审查符合受理条件,请你到收费窗口缴纳案件受理费。

(七)经过认真审查,你的案件不属本院管辖(告知具体原因)。按照有关规定,应由××法院管辖,建议你到××法院起诉。

(八)你的案件本院已经受理,按规定将转交××庭审理,承办法官会及时与你联系。

(九)你反映的问题不属于法院职责范围,根据有关规定,应由××部门负责,建议你到××部门反映。

四、庭外调查用语规范

实施庭外调查,应当依法表明身份,告知被调查人的权利和义务,明确询问事由,做到语言得当、客观严谨,调查笔录应当送被调查人阅读或者当面宣读。

在庭外调查过程中，应当根据具体情况参考使用如下文明用语：

（一）我们是××法院××庭的工作人员，今天依法就××一案向你调查有关情况，请你协助。

（二）根据法律规定，证人有如实作证的义务，如果作伪证将要负法律责任，请你如实提供证言。

（三）你刚才所作的证言，书记员已制作了笔录，请你仔细核对，如有遗漏或者差错，可以补正；如果没有错误，请你签名、捺印。

（四）谢谢你对法院工作的配合和支持，再见。

五、庭审用语规范

开庭审理案件，应当善听慎言、语言规范、语气庄重，语速适当，中立、公正地对待双方当事人，不得使用带有倾向性的语言进行提问或者表现出对双方当事人态度上的差异。制止庭审过程中诉讼参与人的不当言行，应当遵守相关规定、注意语言文明，避免简单指责、粗暴训斥。

在庭审过程中，应当根据具体情况参考使用如下文明用语：

（一）请你围绕诉讼请求陈述案件事实和相关理由，正面回答法庭提出的问题。

（二）这些事情刚才你陈述过了，法庭已经认真听取并记录在案，由于时间关系，请不要再作重复。

（三）请根据你的诉讼请求（答辩意见），向法庭提供相关证据材料。

（四）请注意法庭秩序，遵守法庭纪律，让对方把话说完。未经法庭许可，请不要向对方发问。

（五）旁听人员请遵守法庭纪律，保持肃静。

（六）这是法庭审理笔录，请你认真阅看，如有遗漏或者错误，可以申请补正；如无异议，请在笔录上签名、捺印。

（七）你的证言法庭已经记录在案，谢谢你的配合。休庭后将请你阅看庭审笔录中的证言部分，现在请你到庭外休息。

（八）请你保持冷静。法庭已充分注意到你反映的情况，判决是根据事实、依照法律慎重作出的。如果你对本判决不服，可以在法定期限内向上级法院提起上诉。

六、诉讼调解用语规范

进行诉讼调解，应当体现客观、公正的立场，以通俗易懂的语言释之以法，以平等协商的语言晓之以理，以真诚耐心的态度动之以情，不得使用威胁性的语言对当事人施加压力，以判压调。

在诉讼调解过程中，应当根据具体情况参考使用如下文明用语：

（一）根据本案的情况和双方的关系，建议你们通过协商来解决纠纷。请问你们是否同意进行调解？

（二）既然双方都同意调解，希望本着互谅互让的精神，认真考虑对方提出的方案。

（三）请你们相信，法庭会按照自愿、合法的原则公正地主持调解，不会偏向任何一方。

（四）如果调解不能成功，法庭会依法作出公正判决，请你们不要有思想顾虑。

（五）对方已经同意做出让步。你是否也作些适当让步，这样有利于问题的解决。

（六）今天的调解双方没有形成一致意见，请你们回去再作考虑。如果还有其他调解方案，请及时与我们联系。

七、执行用语规范

承办执行案件，应当认真回答当事人关于执行问题的询问，以清晰、简明的语言进行相关提示、告知进展情况，通过讲理说法促使被执行人履行义务，采取执行措施时认真释明有关规定，不得对申请执行人推诿敷衍或者表现出厌烦情绪，不得训斥、责骂申请执行人或被执行人，不得使用威胁性语言强迫申请执行人接受和解。

在执行过程中，应当根据具体情况参考使用如下文明用语：

（一）你的案件由×××执行员（法官）办理，你可直接与他联系，办公电话是×××。

（二）你的案件正在执行中，执行情况我们会及时向你反馈。

（三）如果你知道被执行人的下落和财产情况，请你向法院提供，这样有利于尽早实现你的债权。

（四）目前被执行人下落不明，又无财产可供执行，你若有这方面的线索，请及时与执行人员联系。

（五）履行法院生效判决或裁定是公民的义务。如果拒不履行法院判决，要承担相应的法律责任。

（六）希望你按照判决配合法院执行。如果不按法律规定履行义务，法院将依法强制执行。

（七）我们是严格依法执行。如果你认为法院判决不公，可以通过申诉解决，但按照法律规定，申诉期间不能停止执行，请你理解和配合。

（八）现在我们依法开始强制执行，请案件无关人员离开现场。暴力抗拒执法是违法犯罪行为，妨碍法院执行将被追究法律责任。

（九）感谢你对法院执行工作的支持和协助。

八、安全检查用语规范

实施安全检查，应当以礼貌的语言进行提示，引导当事人自觉配合，不得对当事人态度粗暴、语言强硬，避免使用命令性的语句要求其接受检查。如发现违禁物品应当坚决禁止带入并依法予以没收，但应当耐心释明相关规定，避免与当事人发生冲突。

在安全检查过程中，应当根据具体情况参考使用如下文明用语：

（一）请你出示本人有效身份证件进行登记。这是法院的制度要求，请你理解，谢谢配合。

（二）请接受安全检查。安全检查是法院的制度规定，请你理解，谢谢配合。

（三）对不起，请你取出随身携带的物品进行检查。按照规定，管制刀具、药品、易燃易爆物品及其他危险品严禁带入。

（四）登记、检查完毕，你要去的第××审判庭在××楼××层。

九、送达法律文书用语规范

送达法律文书，应当依法表明身份，对当事人称谓恰当、语言文明，按照规定进行相关程序性提示，但应当避免向当事人透露案情或者就实体性问题提供咨询意见。

在送达法律文书过程中，应当根据具体情况参考使用如下文明用语：

（一）你好，我是××法院的工作人员×××。现在把出庭传票送达给你，请你准时出庭。

（二）按照法律规定，被告无正当理由拒不到庭，法院可以依法缺席审判；原告无正当理由不到庭，法院可以按撤诉处理。

（三）你好，现在把判决书送达给你，请你签收。如果不服本院判决，可以在法定期限内提起上诉。

（四）案件当事人×××拒绝签收法院判决书，我们依法采取留置方式送达。现在请你见证，谢谢协助。

本规范适用于全国各级人民法院全体工作人员。地方各级人民法院可以结合本地实际，在本规范基础上作出更加具体的文明用语相关规定。

《检察官职业行为基本规范（试行）》

（最高人民检察院2010年10月9日发布试行）

为规范检察官职业行为，保障和促进检察官严格、公正、文明、廉洁执法，根据《中华人民共和国公务员法》《中华人民共和国检察官法》等法律，制定本规范。

一、职业信仰

第一条　坚定政治信念，坚持以马克思列宁主义、毛泽东思想、邓小平理论和"三个代表"重要思想为指导，认真学习中国特色社会主义理论体系，深入贯彻落实科学发展观，建设和捍卫中国特色社会主义事业。

第二条　热爱祖国，维护国家安全、荣誉和利益，维护国家统一和民族团结，同一切危害国家的言行作斗争。

第三条　坚持中国共产党领导，坚持党的事业至上，始终与党中央保持高度一致，自觉维护党中央权威。

第四条　坚持执法为民，坚持人民利益至上，密切联系群众，倾听群众呼声，妥善处理群众诉求，维护群众合法权益，全心全意为人民服务。

第五条　坚持依法治国基本方略，坚持宪法法律至上，维护宪法和法律的统一、尊严和权威，致力于社会主义法治事业的发展进步。

第六条　维护公平正义，忠实履行检察官职责，促进司法公正，提高检察机关执法公信力。

第七条　坚持服务大局，围绕党和国家中心工作履行法律监督职责，为改革开放和经济社会科学发展营造良好法治环境。

第八条　恪守职业道德，铸造忠诚品格，强化公正理念，树立清廉意识，提升文明素质。

二、履 职 行 为

第九条　坚持依法履行职责，严格按照法定职责权限、标准和程序执法办案，不受行政机关、社会团体和个人干涉，自觉抵制权势、金钱、人情、关系等因素干扰。

第十条　坚持客观公正，忠于事实真相，严格执法，秉公办案，不偏不倚，不枉不纵，使所办案件经得起法律和历史检验。

第十一条　坚持打击与保护相统一，依法追诉犯罪，尊重和保护诉讼参与人和其他公民、法人及社会组织的合法权益，使无罪的人不受刑事追究。

第十二条　坚持实体与程序相统一，严格遵循法定程序，维护程序正义，以程序公正保障实体公正。

第十三条　坚持惩治与预防相统一，依法惩治犯罪，立足检察职能开展犯罪预防，积极参与社会治安综合治理，预防和减少犯罪。

第十四条　坚持执行法律与执行政策相统一，正确把握办案力度、质量、效率、效果的关系，实现执法办案法律效果、社会效果、政治效果的有机统一。

第十五条　坚持强化审判监督与维护裁判稳定相统一，依法监督纠正裁判错误和审判活动违法，维护生效裁判既判力，保障司法公正和司法权威。

第十六条　坚持重证据，重调查研究，依法全面客观地收集、审查和使用证据，坚决杜绝非法取证，依法排除非法证据。

第十七条　坚持理性执法，把握执法规律，全面分析情况，辩证解决问题，理智处理案件。

第十八条　坚持平和执法，平等对待诉讼参与人，和谐处理各类法律关系，稳慎处理每一起案件。

第十九条　坚持文明执法，树立文明理念，改进办案方式，把文明办案要求体现在执法全过程。

第二十条　坚持规范执法，严格依法办案，遵守办案规则和业务流程。

第二十一条　重视群众工作，了解群众疾苦，熟悉群众工作方法，增进与群众的感情，善于用群众信服的方式执法办案。

第二十二条　重视化解矛盾纠纷，加强办案风险评估，妥善应对和处置突发事件，深入排查和有效调处矛盾纠纷，注重释法说理，努力做到案结、事了、人和，促进社会和谐稳定。

第二十三条　重视舆情应对引导，把握正确舆论导向，遵守舆情处置要求,避免和防止恶意炒作。

第二十四条 自觉接受监督,接受其他政法机关的工作制约,执行检务公开规定,提高执法透明度。

第二十五条 精研法律政策,充实办案所需知识,保持专业水准,秉持专业操守,维护职业信誉和职业尊严。

三、职 业 纪 律

第二十六条 严守政治纪律,不发表、不散布不符合检察官身份的言论,不参加非法组织,不参加非法集会、游行、示威等活动。

第二十七条 严守组织纪律,执行上级决定和命令,服从领导,听从指挥,令行禁止,确保检令畅通,反对自由主义。

第二十八条 严守工作纪律,爱岗敬业,勤勉尽责,严谨细致,讲究工作质量和效率,不敷衍塞责。

第二十九条 严守廉洁从检纪律,认真执行廉洁从政准则和廉洁从检规定,不取非分之财,不做非分之事,保持清廉本色。

第三十条 严守办案纪律,认真执行办案工作制度和规定,保证办案质量和办案安全,杜绝违规违纪办案。

第三十一条 严守保密纪律,保守在工作中掌握的国家秘密、商业秘密和个人隐私,加强网络安全防范,妥善保管涉密文件或其他涉密载体,坚决防止失密泄密。

第三十二条 严守枪支弹药和卷宗管理纪律,依照规定使用和保管枪支弹药,认真执行卷宗管理、使用、借阅、复制等规定,确保枪支弹药和卷宗安全。

第三十三条 严守公务和警用车辆使用纪律,不私自使用公务和警用车辆,不违规借用、占用车辆。遵守道路交通法规,安全、文明、礼貌行车,杜绝无证驾车、酒后驾车。

第三十四条 严格执行禁酒令,不在执法办案期间、工作时间和工作日中午饮酒,不着检察制服和佩戴检察徽标在公共场所饮酒,不酗酒。

四、职 业 作 风

第三十五条 保持和发扬良好思想作风,解放思想,实事求是,与时俱进,锐意进取,开拓创新,研究新情况,解决新问题,创造性地开展工作。

第三十六条 保持和发扬良好学风,坚持理论联系实际,提高理论水平和解决实际问题的能力。

第三十七条　保持和发扬良好工作作风，密切联系群众，遵循客观规律，注重调查研究，察实情，讲实话，办实事，求实效，不搞形式主义，不弄虚作假。

第三十八条　保持和发扬良好领导作风，坚持民主集中制，充分发扬民主，维护集中统一，自觉开展批评与自我批评，坚持真理，修正错误，以身作则，率先垂范。

第三十九条　保持和发扬良好生活作风，艰苦奋斗，勤俭节约，克己奉公，甘于奉献，反对奢侈浪费。

第四十条　保持和发扬良好执法作风，更新执法理念，注重团结协作，提高办案效率，不要特权、逞威风。

五、职业礼仪

第四十一条　遵守工作礼仪，团结、关心和帮助同事，爱护工作环境，营造干事创业、宽松和谐、风清气正的工作氛围。

第四十二条　遵守着装礼仪，按规定着检察制服、佩戴检察徽标。着便装大方得体。

第四十三条　遵守接待和语言礼仪，对人热情周到，亲切和蔼，耐心细致，平等相待，一视同仁，举止庄重，精神振作，礼节规范。使用文明礼貌用语，表达准确，用语规范，不说粗话、脏话。

第四十四条　遵守外事礼仪，遵守国际惯例，尊重国格人格和风俗习惯，平等交往，热情大方，不卑不亢，维护国家形象。

六、职务外行为

第四十五条　慎重社会交往，约束自身行为，不参加与检察官身份不符的活动。从事教学、写作、科研或参加座谈、联谊等活动，不违反法律规定、不妨碍司法公正、不影响正常工作。

第四十六条　谨慎发表言论，避免因不当言论对检察机关造成负面影响。遵守检察新闻采访纪律，就检察工作接受采访应当报经主管部门批准。

第四十七条　遵守社会公德，明礼诚信，助人为乐，爱护公物，保护环境，见义勇为，积极参加社会公益活动。

第四十八条　弘扬家庭美德，增进家庭和睦，勤俭持家，尊老爱幼，团结邻里，妥善处理家庭矛盾和与他人的纠纷。

第四十九条　培养健康情趣，坚持终身学习，崇尚科学，反对迷信，追求高尚，抵制低俗。

七、附　　则

第五十条　检察官违反本规范，情节轻微的，予以批评教育；构成违纪的，依据检察人员纪律处分条例予以惩戒；构成犯罪的，依法追究刑事责任。

第五十一条　人民检察院的其他工作人员参照本规范执行。

第五十二条　本规范由最高人民检察院负责解释。

第五十三条　本规范自发布之日起试行。

《中华人民共和国检察官职业道德基本准则（试行）》

（最高人民检察院2009年9月29日发布试行）

第一章　总　　则

第一条　为加强检察官职业道德建设，正确履行宪法法律赋予的职责，根据《中华人民共和国检察官法》制定本准则。

第二条　检察官职业道德的基本要求是忠诚、公正、清廉、文明。

第三条　检察官应当高举中国特色社会主义伟大旗帜，深入贯彻落实科学发展观，坚持党的事业至上、人民利益至上、宪法法律至上，在履行职责、行使检察权的各个方面和职务外活动中恪守职业道德要求。

第四条　对模范践行检察官职业道德，品德高尚，业绩突出的，予以表彰奖励；对违反职业道德的行为，予以批评谴责，构成违法违纪的，依照法律和检察人员纪律规定予以惩戒。

第二章　忠　　诚

第五条　忠于党、忠于国家、忠于人民、忠于宪法和法律，牢固树立依法治国、执法为民、公平正义、服务大局、党的领导的社会主义法治理念，做中国特色社会主义事业的建设者、捍卫者和社会公平正义的守护者。

第六条　尊崇宪法和法律，严格执行宪法和法律的规定，自觉维护宪法和法律的统一、尊严和权威。

第七条　坚持立检为公、执法为民的宗旨，维护最广大人民的根本利益，保障民生，服务群众，亲民、为民、利民、便民。

第八条　热爱人民检察事业，珍惜检察官荣誉，忠实履行法律监督职责，自觉接受监督制约，维护检察机关的形象和检察权的公信力。

第九条　坚持“强化法律监督，维护公平正义”的检察工作主题，坚持检察工作政治性、人民性、法律性的统一，努力实现执法办案法律效果、社会效果和政治效果的有机统一。

第十条　维护国家安全、荣誉和利益，维护国家统一和民族团结，严守国家秘密和检察工作秘密。

第十一条　保持高度的政治警觉，严守政治纪律，不参加危害国家安全、带有封建迷信、邪教性质等非法组织及其活动。

第十二条　初任检察官、检察官晋升，应当进行宣誓，牢记誓词，弘扬职业精神，践行从业誓言。

第十三条　勤勉敬业，尽心竭力，不因个人事务及其他非公事由而影响职责的正常履行。

第三章　公　　正

第十四条　树立忠于职守、秉公办案的观念，坚守惩恶扬善、伸张正义的良知，保持客观公正、维护人权的立场，养成正直善良、谦抑平和的品格，培育刚正不阿、严谨细致的作风。

第十五条　依法履行检察职责，不受行政机关、社会团体和个人的干涉，敢于监督，善于监督，不为金钱所诱惑，不为人情所动摇，不为权势所屈服。

第十六条　自觉遵守法定回避制度，对法定回避事由以外可能引起公众对办案公正产生合理怀疑的，应当主动请求回避。

第十七条　以事实为根据，以法律为准绳，不偏不倚，不滥用职权和漠视法律，正确行使检察裁量权。

第十八条　树立证据意识，依法客观全面地收集、审查证据，不伪造、隐瞒、毁损证据，不先入为主、主观臆断，严格把好事实关、证据关。

第十九条　树立程序意识，坚持程序公正与实体公正并重，严格遵循法定程序，维护程序正义。

第二十条　树立人权保护意识，尊重诉讼当事人、参与人及其他有关人员的人格，保障和维护其合法权益。

第二十一条 尊重律师的职业尊严,支持律师履行法定职责,依法保障和维护律师参与诉讼活动的权利。

第二十二条 出席法庭审理活动,应当尊重庭审法官,遵守法庭规则,维护法庭审判的严肃性和权威性。

第二十三条 严格遵守检察纪律,不违反规定过问、干预其他检察官、其他人民检察院或者其他司法机关正在办理的案件,不私自探询其他检察官、其他人民检察院或者其他司法机关正在办理的案件情况和有关信息,不泄露案件的办理情况及案件承办人的有关信息,不违反规定会见案件当事人、诉讼代理人、辩护人及其他与案件有利害关系的人员。

第二十四条 努力提高案件质量和办案水平,严守法定办案时限,提高办案效率,节约司法资源。

第二十五条 严格执行检察人员执法过错责任追究制度,对于执法过错行为,要实事求是,敢于及时纠正,勇于承担责任。

第四章 清 廉

第二十六条 以社会主义核心价值观为根本的职业价值取向,遵纪守法,严格自律,并教育近亲属或者其他关系密切的人员模范执行有关廉政规定,秉持清正廉洁的情操。

第二十七条 不以权谋私,以案谋利,借办案插手经济纠纷。

第二十八条 不利用职务便利或者检察官的身份、声誉及影响,为自己、家人或者他人谋取不正当利益;不从事、参与经商办企业、违法违规营利活动,以及其他可能有损检察官廉洁形象的商业、经营活动;不参加营利性或者可能借检察官影响力营利的社团组织。

第二十九条 不收受案件当事人及其亲友、案件利害关系人或者单位及其所委托的人以任何名义馈赠的礼品礼金、有价证券、购物凭证以及干股等;不参加其安排的宴请、娱乐休闲、旅游度假等可能影响公正办案的活动;不接受其提供的各种费用报销,出借的钱款、交通通讯工具、贵重物品及其他利益。

第三十条 不兼任律师、法律顾问等职务,不私下为所办案件的当事人介绍辩护人或者诉讼代理人。

第三十一条 在职务外活动中,不披露或者使用未公开的检察工作信息,以及在履职过程中获得的商业秘密、个人隐私等非公开的信息。

第三十二条 妥善处理个人事务,按照有关规定报告个人有关事项,如实申报收入；保持与合法收入、财产相当的生活水平和健康的生活情趣。

第三十三条　退休检察官应当继续保持良好操守，不再延用原检察官身份、职务，不利用原地位、身份形成的影响和便利条件，过问、干预执法办案活动，为承揽律师业务或者其他请托事宜打招呼、行便利，避免因不当言行给检察机关带来不良影响。

第五章　文　　明

第三十四条　注重学习，精研法律，精通检察业务，培养良好的政治素质、业务素质和文化素养，增强法律监督能力和做群众工作的本领。

第三十五条　坚持打击与保护并重、惩罚与教育并重、惩治与预防并重，宽严相济，以人为本。

第三十六条　弘扬人文精神，体现人文关怀。做到执法理念文明，执法行为文明，执法作风文明，执法语言文明。

第三十七条　遵守各项检察礼仪规范，注重职业礼仪约束，仪表庄重、举止大方、态度公允、用语文明，保持良好的职业操守和风范，维护检察官的良好形象。

第三十八条　执行公务、参加政务活动时，按照检察人员着装规定穿着检察制服，佩戴检察标识徽章，严格守时，遵守活动纪律。

第三十九条　在公共场合及新闻媒体上，不发表有损法律严肃性、权威性，有损检察机关形象的言论。未经批准，不对正在办理的案件发表个人意见或者进行评论。

第四十条　热爱集体，团结协作，相互支持、相互配合、相互监督，力戒独断专行，共同营造健康、有序、和谐的工作环境。

第四十一条　明礼诚信，在社会交往中尊重、理解、关心他人，讲诚实、守信用、践承诺，树立良好社会形象。

第四十二条　牢固树立社会主义荣辱观，恪守社会公德、家庭美德，慎独慎微，行为检点，培养高尚的道德操守。

第四十三条　不穿着检察正装、佩戴检察标识到营业性娱乐场所进行娱乐、休闲活动或者在公共场所饮酒，不参与赌博、色情、封建迷信活动。

第四十四条　不要特权、逞威风、蛮横无理。本人或者亲属与他人发生矛盾、冲突，应当通过正当合法的途径解决，不应以检察官身份寻求特殊照顾，不要恶化事态酿成事端。

第四十五条　在职务外活动中应当约束言行，避免公众对检察官公正执法和清正廉洁产生合理怀疑，避免对履行职责产生负面作用，避免对检察机关的公信力产生不良影响。

第六章　附　　则

第四十六条　人民检察院的其他工作人员参照执行本准则。

第四十七条　本准则由最高人民检察院负责解释。

第四十八条　本准则自发布之日起施行。

《检察机关文明用语规则》

（最高人民检察院2010年6月9日发布施行）

第一条　为促进检察机关执法规范化，增强检察人员职业道德素质，提升文明执法水平，根据《中华人民共和国检察官法》《中华人民共和国检察官职业道德基本准则（试行）》等有关规定，制定本规则。

第二条　全国检察机关应当制定、推广和使用文明用语，规范检察人员执法和工作文明语言，塑造检察队伍良好执法形象。

第三条　检察人员在履行法律监督职责及从事相关活动中，应当自觉使用文明规范用语。

第四条　检察机关文明用语应当遵循宪法和法律规定，尊重和保障人权，体现社会主义法治理念要求和人文关怀，符合法律监督工作特点和民族、宗教及社会风俗习惯。

第五条　检察机关文明用语以国家通用语言普通话为基本载体，同时尊重、使用少数民族语言、聋哑人语言以及地方方言。

第六条　检察机关文明用语包括检察业务和综合工作中涉及的接待、询问、讯问、出庭、宣传和群众工作等执法和工作用语。

第七条　接待用语应当文明、礼貌、亲和、诚恳。做到主动问候，热情周到，细心询问，耐心解释，明确告知权利义务、检察机关的职责范围和取得答复及处理结果的方式、途径，礼貌送别。

第八条　通讯语言应当使用礼貌称谓，做到准确通报本单位名称和个人身份，认真询问或者说明来电、去电事由，问话和气简洁，答话明确具体，结束通话客气礼貌。

第九条　询问用语，应当明示身份，告知权利义务，明确询问事由，笔录送阅或者宣读，应全面细致，告诉联系方式，做到言语得体，态度和蔼。

第十条　讯问用语，应当合法、规范，称谓严肃。应当依法表明身份，明确告知权利义务，讯问案情客观严谨，笔录应当送阅或者宣读。

第十一条　出席法庭用语应当严谨、理性、规范。宣读起诉书、发表公诉意见声音洪亮，吐字清晰。尊重法庭、服从审判长主持庭审活动，出示证据，询问证人、质证，讯问被告人时用语规范、文明。尊重辩护人，答辩合法、礼貌、说理。

第十二条　宣传用语应当准确、生动，富有亲和力、感染力、说服力，诠释法律和检察业务规范严谨、周密，发布检察工作、案件或事件信息客观、真实。

第十三条　群众工作用语应当适应群众工作的特点和变化，以法为据、以理服人、以情感人，态度亲近平和，表达通俗易懂，让群众听得懂、听得进、听得信服。

第十四条　检察机关文明用语的基本规范由最高人民检察院制定。最高人民检察院各内设机构按照其业务工作的不同特点、不同需求，制定文明用语基础文本。

第十五条　各级人民检察院结合本地实际，特别是当地语言风俗习惯和各岗位、各环节的具体情况，依据基本规范和基础文本，制定具体的文明用语。

第十六条　检察人员不得使用不文明语言，避免和防止因不当用语、不良表达使公众对检察机关执法公信力产生不良影响。

第十七条　违反文明用语规范，造成不良影响的，应给予批评、训诫或者责令公开道歉；造成严重后果的，依照党纪、政纪及有关规定给予处分。

第十八条　各级人民检察院应加强对检察文明用语推广使用的监督管理，将文明用语规范纳入检察职业道德教育，列入考核内容，选择适当场所向社会公布。

第十九条　本规则适用于各级人民检察院全体工作人员。

第二十条　本规则由最高人民检察院负责解释。

第二十一条　本规则自发布之日起施行。

《检察机关文明用语基本规范》

一、接待用语基本规范

您好,请坐。

欢迎您向检察机关反映问题。

根据我国法律规定,公民有权向检察机关如实反映问题,但不得诬告陷害他人,否则要承担相应法律责任。

您反映的情况,检察机关会依法处理,结果会向您反馈。

根据我国法律规定,您反映的情况属于××单位管辖。您递交的材料我们会转给他们,您也可以直接向该单位反映。

再见,请慢走。

二、电话通讯用语基本规范

您好,这里是××人民检察院××科室,我是×××。

请问您有什么事?(或说明去电事由)

我说清楚了吗?

请留下联系方式,有需要我们会与您联系。再见。

对不起,您打错了(即使接听错打电话,也要礼貌回复)。

三、询问用语基本规范

×××,我们是××检察院工作人员×××、×××,今天依法向你调查取证,请给予配合。

根据我国法律规定,证人有如实作证的义务,故意作伪证、隐匿罪证或者窝藏、包庇他人,应当负法律责任。

对××一案(一事),请如实谈谈知道的情况。如果担心安全问题,我们会依法采取必要的保护措施。

请仔细核对笔录是否与你说的相符,如果有遗漏或者差错,可以补充或者改正;认为笔录没有错误,请逐页签名按指印或者盖章。

今天先谈到这里。你对今天的调查取证工作有什么意见或建议,可以向我们提出，也可以向检察院有关部门反映。

这是我们的联系电话，如果有什么情况想补充，或者因调查取证工作遇到困难及问题，请随时与我们联系。再见。

四、讯问用语基本规范

×××，我们是××检察院工作人员×××、×××，现在依法对你进行讯问，你要如实回答。

你可以进行有罪的陈述或者无罪的辩解，对与本案无关的问题，你有权拒绝回答。

根据我国法律规定，你有权聘请律师，为你提供法律咨询、代理申诉、控告，申请取保候审。你要聘请律师吗？

根据我国法律规定，你有申请回避的权利。你要求我们回避吗？

请仔细核对笔录是否和你说的相符，如果有遗漏或者差错，可以补充或者改正；认为笔录没有错误，请在笔录上逐页签名按指印或者盖章。

今天讯问就到这里。如果你对讯问工作有什么意见，可以向我们提出，也可以向检察院有关部门反映。

五、出庭用语基本规范

审判长，下面公诉人向法庭举证，证实指控被告人×××的犯罪事实。该证据是××公安局（检察院）于×年×月×日在××地方收集（或提取），主要证明本案××事实。该证据见××卷××页。

审判长，本案的有关证据已全部出示完毕。以上证据足以证实起诉书所指控的犯罪事实和情节，请法庭充分考虑并依法采纳。

被告人×××，公诉人现就起诉书指控的犯罪事实（就以下问题）对你进行讯问。根据我国法律规定，你应当如实回答，听清楚了吗。

审判长，公诉人对被告人×××的讯问暂时到此。

审判长，公诉人发问暂时到此。

审判长，公诉人要求继续发问。

审判长，鉴于被告人×××不如实供述犯罪事实，公诉人要求传唤同案被告人×××（或证人×××）到庭对质。

审判长，经当庭对质，被告人的辩解理由不能成立，请法庭不予采信。

公诉人提请法庭传证人×××到庭作证。

证人(被害人)×××,根据我国法律规定,你有如实提供证据的义务,伪造、隐匿或者毁灭证据的,要负法律责任。你听明白了吗?请你如实回答公诉人的提问。

审判长,证人×××当庭陈述与在侦查阶段、审查起诉阶段证词不一致,且与本案其他证据相互矛盾,不具有客观真实性,请法庭不予采信。

审判长,公诉人认为辩护人的提问方式(或内容)不当(或具有诱导性倾向),请审判长予以制止(或不予采纳)。

审判长,辩护人刚才……违反法律规定,请法庭予以制止。

请辩护人注意……辩护人刚才……违反法律规定,请正确行使辩护权。

公诉人认真听取了被告人×××及其辩护人的辩护意见,归纳起来,主要有以下×点,现分别答辩如下。

审判长,对上一轮答辩的×观点,为了使法庭对此有更加全面的了解,公诉人特作如下补充发言。

公诉人对本案有关意见均已作出答辩,答辩意见全部发表完毕。

鉴于……根据我国法律规定,公诉人提请法庭休庭,待相关事实查清后再开庭审理。

六、监所检察用语基本规范

我们是××人民检察院派驻××监狱(看守所、劳教所)检察室的工作人员×××、×××,负责对监狱(看守所、劳教所)的监管执法情况进行法律监督。

请问你的姓名、年龄,在什么时间、因涉嫌(犯)什么罪被关押?

根据我国法律规定,你在被监管期间主要有以下权利和义务。现在向你送达权利义务告知卡。如果监管场所内发生侵犯你合法权益的事情,可以随时向派驻检察官反映。

你在关押期间(被关押前)是否受到过殴打、体罚虐待(刑讯逼供)或者其他不公正待遇,请你如实讲。对你反映的情况我们负责保密。

你约见我们,有什么情况需要反映,请讲。

今天找你谈话,主要是了解有关情况,你要如实回答。

你对××监狱(看守所、劳教所)监管执法工作和派驻检察室的监督工作有什么意见和建议。欢迎通过检察信箱或者约见我们反映。

对你反映的问题,我们将认真进行调查,依法作出处理,调查结果会向你反馈。

请仔细核对谈话笔录是否与你说的相符，如有遗漏或者差错，可以补充或者改正；如果没有错误，请在谈话笔录上逐页签名按指印或者盖章。

《律师执业行为规范》

（中华全国律师协会2004年3月20日五届第九次常务理事会审议通过试行；2009年12月27日七届二次理事会修订）

第一章　总　　则

第一条　为规范律师执业行为，保障律师执业权益，根据《中华人民共和国律师法》和《中华全国律师协会章程》制定本规范。

第二条　本规范是律师规范执业行为的指引，是评判律师执业行为的行业标准，是律师自我约束的行为准则。

第三条　律师执业行为违反本规范中强制性规范的，将依据相关规范性文件给予处分或惩戒。本规范中的任意性规范，律师应当自律遵守。

第四条　本规范适用于作为中华全国律师协会会员的律师和律师事务所，律师事务所其他从业人员参照本规范执行。

第二章　律师执业基本行为规范

第五条　律师应当忠于宪法、法律，恪守律师职业道德和执业纪律。

第六条　律师应当诚实守信、勤勉尽责，依据事实和法律，维护当事人合法权益，维护法律正确实施，维护社会公平和正义。

第七条　律师应当注重职业修养，自觉维护律师行业声誉。

第八条　律师应当保守在执业活动中知悉的国家秘密、商业秘密，不得泄露当事人的隐私。

律师对在执业活动中知悉的委托人和其他人不愿泄露的情况和信息，应当予以保密。但是，委托人或者其他人准备或者正在实施的危害国家安全、公共安全以及其他严重危害他人人身、财产安全的犯罪事实和信息除外。

第九条　律师应当尊重同行，公平竞争，同业互助。

第十条　律师协会倡导律师关注、支持、积极参加社会公益事业。

第十一条　律师在执业期间不得以非律师身份从事法律服务。

律师只能在一个律师事务所执业。

律师不得在受到停止执业处罚期间继续执业，或者在律师事务所被停业整顿期间、注销后继续以原所名义执业。

第十二条　律师不得在同一案件中为双方当事人担任代理人，不得代理与本人或者其近亲属有利益冲突的法律事务。

第十三条　律师担任各级人民代表大会常务委员会组成人员的，任职期间不得从事诉讼代理或者辩护业务。

第十四条　律师不得为以下行为：

（一）产生不良社会影响，有损律师行业声誉的行为；

（二）妨碍国家司法、行政机关依法行使职权的行为；

（三）参加法律所禁止的机构、组织或者社会团体；

（四）其他违反法律、法规、律师协会行业规范及职业道德的行为。

（五）其他违反社会公德，严重损害律师职业形象的行为。

第三章　律师业务推广行为规范

第一节　业务推广原则

第十五条　律师和律师事务所推广律师业务，应当遵守平等、诚信原则，遵守律师职业道德和执业纪律，遵守律师行业公认的行业准则，公平竞争。

第十六条　律师和律师事务所应当通过提高自身综合素质、提高法律服务质量、加强自身业务竞争能力的途径，开展、推广律师业务。

第十七条　律师和律师事务所可以依法以广告方式宣传律师和律师事务所以及自己的业务领域和专业特长。

第十八条　律师和律师事务所可以通过发表学术论文、案例分析、专题解答、授课、普及法律等活动，宣传自己的专业领域。

第十九条　律师和律师事务所可以通过举办或者参加各种形式的专题、专业研讨会，宣传自己的专业特长。

第二十条　律师可以以自己或者其任职的律师事务所名义参加各种社会公益活动。

第二十一条　律师和律师事务所在业务推广中不得为不正当竞争行为。

第二节　律师业务推广广告

第二十二条　律师和律师事务所为推广业务,可以发布使社会公众了解律师个人和律师事务所法律服务业务信息的广告。

第二十三条　律师发布广告应当遵守国家法律、法规、规章和本规范。

第二十四条　律师发布广告应当具有可识别性,应当能够使社会公众辨明是律师广告。

第二十五条　律师广告可以以律师个人名义发布,也可以以律师事务所名义发布。以律师个人名义发布的律师广告应当注明律师个人所任职的执业机构名称,应当载明律师执业证号。

第二十六条　具有下列情况之一的,律师和律师事务所不得发布律师广告:

(一)没有通过年度考核的;

(二)处于停止执业或停业整顿处罚期间的;

(三)受到通报批评、公开谴责未满一年的。

第二十七条　律师个人广告的内容,应当限于律师的姓名、肖像、年龄、性别,学历、学位、专业、律师执业许可日期、所任职律师事务所名称、在所任职律师事务所的执业期限;收费标准、联系方法;依法能够向社会提供的法律服务业务范围;执业业绩。

第二十八条　律师事务所广告的内容应当限于律师事务所名称、住所、电话号码、传真号码、邮政编码、电子信箱、网址;所属律师协会;所内执业律师及依法能够向社会提供的法律服务业务范围简介;执业业绩。

第二十九条　律师和律师事务所不得以有悖律师使命、有损律师形象的方式制作广告,不得采用一般商业广告的艺术夸张手段制作广告。

第三十条　律师广告中不得出现违反所属律师协会有关律师广告管理规定的内容。

第三节　律师宣传

第三十一条　律师和律师事务所不得进行歪曲事实和法律,或者可能使公众对律师产生不合理期望的宣传。

第三十二条　律师和律师事务所可以宣传所从事的某一专业法律服务领域,但不得自我声明或者暗示其被公认或者证明为某一专业领域的权威或专家。

第三十三条　律师和律师事务所不得进行律师之间或者律师事务所之间的比较宣传。

第四章　律师与委托人或当事人的关系规范

第一节　委托代理关系

第三十四条　律师应当与委托人就委托事项范围、内容、权限、费用、期限等进行协商，经协商达成一致后，由律师事务所与委托人签署委托协议。

第三十五条　律师应当充分运用专业知识，依照法律和委托协议完成委托事项，维护委托人或者当事人的合法权益。

第三十六条　律师与所任职律师事务所有权根据法律规定、公平正义及律师执业道德标准，选择实现委托人或者当事人目的的方案。

第三十七条　律师应当严格按照法律规定的期间、时效以及与委托人约定的时间办理委托事项。对委托人了解委托事项办理情况的要求，应当及时给予答复。

第三十八条　律师应当建立律师业务档案，保存完整的工作记录。

第三十九条　律师应谨慎保管委托人或当事人提供的证据原件、原物、音像资料底版以及其他材料。

第四十条　律师接受委托后，应当在委托人委托的权限内开展执业活动，不得超越委托权限。

第四十一条　律师接受委托后，无正当理由不得拒绝辩护或者代理、或以其他方式终止委托。委托事项违法、委托人利用律师提供的服务从事违法活动或者委托人故意隐瞒与案件有关的重要事实的，律师有权告知委托人并要求其整改，有权拒绝辩护或者代理、或以其他方式终止委托，并有权就已经履行事务取得律师费。

第四十二条　律师在承办受托业务时，对已经出现的和可能出现的不可克服的困难、风险，应当及时通知委托人，并向律师事务所报告。

第二节　禁止虚假承诺

第四十三条　律师根据委托人提供的事实和证据，依据法律规定进行分析，向委托人提出分析性意见。

第四十四条　律师的辩护、代理意见未被采纳，不属于虚假承诺。

第三节　禁止非法牟取委托人权益

第四十五条　律师和律师事务所不得利用提供法律服务的便利，牟取当事人争议的权益。

第四十六条　律师和律师事务所不得违法与委托人就争议的权益产生经济上的联系，不得与委托人约定将争议标的物出售给自己；不得委托他人为自己或为自己的近亲属收购、租赁委托人与他人发生争议的标的物。

第四十七条　律师事务所可以依法与当事人或委托人签订以回收款项或标的物为前提按照一定比例收取货币或实物作为律师费用的协议。

第四节　利益冲突审查

第四十八条　律师事务所应当建立利益冲突审查制度。律师事务所在接受委托之前，应当进行利益冲突审查并作出是否接受委托决定。

第四十九条　办理委托事务的律师与委托人之间存在利害关系或利益冲突的，不得承办该业务并应当主动提出回避。

第五十条　有下列情形之一的，律师及律师事务所不得与当事人建立或维持委托关系：

（一）律师在同一案件中为双方当事人担任代理人，或代理与本人或者其近亲属有利益冲突的法律事务的；

（二）律师办理诉讼或者非诉讼业务，其近亲属是对方当事人的法定代表人或者代理人的；

（三）曾经亲自处理或者审理过某一事项或者案件的行政机关工作人员、审判人员、检察人员、仲裁员，成为律师后又办理该事项或者案件的；

（四）同一律师事务所的不同律师同时担任同一刑事案件的被害人的代理人和犯罪嫌疑人、被告人的辩护人，但在该县区域内只有一家律师事务所且事先征得当事人同意的除外；

（五）在民事诉讼、行政诉讼、仲裁案件中，同一律师事务所的不同律师同时担任争议双方当事人的代理人，或者本所或其工作人员为一方当事人，本所其他律师担任对方当事人的代理人的；

（六）在非诉讼业务中，除各方当事人共同委托外，同一律师事务所的律师同时担任彼此有利害关系的各方当事人的代理人的；

（七）在委托关系终止后，同一律师事务所或同一律师在同一案件后续审理或者处理中又接受对方当事人委托的；

（八）其他与本条第（一）至第（七）项情形相似，且依据律师执业经验和行业常识能够判断为应当主动回避且不得办理的利益冲突情形。

第五十一条　有下列情形之一的，律师应当告知委托人并主动提出回避，但委托人同意其代理或者继续承办的除外：

（一）接受民事诉讼、仲裁案件一方当事人的委托，而同所的其他律师是该案件中对方当事人的近亲属的；

（二）担任刑事案件犯罪嫌疑人、被告人的辩护人，而同所的其他律师是该案件被害人的近亲属的；

（三）同一律师事务所接受正在代理的诉讼案件或者非诉讼业务当事人的对方当事人所委托的其他法律业务的；

（四）律师事务所与委托人存在法律服务关系，在某一诉讼或仲裁案件中该委托人未要求该律师事务所律师担任其代理人，而该律师事务所律师担任该委托人对方当事人的代理人的；

（五）在委托关系终止后一年内，律师又就同一法律事务接受与原委托人有利害关系的对方当事人的委托的；

（六）其他与本条第（一）至第（五）项情况相似，且依据律师执业经验和行业常识能够判断的其他情形。

律师和律师事务所发现存在上述情形的，应当告知委托人利益冲突的事实和可能产生的后果，由委托人决定是否建立或维持委托关系。委托人决定建立或维持委托关系的，应当签署知情同意书，表明当事人已经知悉存在利益冲突的基本事实和可能产生的法律后果，以及当事人明确同意与律师事务所及律师建立或维持委托关系。

第五十二条　委托人知情并签署知情同意书以示豁免的，承办律师在办理案件的过程中应对各自委托人的案件信息予以保密，不得将与案件有关的信息披露给相对人的承办律师。

第五节　保管委托人财产

第五十三条　律师事务所可以与委托人签订书面保管协议，妥善保管委托人财产，严格履行保管协议。

第五十四条　律师事务所受委托保管委托人财产时，应当将委托人财产与律师事务所的财产、律师个人财产严格分离。

第六节　转　委　托

第五十五条　未经委托人同意,律师事务所不得将委托人委托的法律事务转委托其他律师事务所办理。但在紧急情况下,为维护委托人的利益可以转委托,但应当及时告知委托人。

第五十六条　受委托律师遇有突患疾病、工作调动等紧急情况不能履行委托协议时,应当及时报告律师事务所,由律师事务所另行指定其他律师继续承办,并及时告知委托人。

第五十七条　非经委托人的同意,不能因转委托而增加委托人的费用支出。

第七节　委托关系的解除与终止

第五十八条　有下列情形之一的,律师事务所应当终止委托关系:

(一)委托人提出终止委托协议的;

(二)律师受到吊销执业证书或者停止执业处罚的,经过协商,委托人不同意更换律师的;

(三)当发现有本规范第五十条规定的利益冲突情形的;

(四)受委托律师因健康状况不适合继续履行委托协议的,经过协商,委托人不同意更换律师的;

(五)继续履行委托协议违反法律、法规、规章或者本规范的。

第五十九条　有下列情形之一,经提示委托人不纠正的,律师事务所可以解除委托协议:

(一)委托人利用律师提供的法律服务从事违法犯罪活动的;

(二)委托人要求律师完成无法实现或者不合理的目标的;

(三)委托人没有履行委托合同义务的;

(四)在事先无法预见的前提下,律师向委托人提供法律服务将会给律师带来不合理的费用负担,或给律师造成难以承受的、不合理的困难的;

(五)其他合法的理由的。

第六十条　律师事务所依照本规范第五十八条、五十九条的规定终止代理或者解除委托的,委托人与律师事务所协商解除协议的,委托人单方终止委托代理协议的,律师事务所有权收取已提供服务部分的费用。

第六十一条　律师事务所与委托人解除委托关系后,应当退还当事人提供的资料原件、物证原物、视听资料底版等证据,并可以保留复印件存档。

第五章 律师参与诉讼或仲裁规范

第一节 调查取证

第六十二条 律师应当依法调查取证。

第六十三条 律师不得向司法机关或者仲裁机构提交明知是虚假的证据。

第六十四条 律师作为证人出庭作证的,不得再接受委托担任该案的辩护人或者代理人出庭。

第二节 尊重法庭与规范接触司法人员

第六十五条 律师应当遵守法庭、仲裁庭纪律,遵守出庭时间、举证时限、提交法律文书期限及其他程序性规定。

第六十六条 在开庭审理过程中,律师应当尊重法庭、仲裁庭。

第六十七条 律师在执业过程中,因对事实真假、证据真伪及法律适用是否正确而与诉讼相对方意见不一致的,或者为了向案件承办人提交新证据的,与案件承办人接触和交换意见应当在司法机关内指定场所。

第六十八条 律师在办案过程中,不得与所承办案件有关的司法、仲裁人员私下接触。

第六十九条 律师不得贿赂司法机关和仲裁机构人员,不得以许诺回报或者提供其他利益(包括物质利益和非物质形态的利益)等方式,与承办案件的司法、仲裁人员进行交易。

律师不得介绍贿赂或者指使、诱导当事人行贿。

第三节 庭审仪表和语态

第七十条 律师担任辩护人、代理人参加法庭、仲裁庭审理,应当按照规定穿着律师出庭服装,佩戴律师出庭徽章,注重律师职业形象。

第七十一条 律师在法庭或仲裁庭发言时应当举止庄重、大方,用词文明、得体。

第六章　律师与其他律师的关系规范

第一节　尊重与合作

第七十二条　律师与其他律师之间应当相互帮助、相互尊重。

第七十三条　在庭审或者谈判过程中各方律师应当互相尊重，不得使用挖苦、讽刺或者侮辱性的语言。

第七十四条　律师或律师事务所不得在公众场合及媒体上发表恶意贬低、诋毁、损害同行声誉的言论。

第七十五条　律师变更执业机构时应当维护委托人及原律师事务所的利益；律师事务所在接受转入律师时，不得损害原律师事务所的利益。

第七十六条　律师与委托人发生纠纷的，律师事务所的解决方案应当充分尊重律师本人的意见，律师应当服从律师事务所解决纠纷的决议。

第二节　禁止不正当竞争

第七十七条　律师和律师事务所不得采用不正当手段进行业务竞争，损害其他律师及律师事务所的声誉或者其他合法权益。

第七十八条　有下列情形之一的，属于律师执业不正当竞争行为：

（一）诋毁、诽谤其他律师或者律师事务所信誉、声誉；

（二）无正当理由，以低于同地区同行业收费标准为条件争揽业务，或者采用承诺给予客户、中介人、推荐人回扣、馈赠金钱、财物或者其他利益等方式争揽业务；

（三）故意在委托人与其代理律师之间制造纠纷；

（四）向委托人明示或者暗示自己或者其属的律师事务所与司法机关、政府机关、社会团体及其工作人员具有特殊关系；

（五）就法律服务结果或者诉讼结果作出虚假承诺；

（六）明示或者暗示可以帮助委托人达到不正当目的，或者以不正当的方式、手段达到委托人的目的。

第七十九条　律师和律师事务所在与行政机关、行业管理部门以及企业的接触中，不得采用下列不正当手段与同行进行业务竞争：

（一）通过与某机关、某部门、某行业对某一类的法律服务事务进行垄断的方式争揽业务；

（二）限定委托人接受其指定的律师或者律师事务所提供法律服务，限制其他律师或律师事务所正当的业务竞争。

第八十条　律师和律师事务所在与司法机关及司法人员接触中，不得采用利用律师兼有的其他身份影响所承办业务正常处理和审理的手段进行业务竞争。

第八十一条　依照有关规定取得从事特定范围法律服务的律师或律师事务所不得采取下列不正当竞争的行为：

（一）限制委托人接受经过法定机构认可的其他律师或律师事务所提供法律服务；

（二）强制委托人接受其提供的或者由其指定的律师提供的法律服务；

（三）对抵制上述行为的委托人拒绝、中断、拖延、削减必要的法律服务或者滥收费用。

第八十二条　律师或律师事务所相互之间不得采用下列手段排挤竞争对手的公平竞争：

（一）串通抬高或者压低收费；

（二）为争揽业务，不正当获取其他律师和律师事务所收费报价或者其他提供法律服务的条件；

（三）泄露收费报价或者其他提供法律服务的条件等暂未公开的信息，损害相关律师事务所的合法权益。

第八十三条　律师和律师事务所不得擅自或者非法使用社会专有名称或者知名度较高的名称以及代表其名称的标志、图形文字、代号以混淆误导委托人。

本规范所称的社会特有名称和知名度较高的名称是指：

（一）有关政党、司法机关、行政机关、行业协会名称；

（二）具有较高社会知名度的高等法学院校或者科研机构的名称；

（三）为社会公众共知、具有较高知名度的非律师公众人物名称；

（四）知名律师以及律师事务所名称。

第八十四条　律师和律师事务所不得伪造或者冒用法律服务荣誉称号。使用已获得的律师或者律师事务所法律服务荣誉称号的，应当注明获得时间和期限。律师和律师事务所不得变造已获得的荣誉称号用于广告宣传。律师事务所已撤销的，其原取得的荣誉称号不得继续使用。

第七章　律师与所任职的律师事务所关系规范

第八十五条　律师事务所是律师的执业机构。律师事务所对本所执业律师负有教育、管理和监督的职责。

第八十六条　律师事务所应当建立健全执业管理、利益冲突审查、收费与财务管理、投诉查处、年度考核、档案管理、劳动合同管理等制度,对律师在执业活动中遵守职业道德、执业纪律的情况进行监督。

第八十七条　律师事务所应当依法保障律师及其他工作人员的合法权益,为律师执业提供必要的工作条件。

第八十八条　律师承办业务,由律师事务所统一接受委托,与委托人签订书面委托合同,按照国家规定统一收取费用。

第八十九条　律师及律师事务所必须依法纳税。

第九十条　律师事务所应当定期组织律师开展时事政治、业务学习,总结交流执业经验,提高律师执业水平。

第九十一条　律师事务所应当认真指导申请律师执业实习人员实习,如实出具实习鉴定材料和相关证明材料。

第九十二条　律师事务所不得从事法律服务以外的经营活动。

第九十三条　律师和律师事务所应当按照国家规定履行法律援助义务,为受援人提供法律服务,维护受援人的合法权益。

第九十四条　律师事务所不得指派没有取得律师执业证书的人员或者处于停止执业处罚期间的律师以律师名义提供法律服务。

第九十五条　律师事务所对受其指派办理事务的律师辅助人员出现的错误,应当采取制止或者补救措施,并承担责任。

第九十六条　律师事务所有义务对律师、申请律师执业实习人员在业务及职业道德等方面进行管理。

第八章　律师与律师协会关系规范

第九十七条　律师和律师事务所应当遵守律师协会制定的律师行业规范和规则。律师和律师事务所享有律师协会章程规定的权利,承担律师协会章程规定的义务。

第九十八条　律师应当参加、完成律师协会组织的律师业务学习及考核。

第九十九条　律师参加国际性律师组织并成为其会员的,以及以中国律师身份参加境外会议等活动的，应当报律师协会备案。

第一百条　律师和律师事务所因执业行为成为刑、民事被告，或者受到行政机关调查、处罚的，应当向律师协会书面报告。

第一百零一条　律师应当积极参加律师协会组织的律师业务研究活动，完成律师协会布置的业务研究任务，参加律师协会组织的公益活动。

第一百零二条　律师应当妥善处理律师执业中发生的纠纷，履行经律师协会调解达成的调解协议。

第一百零三条　律师应当执行律师协会就律师执业纠纷作出的处理决定。

律师应当履行律师协会依照法律、法规、规章及律师协会章程、规则作出的处分决定。

第一百零四条　律师应当按时缴纳会费。

第九章　附　　则

第一百零五条　律师和律师事务所违反本《规范》的，律师协会应当依据《律师协会会员违规行为惩戒规则》和相关行业规范性文件实施处分。

第一百零六条　地方律师协会可以依据本规范，结合本地区情况制定实施细则。该实施细则与本规范不得冲突，并报全国律师协会备案后实施。

第一百零七条　本规范自颁布之日起施行。本规范以修正案的方式进行修改，修正案由常务理事会通过后试行，理事会通过后正式实施。

第一百零八条　本规范由中华全国律师协会常务理事会解释。

《律师职业道德基本准则》

（中华全国律师协会2014年6月5日发布施行）

第一条　律师应当坚定中国特色社会主义理想信念，坚持中国特色社会主义律师制度的本质属性，拥护党的领导，拥护社会主义制度，自觉维护宪法和法律尊严。

第二条　律师应当始终把执业为民作为根本宗旨，全心全意为人民群众服务，通过执业活动努力维护人民群众的根本利益，维护公民、法人和其他组织的合法权益。认真履行法律援助义务，积极参加社会公益活动，自觉承担社会责任。

第三条　律师应当坚定法治信仰，牢固树立法治意识，模范遵守宪法和法律，切实维护宪法和法律尊严。在执业中坚持以事实为根据，以法律为准绳，严格依法履责，尊重司法权威，遵守诉讼规则和法庭纪律，与司法人员建立良性互动关系，维护法律正确实施，促进司法公正。

第四条　律师应当把维护公平正义作为核心价值追求，为当事人提供勤勉尽责、优质高效的法律服务，努力维护当事人合法权益。引导当事人依法理性维权，维护社会大局稳定。依法充分履行辩护或代理职责，促进案件依法、公正解决。

第五条　律师应当牢固树立诚信意识，自觉遵守执业行为规范，在执业中恪尽职守、诚实守信、勤勉尽责、严格自律。积极履行合同约定义务和法定义务，维护委托人合法权益，保守在执业活动中知悉的国家机密、商业秘密和个人隐私。

第六条　律师应当热爱律师职业，珍惜律师荣誉，树立正确的执业理念，不断提高专业素质和执业水平，注重陶冶个人品行和道德情操，忠于职守，爱岗敬业，尊重同行，维护律师的个人声誉和律师行业形象。

《律师出庭服装使用管理办法》

（中华全国律师协会2002年3月30日发布，2003年1月1日施行）

第一条　为了加强律师队伍的管理，规范律师出庭服装着装行为，增强律师执业责任感，根据《中华人民共和国律师法》相关规定，制定本办法。

第二条　律师担任辩护人、代理人参加法庭审理，必须穿着律师出庭服装。

第三条　律师出庭服装由律师袍和领巾组成。

第四条　律师出庭着装时，应遵守以下规定：

（一）律师出庭服装仅使用于法庭审理过程中，不得在其他任何时间、场合穿着；

（二）律师出庭统一着装时，应按照规定配套穿着：内着浅色衬衣，佩带领巾，外着律师袍，律师袍上佩带律师徽章。下着深色西装裤、深色皮鞋，女律师可着深色西装套裙；

（三）保持律师出庭服装的洁净、平整，服装不整洁或有破损的不得使用；

（四）律师穿着律师出庭服装时，应表现出严肃、庄重的精神风貌。律师出庭服装外不得穿着或佩带其他衣物或饰品。

第五条 律师出庭服装的式样、面料、颜色等由中华全国律师协会常务理事会审定。

第六条 中华全国律师协会负责统一制作律师出庭服装。

未经中华全国律师协会授权而制作律师出庭服装的行为均侵犯律师出庭服装的知识产权。

第七条 中华全国律师协会负责将律师出庭服装式样报最高人民法院、最高人民检察院备案。

第八条 各级律师协会对律师出庭服装的使用实行监督检查。

第九条 律师事务所负责本所律师出庭服装的管理。律师出庭服装的购置、更新或因遗失、严重坏损而需要重新购置的，由律师事务所向所在地地市级律师协会提出申请，省、自治区、直辖市律师协会汇总各地申请，统一向中华全国律师协会申请购置律师出庭服装。

第十条 中华全国律师协会每年6月1日至20日、12月1日至20日受理购置律师出庭服装的申请。

第十一条 律师出庭服装的费用由律师事务所承担。律师调离律师事务所时，需将律师出庭服装交还律师事务所。

第十二条 律师出庭服装不得转送、转借给非律师人员。如有遗失、损坏，要及时向所在地律师协会报告。

第十三条 对违反本办法的，参照中华全国律师协会《律师协会会员处分规则》，由律师协会予以训诫处分，情节严重者，予以通报批评。

第十四条 本办法自2003年1月1日起施行。

第十五条 本办法由全国律协常务理事会负责解释。

参 考 文 献

1. (唐)孔颖达:《春秋左传正义》卷五六,北京大学出版社 1999 年版。

2. 刘青、邓代玉:《中国礼仪文化》,时事出版社 2009 年版。

3. 王珊:《中华礼仪教程》,中国劳动社会保障出版社 2012 年版。

4. 张清:《法官庭审话语的实证研究》,中国人民大学出版社 2013 年版。

5. 王利明主编:《民法》,中国人民大学出版社 2000 年版。

6. 郭于华:《仪式与社会变迁》,社会科学文献出版社 2000 年版。

7. 陈绍娟、徐浩然:《律师礼仪——从细节迈向成功》,中国政法大学出版社 2015 年版。

8. 金正昆:《公务员礼仪》,中国人民大学出版社 2007 年版。

9. [美]罗伯特 · N. 威尔金:《法律职业的精神》,王俊峰译,北京大学出版社 2013 年版。

10. 白洁、陈奕宇:《少数民族习惯法与刑法之间的博弈研究》,载《贵州民族研究》2013 年第 4 期。

11. 李晓鸣:《当代中国司法礼仪制度研究》,载《兰州大学学报》(社会科学版)2012 年第 2 期。

12. 李玉萍:《发挥庭审功能,确保司法公正》,载《人民法院报》2013 年 11 月 4 日。

13. 刘梦溪:《礼仪与文化传统的重建》,载《光明日报》2004 年 4 月 28 日。

14. E. R. Leach. Ritualization in Man in Relation to Conceptual and Social Development. In J. Huxley ed. A Discussion on Ritualization of Behavior in Animals and Man. Philosophical Transactions of the Royal Society, Series B, 251, pp. 403 - 408.

后　　记

《法律职业礼仪》一书作为西南政法大学同名课程适用教材，是我们建设法律职业能力特色课程体系的重要组成部分。本书由西南政法大学《法律职业礼仪》教研组和来自法律实务部门的专家共同编撰完成。

西南政法大学应用法学院院长杨建学教授担任本书主编，卢荣荣（西南政法大学副教授）、李庆（海南省三亚市中级人民法院院长）、杨永华（云南省大理白族自治州人民检察院检察长）、廖爱清（福建省律师协会副会长、福建如贤律师事务所主任）担任副主编。参加本书撰写的作者还有：张平（西南政法大学教授）、陈英（西南政法大学副教授）、张维（法制日报主任记者）、罗璨（西南政法大学讲师）、吕品田（西南政法大学讲师）、吴志伟（西南政法大学讲师）。

具体分工如下（以撰写内容先后为序）：

第一章：杨建学

第二章第一节：陈英、吕品田

第二章第二、三节：罗璨、张维

第三章：卢荣荣、李庆

第四章：杨永华、卢荣荣

第五章：吴志伟、廖爱清、张平

在本书的编写过程中，重庆、上海、云南、海南、福建、北京、湖北、广东等地的法院、检察院、律师事务所等法律实务部门和媒体提供了若干支持与便利，我们对此予以诚挚的谢意。我们还要感谢西南政法大学应用法学院倪铣柠、宋培鑫、简浩澜、聂铭芯、张资坚、冯羽、谢琼峰、陈潇雨、梁媛媛等同学，他们为本书提供了标准、得体的示范，增加了本书的美感和动感；感谢西南政法大学应用法学院研究生杨茗皓、罗涵龄、刘有若同学，他们对本书的文字进行了认真的校对。我们也真诚欢迎各位读者对本书可能的缺陷给予批评、指正，帮助我们不断修订本书，完善相关课程。希望在高等法学院校、法律实务部门、新闻媒体等各方的共同努力下，大力推进建设法律职业能力特色课程体系的发展进程，促进法治队伍职业化建设，提升我国法治人才职业素养的培养水平！

《法律职业礼仪》编写组
二〇一六年六月

图书在版编目(CIP)数据

法律职业礼仪 / 杨建学主编 . —北京:法律出版社,2016.9(2021.9 重印)

ISBN 978-7-5118-9875-3

Ⅰ.①法… Ⅱ.①杨… Ⅲ.①法律工作者—礼仪—中国—教材 Ⅳ.①D926.17

中国版本图书馆 CIP 数据核字(2016)第 194485 号

法律职业礼仪
FALÜ ZHIYE LIYI

杨建学 主编

策划编辑 黄琳佳
责任编辑 黄琳佳
装帧设计 李 瞻

出版发行 法律出版社
编辑统筹 学术·对外出版分社
责任校对 晁明慧
责任印制 陶 松
经 销 新华书店

开本 710 毫米×1000 毫米 1/16
印张 16.5 **字数** 264 千
版本 2016 年 9 月第 1 版
印次 2021 年 9 月第 5 次印刷
印刷 固安华明印业有限公司

地址:北京市丰台区莲花池西里 7 号(100073)
网址:www.lawpress.com.cn
投稿邮箱:info@lawpress.com.cn
举报盗版邮箱:jbwq@lawpress.com.cn
销售电话:010-83938349
客服电话:010-83938350
咨询电话:010-63939796

书号:ISBN 978-7-5118-9875-3
定价:68.00 元
凡购买本社图书,如有印装错误,我社负责退换。电话:010-83938349